Alexandra Klei / Katrin Stoll / Annika Wienert (Hrsg.)

8. Mai 1945
Internationale und interdisziplinäre Perspektiven

Alexandra Klei / Katrin Stoll / Annika Wienert (Hrsg.)

8. Mai 1945

Internationale und interdisziplinäre Perspektiven

Neofelis Verlag

Gedruckt mit freundlicher Unterstützung des Deutsch-Historischen Instituts Warschau.

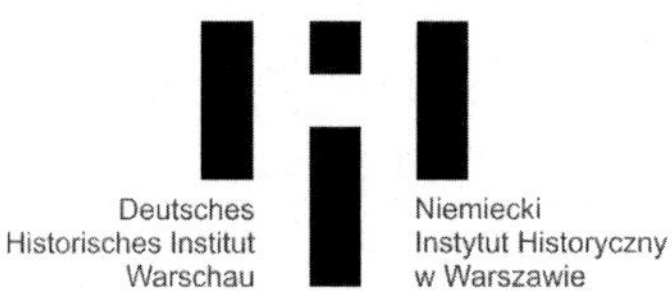

Bibliografische Information der Deutschen Nationalbibliothek
Die Deutsche Nationalbibliothek verzeichnet diese Publikation in der Deutschen Nationalbibliografie; detaillierte bibliografische Daten sind im Internet über http://dnb.d-nb.de abrufbar.

Umschlaggestaltung: Marija Skara, unter Verwendung
einer Fotografie von Daniel Krüger
Satz & Lektorat: Neofelis Verlag (fs/mn)
Druck: PRESSEL Digitaler Produktionsdruck, Remshalden
Gedruckt auf FSC-zertifiziertem Papier.
ISBN (Print): 978-3-95808-112-3
ISBN (PDF): 978-3-95808-162-8

Inhalt

III. Praktiken

Einleitung

Wie zu runden Jubiläen üblich, fanden auch anlässlich des 70. Jahrestages des Endes des Zweiten Weltkriegs zahlreiche Veranstaltungen in Deutschland statt. Unterschiedliche Aspekte des Kriegsendes wurden dabei in den Blick genommen. So veranstaltete die Stiftung Gedenkstätten Buchenwald und Mittelbau-Dora nicht nur eine „Schweigeminute zum Zeitpunkt der Befreiung des KZ Buchenwald vor 70 Jahren", sondern in Kooperation mit zahlreichen namhaften wissenschaftlichen und kulturellen Institutionen auch eine „Nacht im Deutschen Nationaltheater Weimar", die unter den mutmaßlich bewusst-provokanten Titel „Alles wieder gut?" gestellt wurde. Ob die Orientierung an einer boulevardjournalistischen Faustregel – mit Fragezeichen darf man alles schreiben – dem Anlass der Veranstaltung angemessen ist, erscheint mehr als fraglich. Kritische Berichterstattung erfuhr lediglich die Gedenkfeier zur Befreiung des KZ Ravensbrück: Die circa 90 geladenen Überlebenden wurden nicht etwa als Ehrengäste behandelt, sondern mussten mit Essensmarken Schlange stehen, um Eintopf aus Plastikschüsseln sowie ein Stück Kuchen auf einer Papierserviette zu bekommen. Die teilnehmenden Politiker_innen dagegen wurden an festlich gedeckten Tischen mit Namensschildern, gefalteten Stoffservietten, verschiedenen Gläsern und dergleichen bedient. Das staatliche Fernsehen diskutierte derweil die (Suggestiv-)Frage, ob „wir Russland heute noch dankbar sein müssen" (so der Titel der Polit-Talkshow *Anne Will* vom 6. Mai 2015 in der ARD), begab sich auf die „Suche nach Hitlers

Volk" und widmete sich nicht den Verbrechen der Deutschen, sondern den „Verbrechen der Befreier" (beides im ZDF). Letztgenannte spielten auch eine prominente Rolle in der Ausstellung *Deutschland 1945. Die letzten Kriegsmonate*, die in der Gedenkstätte Topographie des Terrors in Berlin, am vormaligen Standort des Gestapo-Hauptquartiers, vom 9. Dezember 2014 bis 3. Januar 2016 gezeigt wurde. Soldaten der Roten Armee ebenso wie französische Kolonialsoldaten[1] wurden in der Ausstellung in erster Linie als Vergewaltiger deutscher Frauen dargestellt. Weiteren Raum erhielt die Thematik im begleitenden Vortragsprogramm.[2] Auf der ersten Texttafel des Ausstellungsrundgangs war zu lesen:

> Doch Hitler setzte den Krieg fort. Er nahm dabei den Tod von weiteren Millionen Menschen und die totale Zerstörung des eigenen Landes bewusst in Kauf, da er der Ansicht war, die Deutschen hätten im Fall einer Niederlage ihr Lebensrecht verloren. Nahezu alle Maßnahmen des Krieges, [*sic!*] richteten sich nun auch gegen das eigene Volk.

Folgerichtig ging es anschließend um den Terror gegen die Zivilbevölkerung, war die Rede von einer ständigen Bedrohung mit dem Tod, kurzum: das Regime wurde „nun noch mörderischer", wie es auf derselben Tafel weiter unten hieß. Die deutsche Bevölkerung war in dieser Lesart Hitlers Handeln im Alleingang ausgesetzt, an dem besonders verwerflich erscheint, dass es sich gegen das „eigene Volk" richtete.[3] Die Opfer der nationalsozialistischen Vernichtungspolitik blieben bei diesem Auftakt der Ausstellung ebenso unerwähnt wie die ideologischen Grundlagen und die breite Unterstützung des

1 So heißt es in dem Ausstellungsteil „Propaganda gegen die West-Alliierten – Mythos und Realität" über „[f]ranzösische Soldaten in der brennenden Innenstadt, Kleinrheinstraße, April 1945": „Nach der kampflosen Übergabe der Stadt am 17. April 1945 kam es in den folgenden beiden Tagen zu Brandstiftungen und Massenvergewaltigungen insbesondere durch marokkanische Soldaten. Hingegen gab es in den von Briten und Amerikanern besetzten Gebieten nur vereinzelt Übergriffe auf Frauen, die in der Regel streng geahndet wurden." (Stiftung Topographie des Terrors (Hrsg.): *Deutschland 1945 – die letzten Kriegsmonate. Ein Begleitkatalog zur gleichnamigen Ausstellung.* Berlin: Selbstverlag 2014, S. 35.)

2 „Als die Soldaten kamen. Die Vergewaltigung deutscher Frauen am Ende des Zweiten Weltkrieges", Vortrag von Miriam Gebhardt am 24. März 2015 in der Topographie des Terrors.

3 Die Kuratorin Claudia Steur bekräftigte anlässlich der Ausstellungseröffnung auch der Presse gegenüber: „Sein Volk war ihm egal." (Zit. n. Carl-Friedrich Höck: Hitlers Krieg gegen das eigene Volk. In: *vorwärts*, 09.12.2014. http://www.vorwaerts.de/artikel/hitlers-krieg-gegen-eigene-volk (Zugriff am 4.1.2016).)

STIFTUNG GEDENKSTÄTTEN | GEDENKSTÄTTE BUCHENWALD | KZ-GEDENKSTÄTTE MITTELBAU-DORA

ELLES | 70. JAHRESTAG | DIE STIFTUNG | PROJEKTE | STELLEN | FÖRDERVEREINE | PRESSESERVICE | SHOP

VERANSTALTUNGEN
GESAMTÜBERBLICK
BUCHENWALD
MITTELBAU-DORA

BIOGRAFIEN VON HÄFTLINGEN DES KZ
JCHENWALD

SONDERAUSSTELLUNG "ZWISCHEN HARZ UND
EIDE. TODESMÄRSCHE UND
UMUNGSTRANSPORTE IM APRIL 1945"

NEUE DAUERAUSSTELLUNG ZUM KZ
JCHENWALD

DOKUMENTATIONEN

« "Ende!? Anfang?!"

Schweigeminute zum Zeitpunkt der Befreiung des KZ Buchenwald vor 70 Jahren »

GESTALTUNG DNT

11.04.2015 | 17:00 Uhr

Alles wieder gut?
70 Jahre nach der Befreiung des KZ Buchenwald. Eine Nacht im Deutschen Nationaltheater Weimar / 11. 04. 2015 / ab 16.00 Uhr / Deutsches Nationaltheater

Abb. 1–2: Screenshots der Webseiten der Stiftung Gedenkstätten Buchenwald und Mittelbau-Dora und *Spiegel-Online*, aufgenommen am 08.05.2015.

PIEGEL ONLINE PANORAMA

tik | Wirtschaft | Panorama | Sport | Kultur | Netzwelt | Wissenschaft | Gesundheit | einestages | Karriere | Uni | Reise | Auto | Stil

richten > Panorama > Gesellschaft > Nationalsozialismus > KZ Ravensbrück: Kritik an Organisatoren der Gedenkfeier

itik an Gedenkfeier zur KZ-Befreiung: "Dieser Kontrast war schämend"

Ansgar Siemens

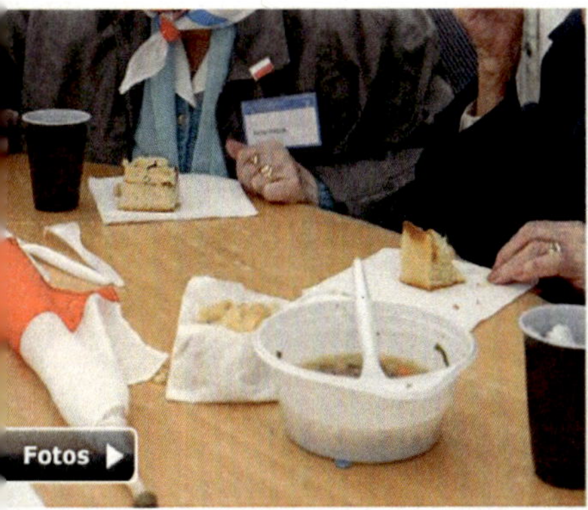

va 90 Überlebende nahmen an der Gedenkfeier zur Befreiung des KZ Ravensbrück teil. Viele von ihnen ssten ihr Mittagessen aus Plastikschüsseln einnehmen - während Promigäste vergleichsweise fürstlich elten. Jetzt gibt es Kritik.

06.05.15 | 23:00 Uhr

70 Jahre nach der Befreiung - Müssen wir Russland heute noch dankbar sein?

Am 9. Mai begeht Russland den 70. Jahrestag des Kriegsendes mit einer großen Militärparade. Bundeskanzlerin Angela Merkel hat die Einladung des russischen Präsidenten Wladimir Putin zu diesen Feierlichkeiten abgelehnt. Zeugt das von Undankbarkeit? | **video (74:54 min)**

Abb. 3–4: Screenshots der Webseiten der ARD und des ZDF, aufgenommen am 08.05.2015.

Start Archiv

SENDUNG VOM 05.05.2015

Die Verbrechen der Befreier

US-Soldaten kämpften für die Demokratie und die Freiheit anderer Völker. Doch bei ihren Einsätzen begingen sie auch zahlreiche Verbrechen. Die meisten blieben ungesühnt.

Bild – Die Verbrechen der Befreier | Video – Die Verbrechen der Befreier - der Film

Die Verbrechen der Befreier
US-Soldaten mit Kriegsgefangenen nach der Schlacht von Cherbourg im Juni 1944. (Quelle: faz)

ZDFzeit in der Mediathek

ZDFzeit | 08.05.2015, 02:45
Die Suche nach Hitlers Volk - Teil 2 ›
Auch im zweiten Teil der Dokumentation suchen die Autoren Antworten auf die Frage: Warum? Gestützt ... VIDEO

ZDFzeit | 08.05.2015, 02:00
Die Suche nach Hitlers Volk - Teil 1 ›
Die erste Folge der Dokumentation widmet sich dem "Charakter" der Deutschen in der Diktatur - ... VIDEO

ZDFzeit | 05.05.2015, 20:15
Die Verbrechen der Befreier ›
Der Vormarsch der Alliierten gegen Hitlers Tyrannei w nicht nur im Osten begleitet von Gräueltaten ... VIDEO

ZDFzeit | 24.04.2015, 17:15
Mensch Putin! ›
Der Ukraine-Konflikt hat die Rolle des russischen Präsidenten Wladimir Putin in den vergangenen ... V

ZDFzeit | 14.04.2015, 20:15
Wir Geiseln der SS ›
Es ist die Geschichte einer dramatischen Odyssee ku vor Kriegsende 1945. Als "Geiseln der SS" ... VIDEO

Links

Nationalsozialismus. Anders als die ausnahmslos negativ rezensierte[4] Ausstellung *1945 – Niederlage. Befreiung. Neuanfang. 12 Länder Europas nach dem Zweiten Weltkrieg* im Deutschen Historischen Museum in Berlin wurde die nicht minder problematische Ausstellung in der Topographie des Terrors nicht kritisch diskutiert.

Die Transformation der deutschen Tätergesellschaft in eine Gesellschaft der Opfer

Der militärische Sieg über Nazi-Deutschland war die Voraussetzung dafür, dass Millionen Europäer_innen, die von den Deutschen während des Zweiten Weltkriegs gedemütigt, unterdrückt, unterworfen, versklavt, ausgebeutet, verfolgt und gefangen genommen worden waren, befreit werden konnten. Doch was bedeutet Befreiung angesichts der präzedenzlosen nationalsozialistischen Verbrechen, und wer ist befreit worden? Reinhart Koselleck, Kriegsteilnehmer in der Wehrmacht und Historiker, betont, dass sich die Antwort auf diese Frage erst ermessen lasse, wenn man danach frage, „wer nicht mehr befreit werden konnte“[5]. Es sind dies die Opfer der deutschen Verfolgungs- und Vernichtungspolitik, die auf der Grundlage der rassistischen Ideologie des Nationalsozialismus mit dem Antisemitismus als Kernelement ermordet wurden. Nicht befreit wurden auch die über hundert Kämpfer_innen des Warschauer Ghettoaufstands mit ihrem Kommandeur Mordechai Anielewicz. Sie nahmen sich – von den Deutschen umzingelt und vom polnischen Untergrund im Stich gelassen[6] – am

4 Vgl. u.a. Andreas Kilb: Nach 1945 kam das Geld im Leiterwagen. In: *FAZ*, 25.04.2015. http://www.faz.net/aktuell/feuilleton/kunst/1945-niederlage-befreiung-neuanfang-im-dhm-13555403.html?printPagedArticle=true#pageIndex_2 (Zugriff 04.01.2015); Florian Peters: Rezension zu: 1945 – Niederlage. Befreiung. Neuanfang, 24.04.2015–10.01.2016, Berlin. In: *H-Soz-Kult*, 13.06.2015. http://www.hsozkult.de/exhibitionreview/id/rezausstellungen-223 (Zugriff 04.01.2015).

5 Reinhart Koselleck: Der 8. Mai zwischen Erinnerung und Geschichte. In: Rudolf von Thadden / Steffen Kaudelka (Hrsg.): *Erinnerung und Geschichte. 60 Jahre nach dem 8. Mai 1945*. Göttingen: Wallstein 2006, S. 13–22, hier S. 17.

6 Yitzhak „Antek“ Zuckerman schreibt dazu in seiner Autobiographie: „On May 8, 1943, I appealed to the AK for help to take the remnants of the fighters out of the ghetto, but they wanted to finish off not only the Uprising but also the rebels. As far as the AK was concerned, as fighters we weren't wanted anywhere on Polish soil. I'm not saying there weren't some who considered the human aspect. But their organization wasn't built for that. They weren't an aid society but a military organization. As a military organization we were superfluous for them both in the fighting ghetto, and as

8. Mai 1943 im Bunker der Żydowska Organizacja Bojowa (ŻOB)[7] in der Miła-Straße 18 das Leben. Angesichts der ausweglosen Situation war für die Kämpfer_innen der Selbstmord die einzige Möglichkeit, sich von der antisemitischen Gewalt zu befreien. Dieses Ereignis, das ebenfalls mit dem Datum des 8. Mai verknüpft ist, ist in Deutschland nahezu unbekannt.

Die Liste derjenigen Menschen, die von Deutschen mit einer beispiellosen Effizienz und Systematik verfolgt und ermordet wurden, ist lang. Neben den Opfern des Völkermords an den europäischen Juden und Jüdinnen zählt dazu eine Opfergruppe, die oft vergessen wird: die 3,5 Millionen sowjetischen Kriegsgefangenen, von denen die Deutschen 60 Prozent verhungern ließen. Zu den Opfern der deutschen Verfolgungs- und Vernichtungspolitik gehörten außerdem fast alle vom NS-Staat erfassten Sinti und Roma sowie als geisteskrank definierte Patient_innen deutscher Krankenanstalten. Allein in den letzten Wochen des Kriegs kamen zudem 300.000 KZ-Gefangene, die die Todesmärsche aus den Lagern nicht überstanden, ums Leben.

Koselleck ist zuzustimmen, dass es sich verbietet, „die Deutschen, einmal besiegt, zu den in gleicher Weise befreiten zu rechnen"[8] wie die Überlebenden der Lager. Zwar hat sich im deutschen öffentlichen Diskurs mit Richard von Weizsäckers Rede am 8. Mai 1985 die offizielle Deutung des militärischen Sieges über Deutschland als ‚Tag der Befreiung' von der NS-Herrschaft durchgesetzt. Wie indes diese behauptete Befreiung zustande kam, wie sich die Transformation des Tags der bedingungslosen Kapitulation zum Tag der Befreiung im öffentlichen Diskurs vollzog, wie und warum das „Narrativ der wenigen"[9] auf die

fighting groups on the Aryan side of Warsaw. We were also superfluous in a partisan unit – as Jews, at any rate, we were superfluous." (Yitzhak Zuckerman: *A Surplus of Memory. Chronicle of the Warsaw Ghetto Uprising*. Berkeley: University of California Press 1993, S. 363.)

7 Dt. „Jüdische Kampforganisation". Die ŻOB war eine bewaffnete jüdische Widerstandsgruppe. Sie wurde am 28. Juli 1942 in Warschau gegründet. Die Pionierorganisationen der Jugendbewegungen von Hashomer Hazair, Dror und Akiva gehörten zu den ersten im ŻOB vertretenen Gruppen. Die ŻOB leistete zum ersten Mal im Januar 1943 im Warschauer Ghetto erfolgreich bewaffneten Widerstand gegen die Deutschen. Der Ghettoaufstand, der am 19. April 1943 begann, war der erste Aufstand gegen die deutsche Besatzungsmacht im von Nazi-Deutschland besetzten Europa überhaupt. Die Ghetto-Kämpfer_innen waren fast vollkommen auf sich allein gestellt.

8 Koselleck: Der 8. Mai zwischen Erinnerung und Geschichte, S. 17.

9 Dan Diner schreibt dazu: „Angesichts der Kapitulation mochten in Deutschland nur einige wenige Freude über das Geschehen empfunden haben. Freude empfanden allenfalls die zuvor vom NS-Regime dem Tod Geweihten, die Verfolgten sowie

Mehrheitsgesellschaft übertragen wurde, wird dabei ausgeblendet.[10] Die Selbstviktimisierung der deutschen Gesellschaft, die unmittelbar mit Kriegsende einsetzte, ist seitdem kontinuierlich präsent, wenn auch in unterschiedlichen Intensitäten und Ausprägungen. Auch die Rede von der Befreiung lässt sich in dieses Selbstbild integrieren – Täterin war eine unbestimmte, unpersönliche „Herrschaft", Befreite und somit Opfer des Nationalsozialismus „wir alle".[11] Diese semantische Umdeutung und Verschiebung der Perspektive – von den Opfern der Deutschen zu den Deutschen als ‚Opfer von Krieg und Gewaltherrschaft'[12] – beruht auf einer „Transformation des Opferbegriffs"[13]: Vom aktiven Opfer, das die Deutschen für Nazi-Deutschland und die ‚Volksgemeinschaft' erbracht hatten, zu einem passiven Begriffsverständnis – mit der Folge, dass auf einmal „dieselben Leute nur noch durch den Faschismus zum Opfer geworden" sind, „während sie sich vorher aktiv für Deutschland geopfert hatten".[14] Die Anmaßung, die Befreiung für *alle* Deutschen zu reklamieren, geht nicht nur komplett an der Realität vorbei. Sie impliziert auch eine falsche Identifikation mit den Ermordeten und Überlebenden der nationalsozialistischen Verfolgungs- und Vernichtungspolitik – bei gleichzeitiger Ausklammerung der wirklichen Täterschaft für diese Politik: „Wenn alle Opfer sind, gibt's keine Täter mehr."[15]

die spärlichen im Verborgenen wirkenden Opponenten des Regimes." Indes: „Nach Jahrzehnten des Wandels übernahm die Bundesrepublik, der deutsche Weststaat, das Narrativ der wenigen als die für das Gemeinwesen gültige Interpretation des 8. Mai 1945. Nach nur vier Jahrzehnten war der Tag der deutschen Kapitulation zum ‚Tag der Befreiung' mutiert." (Dan Diner: *Gegenläufige Gedächtnisse. Über Geltung und Wirkung des Holocaust.* Göttingen: Vandenhoeck & Ruprecht 2007, S. 43.)

10 Für einen Überblick über die Entwicklung der Erinnerung an den 8. Mai in der BRD vgl. Jeffrey K. Olick: Genre Memories and Memory Genres. A Dialogical Analysis of May 8, 1945 Commemorations in the Federal Republic of Germany. In: *American Sociological Review* 64,3 (1999), S. 381–402.

11 „Der 8. Mai war ein Tag der Befreiung. Er hat uns alle befreit von dem menschenverachtenden System der nationalsozialistischen Gewaltherrschaft." (Richard von Weizsäcker: Rede während der Gedenkveranstaltung im Plenarsaal des Deutschen Bundestages zum 40. Jahrestag des Endes des Zweiten Weltkriegs in Europa, 08.05.1985. http://www.bundespraesident.de/SharedDocs/Reden/DE/Richard-von-Weizsaecker/Reden/1985/05/19850508_Rede.html (Zugriff am 05.11.2015)).

12 Vgl. ausführlich dazu Norbert Frei: 1945 und wir. Wie aus Tätern Opfer werden. In: *Blätter für deutsche und internationale Politik* 3 (2005), S. 356–364.

13 Koselleck: Die Diskontinuität der Erinnerung, S. 215.

14 Ebd.

15 Ebd.

In öffentlichen Diskussionen und wissenschaftlichen Publikationen, die aus Anlass des 70. Jahrestages in Deutschland erschienen sind, wurde das „nationale Kollektiv der Hitleranhänger"[16] erneut als Bystander-Kollektiv,[17] das Hitlers Vernichtungskrieg in Europa nicht befürwortet hatte, festgeschrieben. So ist in einem Beitrag in der von der Bundeszentrale für politische Bildung herausgegebenen Zeitschrift *Aus Politik und Zeitgeschichte* zu lesen:

> Die Meinungen zum Krieg und zur Niederlage gingen in der deutschen Bevölkerung im Mai 1945 weit auseinander, je nach Geschlecht, Region und Klasse. Millionen Deutsche, tatsächlich eine Mehrheit, hatten 1932 nicht für die NSDAP gestimmt; Millionen Deutsche, wären sie gefragt worden, wollten 1939 keinen Krieg, und auch nicht seine Ausdehnung auf die Sowjetunion 1941.[18]

Diese Deutung spiegelt die angesprochene Selbstviktimisierung und Schuldleugnung der deutschen Bevölkerung wider. Die Tatsache, dass die überwiegende Mehrheit bis zum 8. Mai 1945 hinter dem NS-Regime stand und mit den rassistischen Ideen sowie der Eroberungs- und Vernichtungspolitik des NS-Staats einverstanden war, erscheint

16 So die Formulierung Alexander und Margarete Mitscherlichs in ihrem Buch *Die Unfähigkeit zu trauern*, hier zit. n. Ralph Giordano: *Die zweite Schuld oder von der Last Deutscher zu sein*. Köln: Kiepenheuer & Witsch 2000, S. 16.

17 Das *Oxford English Dictionary* definiert das Wort *bystander* wie folgt: „a person who sees something that is happening but is not involved." Raul Hilberg hat das Konzept *Bystander* in seinem Buch *Perpetrators, Victims, Bystanders. The Jewish Catastrophe 1933–1945*. New York: Harper Perennial Library 1992, in die Holocaustforschung eingeführt. Er versucht damit eine Bandbreite von Verhaltensweisen von Mitgliedern der nichtjüdischen Mehrheitsgesellschaften während des Holocaust zu erfassen, die den Vernichtungsprozess nicht initiierten: von Profiteuren bis Menschen, die Juden halfen. Die neuere Holocaustforschung stellt die Konzeptualisierung der nichtjüdischen Mehrheitsgesellschaften als Bystander-Gesellschaften, als unbeteiligte Zuschauer also, die keinen Einfluss auf das Geschehen hatte, grundsätzlich in Frage. Vgl. Tagungsbericht: Probing the Limits of Categorization. The „Bystander" in Holocaust History, 24.09.2015–26.09.2015 Amsterdam. In: *H-Soz-Kult*, 11.12.2015. http://www.hsozkult.de/conferencereport/id/tagungsberichte-6278 (Zugriff am 12.05.2016). Darauf hinweisend, dass der Begriff ‚Bystander' für die polnische Situation unter deutscher Besatzung nicht funktioniere, schlägt Elżbieta Janicka für die polnische Mehrheitsgesellschaft während der „Endlösung" den Begriff „der eingeweihten, teilnehmenden Beobachtung" vor und zitiert Jan Karskis Ausspruch: „ganz Polen war ein Ghetto" (Elżbieta Janicka / Tomasz Żukowski, Przemoc filosemicka [Philosemitische Gewalt]. In: *Studia Literraria et Historica* 1 (2012), S. 1–39. https://ispan.waw.pl/journals/index.php/slh/article/view/slh.2012.001 (Zugriff am 12.05.2016).)

18 Richard Overy: 8. Mai 1945: Eine internationale Perspektive. In: *Aus Politik und Zeitgeschichte* 65 (2015), S. 3–9, hier S. 8. http://www.bpb.de/apuz/204274/8-mai-1945-eine-internationale-perspektive (Zugriff am 05.11.2015).

2015 kein erklärungsbedürftiges Phänomen mehr zu sein, sondern wird schlichtweg ignoriert.

Der Begriff der Befreiung, bezogen auf die deutsche Gesellschaft, klammert zudem aus, dass die Befreiung vom Nationalsozialismus keine Befreiung von den mentalen Strukturen bedeutete. Es wird verschleiert, dass eine bestimmte Struktur des Denkens, vor allem der Antisemitismus, und eine rassistische Weltsicht sich nicht von heute auf morgen ändern lassen und die Voraussetzungen, die den Nationalsozialismus und seine Verbrechen ermöglichten, nach 1945 weiterwirkten. Auch für die von Deutschland im Zweiten Weltkrieg besetzten Länder kann nicht uneingeschränkt von einer Befreiung gesprochen werden, da die gesellschaftlichen, wirtschaftlichen, materiellen Zerstörungen sowie die Auswirkungen des Terrors und des Massenmords auf die Gesellschaften und Individuen bis heute fortwirken.

Die Überlebenden der Lager wurden zwar von der nationalsozialistischen Verfolgungs- und Vernichtungspolitik befreit, nicht indes von den Gewalterfahrungen, die sich in ihre Körper eingeschrieben hatten, und nicht von den Erinnerungen an das Ungeheuerliche, das ihr Weltvertrauen erschüttert hatte. „Weltvertrauen" ist ein Begriff, den der Überlebende Jean Améry in seinem Buch *Jenseits von Schuld und Sühne. Bewältigungsversuche eines Überwältigten* verwendet. Er versteht darunter die Gewissheit, dass „der andere auf Grund von geschriebenen und ungeschriebenen Sozialkontrakten mich schont, genauer gesagt, dass er meinen physischen und damit metaphysischen Bestand respektiert".[19] Überlebende wie Améry, der hier stellvertretend für viele genannt wird, besaßen diese Gewissheit nach dem Zivilisationsbruch nicht mehr. Für sie konnte es keine Stunde Null geben, welche die Deutschen sich selbst bescheinigten, als absoluten Tiefpunkt und gleichzeitige *Tabula rasa*, die einen Neuanfang ohne Schuld oder Schulden suggerieren sollte.

Der 8. Mai: Ein ortloser Erinnerungsort?

Anlässlich des 70. Jahrestages der bedingungslosen Kapitulation der Wehrmacht am 8. bzw. 9. Mai 1945 und dem daraus folgenden Ende des Zweiten Weltkriegs in Europa befasste sich ein Workshop am Deutschen Historischen Institut Warschau mit verschiedenen historischen,

19 Jean Améry: *Jenseits von Schuld und Sühne. Bewältigungsversuche eines Überwältigten*. Stuttgart: Klett 1977, S. 56.

nationalen und disziplinären Diskursen um dieses Ereignis. Die einzelnen Beiträge widmeten sich aus unterschiedlichen Perspektiven einerseits den historisch-zeitgenössischen Wahrnehmungen, Praktiken und Bedeutungen, andererseits den nachträglichen Bedeutungszuschreibungen und fortlaufenden -generierungen in Bezug auf den 8. Mai. In den Vorträgen und Diskussionen ging es auch um die Frage, welche Aspekte des historischen Ereignisses und seiner Auswirkungen bis in die heutige Zeit bei den verschiedenen Zugängen und Sinngebungen ausgeblendet werden.

Angesichts der Heterogenität der Daten und Ereignisse sowie ihrer Bezeichnungen und Deutungen hatten die Herausgeberinnen im Vorfeld die Frage gestellt, ob der 8. Mai als ortloser Erinnerungsort begriffen werden könne. Ausgangsthese war, dass der 8. Mai als *lieu de mémoire* nach Pierre Nora[20] keinem konkreten räumlichen oder geografischen Ort, Symbol, Kunstwerk, Identitätsangebot oder Ritual eindeutig zugeordnet ist. Für Deutschland kann der 8. Mai in dieser Lesart als jener ortlose Erinnerungsort bezeichnet werden, dem paradoxerweise noch nicht einmal ein eindeutiges Datum zukommt. Die tatsächlichen Orte der Unterzeichnung der Kapitulationserklärung – am 7. Mai im französischen Reims und aus protokollarischen Gründen am 8./9. Mai 1945 in Berlin-Karlshorst wiederholt – spielen im öffentlichen Diskurs nahezu keine Rolle. In der Anfangsphase der Bundesrepublik war der 8. Mai in Bezug auf die Strafverfolgung von NS-Verbrechen kein Gedenktag, sondern ein „Tag der Amnesie und Amnestie"[21]. Auch wenn sich wie erwähnt seit dem 40. Jahrestag die vom damaligen Bundespräsidenten vorgegebene Deutung als ‚Tag der Befreiung' durchgesetzt hat, konnte sich daran bislang kein hegemonialer Gedenkdiskurs in Deutschland ausbilden. Eine europäische Verständigung über Datum, Ort und Bedeutung des 8. Mai ist bis heute ebenfalls nicht erfolgt, selbst unter Ausklammerung Deutschlands. Allgemein feststellen lässt sich nur, dass der Tag des Kriegsendes im

20 Pierre Nora: *Les lieux de mémoire*, 3 Bde. Paris: Gallimard 1984–1992.

21 „Ab diesem Stichdatum war die strafrechtliche Verfolgung von NS-Verbrechen auf vorsätzliche Tötungsdelikte (seit 1955) bzw. auf Mord (seit 1960) beschränkt – obwohl die Zentrale Stelle Ludwigsburg ihre Tätigkeit erst 1958 aufgenommen hatte und die Prozeßvorbereitungen kaum begonnen hatten." (Jan-Holger Kisch: *„Wir haben aus der Geschichte gelernt". Der 8. Mai als politischer Gedenktag in Deutschland.* Köln: Böhlau 1999, S. 49–50.)

öffentlichen Diskurs in Ostmittel- und Südosteuropa nicht nur mit dem Ende der deutschen Besatzungsherrschaft, sondern auch mit dem Beginn des staatlichen kommunistischen Systems verknüpft wird.

Auf der Tagung „Der 8. Mai: Ein ortloser Erinnerungsort? Internationale und interdisziplinäre Perspektiven“ erwies sich Pierre Noras überaus einflussreiches Postulat der *lieux de mémoire* in der gemeinsamen Diskussion der Beiträge zwar als anregende Quelle interdisziplinären Austauschs, aber als keinesfalls „kohärentes wissenschaftliches Konzept“[22]. Darin liegt gerade seine Attraktivität und Anschlussfähigkeit an verschiedene historische Kontexte begründet. In den Publikationen, die sich des Begriffs bedienen, bleibt der Bezug in der Konsequenz oft floskelhaft und lässt analytische und/oder empirische Argumentation vermissen. Als ein Beispiel dafür sei auf Dietmar Müllers Aufsatz „Erinnerungskultur und Geschichtspolitik im östlichen Europa“ verwiesen, in dem er konstatiert, das Ende des Zweiten Weltkriegs am 8. Mai bilde „einen europäischen Erinnerungsort“, jedoch nicht konkret ausführt, was diesen aus- und kennzeichnet.[23]

Neben dieser Verselbstständigung des Begriffs, der schon bei Nora eher schwammig definiert ist, wurde in der abschließenden Diskussion auf der Tagung grundsätzliche Kritik an dem identitären Charakter der *lieux de mémoire* geäußert und die ideologische Begrenztheit des Konzepts herausgestellt. Solche Kritik ist in dem weiten Feld der *Memory Studies* bereits mehrfach vorgebracht worden. Hier soll nicht der Forschungsstand umfassend referiert, sondern es sollen einzelne Positionen herausgegriffen werden, um die aus unserer Sicht grundlegenden Problematiken zu benennen. So betont auch Dietmar Müller die ideologische Grundierung, wenn er schreibt, Noras siebenbändiges Werk über die französischen Gedächtnisorte könne „als konservatorisches

22 Astrid Erll: Pierre Nora, Les lieux de mémoire. In: Claus Leggewie / Dariuš Zifonun / Anne Lang / Marcel Siepmann / Johanna Hoppen (Hrsg.): *Schlüsselwerke der Kulturwissenschaften*. Bielefeld: Transcript 2012, S. 158–160, hier S. 158.

23 Seine Überlegungen verbleiben auf einer allgemeinen Ebene. Bezugnehmend auf die Assmannschen Überlegungen konstatiert Müller, der europäische Erinnerungsort befinde sich „im Übergang vom kollektiven ins kulturelle Gedächtnis“. (Dietmar Müller: Erinnerungskultur und Geschichtspolitik im östlichen Europa. In: Matthias Middell (Hrsg.): *Dimensionen der Kultur- und Gesellschaftsgeschichte. Festschrift für Hannes Siegrist zum 60. Geburtstag*. Leipzig: Leipziger Universitätsverlag 2007, S. 317–334, hier S. 322.)

Unterfangen mit deutlich wehmütigen Zügen gelesen werden"[24]. Die Historikerin Hue-Tam Ho Tai wiederum merkt aus postkolonialer Perspektive an, dass Nora die „französische Nation" als unproblematisches Faktum annehme und voraussetze: „For all of Nora's embrace of polyphony and polysemy, the French nation of *Realms of Memory* is a given rather than a problem or project."[25] Die Kritik der Soziologen Natan Sznaider und Daniel Levy an Noras Konzeption richtet sich unter anderem grundsätzlich gegen „die Fixierung auf den Nationalstaat als einzig mögliche (und vorstellbare) Quelle für die Artikulation von authentischen kollektiven Erinnerungen"[26]. Für die zahlreichen Publikationen zu Erinnerungsorten im Anschluss an Nora hat Astrid Erll darauf hingewiesen, dass darin diese „nicht in erster Linie kritisch-distanziert beobachtet, sondern aktiv konstruiert werden."[27]

Wir möchten uns von einer nostalgischen oder sentimentalen Färbung des Erinnerungsbegriffs abgrenzen und verstehen die Unklarheit in Bezug auf den 8. Mai nicht als Defizit, sondern als Befund, der einer Analyse bedarf. Zeitlich befinden wir uns im Übergang vom kommunikativen zum kulturellen Gedächtnis, wie ihn Jan Assmann beschreibt.[28] Offensichtlich wird die Erinnerung an den 8. Mai nicht mit dem Ableben der Erlebnisgeneration verschwinden. Allerdings lässt sich bislang auch nicht feststellen, dass sich eine kohärente und gesellschaftlich akzeptierte Wandlung in materielle, textliche, bildliche oder rituelle Formen herausgebildet hat.

Zunächst ist erklärungsbedürftig, wessen Erinnerung gemeint ist: Der Bezug auf Nationalstaaten ist naheliegend und sinnvoll angesichts von Kriegshandlungen, die in der Regel zwischen Nationalstaaten geschehen. Es ist jedoch nicht der einzig mögliche und erkenntnisfördernde Bezug. Ebenso erklärungsbedürftig ist der Bezugspunkt der Erinnerung. Was erinnert wird, soll nicht (normativ) vorausgesetzt werden. Ein solcher Zirkelschluss oder gar eine Folgerung, die ihre eigene

24 Müller: Erinnerungskultur und Geschichtspolitik im östlichen Europa, S. 319.

25 Hue-Tam Ho Tai: Remembered Realms. Pierre Nora and French National Memory. In: *American Historical Review* 106,3 (2001), S. 906–922, hier S. 910.

26 Daniel Levy / Natan Sznaider: Memory Unbound. The Holocaust and the Formation of Cosmopolitan Memory. In: *European Journal of Social Theory* 5 (2002), S. 87–106, hier S. 90.

27 Erll: Pierre Nora, S. 159.

28 Jan Assmann: *Das kulturelle Gedächtnis: Schrift, Erinnerung und politische Identität in frühen Hochkulturen*. München: Beck 1992, S. 48–64.

Prämisse erst herstellt, soll durch den Dreischritt von Beobachtung, Beschreibung und Interpretation vermieden werden.
Nichtsdestotrotz ist keine wissenschaftliche Forschung frei von Voraussetzungen und Vorannahmen. Auch wenn wir das Konzept des Erinnerungsortes verworfen haben, erscheint es uns sinnvoll, einen gemeinsamen Referenzpunkt der Beiträge zu konzeptualisieren, um sich dem Datum anzunähern. Zur Betonung des konstruktiven Charakters jeglicher Form der Erinnerung schlagen wir anstelle des Erinnerungsortes für die vorliegende Publikation den Begriff der Trope vor. Hayden White hat in seiner geschichtstheoretischen Studie *Metahistory*[29] vier Tropen herausgearbeitet, mit denen die Historiografie Sinn erzeuge: Metapher, Metonymie, Synekdoche und Ironie. Diese Tropen identifiziert er als dominante Modi des Verknüpfens von Wörtern und Vorstellungen in geschichtswissenschaftlichen Texten. Der historiografische Diskurs kann daher in seiner Struktur tropologisch aufgefasst werden. Historiker_innen müssen aus der Gesamtheit der überlieferten Quellen und vorhandenen Forschungsbeiträge auswählen und diese Auswahl in eine sinnvolle Erzählung überführen, um Erkenntnisse zu generieren und zu vermitteln. White argumentiert, dass diese Auswahl und Gestaltung als ästhetisch-literarisch zu erfassen ist.[30] Der Befund der Auswahl und Konstruktion lässt sich auf jegliche gesellschaftliche oder wissenschaftliche Bezugnahme auf Vergangenheit übertragen, bei der eine diskursiv wirksame Narration angestrebt wird.
In der Rhetorik bezeichnet die Trope den Modus des uneigentlichen Sprechens: Ein Wort oder ein Text erhält eine andere Bedeutung als seine eigentliche. Das Datum 8. Mai 1945 als Trope meint also nicht die historische Abfolge von 24 Stunden, die dieser Tag umfasste, nicht die konkreten Ereignisse des Tags, sondern eine nachträglich zugeschriebene Bedeutung wie ‚Stunde Null' oder ‚Befreiung'. Der vorliegende Band erweitert den Anwendungsbereich der Trope von der schriftlichen Textproduktion der Geschichtswissenschaft auf einen erweiterten Textbegriff, um gesellschaftliche Praktiken des Erinnerns wie Gedenkveranstaltungen und Denkmalsetzungen, zeitgenössische Sprechweisen in verschiedenen schriftlichen und mündlichen

29 Hayden White: *Metahistory. The Historical Imagination in Nineteenth Century Europe*. Baltimore: Johns Hopkins UP 1973.

30 Für eine Zusammenfassung der Kernthesen Whites vgl. Wulf Kansteiner: Hayden White, Metahistory. In: Leggewie / Zifonun / Lang / Siepmann / Hoppen (Hrsg.): *Schlüsselwerke*, S. 168–171.

Überlieferungen, Bildproduktion und Literatur erfassen zu können.[31] Mit Erinnerung ist hier sowohl ein kollektives als auch individuelles Wissen gemeint, ferner alle symbolischen Repräsentationen der Vergangenheit und alle Praktiken, in denen dieses Wissen zur Anwendung kommt. Kurzum: Es geht um die Analyse kultureller Produktion und Praxis im weiteren Sinne. Als Beispiel für solch eine Übertragung der Trope aus der Rhetorik auf materiell-räumliche Ensembles sei Laurie Beth Clarks Untersuchung von Ausstellungsdisplays in Gedenkstätten für Massengewaltverbrechen weltweit genannt.[32] Den Ausstellungsobjekten schreibt sie neben einer Beweisfunktion auch eine rhetorische zu, „whereby objects stand in for the dead or disappeared"[33]. Sie stellt die Modi Metonymie und Synekdoche als wichtige Bestandteile der kuratorischen Konzepte in den von ihr analysierten Gedenkstätten heraus. Bei der Synekdoche steht ein Teil für das Ganze im buchstäblichen Sinne, wenn menschliche Knochen und ganze Leichen in den Gedenkstätten der kambodschanischen Killing Fields und in Ruanda präsentiert werden. Die Metonymie hingegen lässt Ausstellungsgegenstände für Gruppen von Menschen stehen, mit denen die Objekte nach allgemeinverständlichen Konventionen assoziiert werden. So steht das Dreirad eines kleinen Jungen, der während des Atombombenabwurfs auf Hiroshima starb, in der Ausstellung stellvertretend für alle Kinder, die der Bombe zum Opfer fielen. Clark stellt die Effekte eines solchen metonymischen Displays, das sich Gewaltverbrechen traumatischen Ausmaßes widmet, positiv heraus:

> Not only does its literalism remove undue burden from the beholder, it also restricts the range of possible associations, thereby keeping museumgoers on task in their contemplation of violence. Moreover, because they work through established conventions, metonymic structures fit with other practices of repeating mnemonic tropes across cultural contexts.[34]

31 Für eine solche Ausweitung des Begriffs vgl. Kuisma Korhonen (Hrsg.): *Tropes from the Past. Hayden White and the History/Literature Debate*. Amsterdam/New York: Rodopi 2006. Der Sammelband, für den auch White selbst einen Beitrag verfasst hat, führt im Titel zwar das Verhältnis von Geschichte und Literatur an, in den einzelnen Aufsätzen werden die Begriffe Textualität und Narrativität aber auch auf Filme und Objekte angewendet.

32 Laurie Beth Clark: Mnemonic Objects: Forensic and Rhetorical Practices in Memorial Culture. In: Marc Silberman/Florence Vatan (Hrsg.): *Memory and Post-War Memorials. Confronting the Violence of the Past*. New York: Palgrave Macmillan 2013, S. 155–176.

33 Ebd., S. 156.

34 Ebd., S. 167.

Tropen sind daher nicht per se als verfälschend oder verschleiernd zu bewerten. In Bezug auf das Thema des vorliegenden Bandes können sie einerseits in den analysierten Quellen aufgefunden werden und andererseits als Interpretation der untersuchten Phänomene dienen. Sie werden nicht als bloße *ornatio* aufgefasst, sondern als bedeutungsgenerierende und Komplexität steigernde symbolische Formen. Der Begriff wird vom uneigentlichen Sprechen auch auf uneigentliche Praktiken übertragen. Der Modus der Uneigentlichkeit entspricht dem Phänomen der Erinnerung insofern, dass diese niemals identisch mit der Realität vergangener Ereignisse sein kann. Die Form der Trope erscheint als heuristisches Mittel daher geeigneter als das Konzept des Erinnerungsortes, das, auch wenn Nora diesen schon als Verfallsstufe eines „echten, sozialen und unberührten Gedächtnis"[35] beschreibt, an die problematische Idee des Authentischen gebunden bleibt.

Welcher Bezugspunkt jedoch der konkret-historisch Eigentliche der Trope ‚8. Mai' sein könnte, ist keinesfalls eindeutig. Das Kriegsende und die Befreiung von der nationalsozialistischen Gewaltherrschaft waren geschichtliche Prozesse, die an unterschiedlichen geografischen Orten zu unterschiedlichen Zeitpunkten und in unterschiedlichen Zeiträumen stattfanden. Das Erinnerungsdatum 8. Mai ist wie alle Gedenktage nachträglich definiert worden. Es stabilisiert sich einerseits durch die jährliche Wiederkehr, andererseits führt gerade die Wiederholung zwangsläufig zu Transformationen der Erinnerung.

Uns ist es wichtig, die Polyvalenzen, Widersprüche und Konflikte der Erinnerung an den 8. Mai, die sich aus einer internationalen, interdisziplinären und diachronen Perspektive ergeben, sichtbar zu machen. Prozesse der Auswahl und Konstruktion sowie die Frage danach, wann und warum sie erfolgreich werden, stehen im Fokus der Beiträge.

Zu den einzelnen Beiträgen

Die Beiträge der Tagung wurden für die vorliegende Publikation um drei weitere Aufsätze ergänzt. Sie lassen sich nach ihren Schwerpunkten auf diskursiven Auseinandersetzungen, medialen Repräsentationen oder ritualisierten, individuellen oder politischen Handlungsweisen drei Gruppen zuordnen. Im ersten Abschnitt geht es um hegemoniale und marginale Diskurse. Judith Kasper widmet sich dem Kapitel

35 Pierre Nora: *Zwischen Geschichte und Gedächtnis*, aus d. Frz. v. Wolfgang Kaiser. Frankfurt am Main: Fischer 1992, S. 12.

„Victory Day" aus Primo Levis 1962 erschienenem Buch *Die Atempause*, das davon handelt, wie der Auschwitz-Überlebende den 8. Mai 1945 in einem Übergangslager im polnischen Katowice erlebte. Trotz der großen Aufmerksamkeit, die Levis Werk sowohl von akademischer Seite als auch im öffentlichen Gedenkdiskurs Italiens erhält, wurde dieser Text bislang kaum rezipiert. Es handelt sich mithin um einen marginalisierten Diskurs, ganz so, wie der 8. Mai in nationaler Perspektive in Italien keine Bedeutung hat, da Kriegsende, Kapitulation und Selbstbefreiung mit anderen Daten verbunden sind. Kasper arbeitet heraus, wie die literarische Erzählung des an diesem Datum Erlebten bei Levi allegorischen Charakter annimmt und gerade dadurch die Ambiguität des Datums in seiner allgemein-historischen und individuell-singulären Bedeutung aufzeigt, ohne diese beiden Pole miteinander versöhnen zu wollen.

Katrin Stoll untersucht die Interpretationen des 8. Mai 1945 im öffentlichen und geschichtswissenschaftlichen Diskurs in (West-)Deutschland. Sie legt dar, wie das Ringen um eine Bedeutungszuschreibung dabei gekennzeichnet ist durch die Bemühung, die Realität des Holocaust zu neutralisieren und Schuld sowie Verantwortung zu leugnen. Die Ambiguität des Datums liegt dabei zunächst, anders als bei Levi, nicht in der Kluft zwischen individueller und historischer Perspektive, sondern in der widersprüchlichen Auffassung von Niederlage einerseits und Befreiung andererseits. Die schließlich etablierte Deutung der Befreiung bezieht sich indes zu allererst auf das nationale Kollektiv der vormaligen ‚Volksgemeinschaft' – und nicht auf die Opfer der Deutschen. Die so als Euphemismus zu verstehende deutsche Rede von der Befreiung wäre daher nach Stoll als Selbstbefreiung der Deutschen von der Realität der nationalsozialistischen Verfolgungs- und Vernichtungspolitik zu interpretieren.

Helen Whatmore stellt für Großbritannien einen nationalen Diskurs vor, in dem der 8. Mai 1945 zwar als öffentlicher Feiertag vor allem in London begangen wurde, in den folgenden Jahrzehnten allerdings nur eine marginale Rolle spielte. Lange Zeit konnte diesem Datum keine hegemonial wirksame Bedeutung zugeordnet werden. Stattdessen wurde die Erinnerung an das Ende des Zweiten Weltkriegs zunächst in das bestehende militärische Gedenken am Armistice Day inkludiert, der zum Ende des Ersten Weltkriegs etabliert worden war. In Großbritannien waren verschiedene Argumente schwerwiegend genug, den

8. Mai 1945 nicht als Metonymie für das Ende des Zweiten Weltkriegs aufzufassen. Stattdessen wurde der Feiertag des Waffenstillstandes nach dem Ersten Weltkrieg metonymisch zum Gedenken an militärische Erfolge und Verluste allgemein erweitert. Diese spezifisch britische Sichtweise sollte sich deutlich und nachhaltig zum 40. Jubiläum des Victory in Europe Day ändern. Whatmore untersucht die wenig beachtete Vorgeschichte dieses *anniversary boom* mit einem Schwerpunkt auf der Zeit von 1945 bis 1965.

Judith Lyon-Caen legt am Beispiel der im Zentrum der Halbinsel Cotentin gelegenen Kleinstadt Valognes Schichten einer *mémoire trouble* in einer D-Day-Region frei – jenseits des offiziellen Diskurses über die deutsche Besatzung und die Landung der Alliierten. Sie stieß während einer Exkursion in Valgones, dem Geburtsort des französischen Schriftstellers und Monarchisten Jules Barbey d'Aurevilly (1808–1898), nicht nur auf eine spezifische „aurevillanische" monarchische Nostalgie, sondern entdeckte auch dezente Schatten der Vichy-Vergangenheit. In ihrem Beitrag dekonstruiert Lyon-Caen eine an der Sainte-Marie-Schule in Valognes angebrachte monarchistische Erinnerungstafel von 1930, die mit ihren goldenen Buchstaben nicht nur aus der Zeit gefallen zu sein scheint, sondern zugleich von Ereignissen des Zweiten Weltkrieges ablenkt, die heute nicht erinnert werden sollen. Die Tafel verdeckt gleichsam Nicht-Erinnertes. Orientiert an einem „aurevillanischen" mikrohistoriografischen Ansatz, erzählt sie die Geschichte des Falls Valognes und reflektiert über Fragen von Erinnerung und Vergessen. Sie untersucht ein für die Bewohner_innen beunruhigendes gespenstisches Phänomen: eine die Gegenwart „heimsuchende Vergangenheit", die niemand sehen will und die fast kaum Spuren hinterlassen hat – weder in den Archiven noch im öffentlichen Diskurs. In Bezug auf die Trope ‚8. Mai' bedeutet dies, dass wir es im Fall Valognes mit einem kaum bekannten und beachteten Gegendiskurs zum offiziellen Befreiungsnarrativ zu tun haben.

Die Frage nach den Vermittlungen des 8. Mai 1945 im Medium der Ausstellung, der Denkmale und der Fotografie gehen die vier Beiträge der zweiten Sektion nach. Als erstes untersucht Ljiljana Radonić hier mit den Gedenkmuseen eine spezifische Form historischer Museen, die sich explizit nicht allein der Dokumentation und Wissensvermittlung verschrieben haben, sondern mit der Zielsetzung des Gedenkens eine intendierte sinnstiftende Funktion besitzen. Die Darstellung des

Kriegsendes in den Dauerausstellungen der Gedenkmuseen in Polen (KZ-Gedenkstätte Majdanek, Museum des Warschauer Aufstands, Museum für die Geschichte der polnischen Juden, Schindler-Museum), Deutschland (KZ-Gedenkstätten Buchenwald und Dachau, Topographie des Terrors) und Israel (Yad Vashem) werden von der Autorin nicht in eins gesetzt mit dem Datum des 8./9. Mai 1945, sondern mit den Zeitpunkten der Befreiungen der jeweiligen Lager oder Städte. In den Museen werden diese wiederum mit diversen Erzählungen verknüpft, so zum Beispiel mit der Erzählung von der Unmöglichkeit für Juden und Jüdinnen, weiterhin in Polen zu leben. Dabei lassen sich zwar generelle Unterschiede zwischen den Museen festmachen, sie verlaufen allerdings nicht ausschließlich entlang nationaler oder Täter-, Opfer- und Zuschauer-Kategorien.

In dem Beitrag von Tatiana Timofeeva wird der 9. Mai 1945 als russischer Tag des Sieges im ‚Großen Vaterländischen Krieg' vorgestellt. Sie arbeitet dabei die Funktionen heraus, die ihm bei der seit einigen Jahren erneut aufkommenden Aktivierung patriotischer Gefühle und einer damit einhergehenden Mobilisierung der russischen Bevölkerung zukommt. Dabei wird auch deutlich, welche veränderten Zuschreibungen ein Jahrestag je nach den politischen und gesellschaftlichen Bedürfnissen unterworfen sein kann. Timofeeva vertritt die These, dass es nach einer kurzen Phase vorsichtiger Pluralisierung und Demokratisierung des Gedenkens eine Rückkehr zu dem alten sowjetischen Narrativ gibt. Dies legt die Autorin unter anderem am Beispiel der Siegesfeier 2015 dar. Ihr Text ist auch als politischer Kommentar zu den gesellschaftlichen Entwicklungen in Russland unter Putin zu verstehen.

Mit dem Beitrag von Alexandra Klei wird der 8. Mai 1945 als Leerstelle in der materiellen Erinnerungskultur Deutschlands herausgearbeitet. Datum und Ereignisse finden weder einen inhaltlichen Ausdruck noch eine gestalterische Form in den Denkmalen und Erinnerungszeichen, die hier beispielhaft für den Landkreis Spree-Neiße in Brandenburg untersucht und vorgestellt werden. Die Zusammenschau aller markierten Gedenkorte mit historischem Bezug auf den Nationalsozialismus in dieser Region macht einerseits deutlich, dass das Kriegsende bzw. die ‚Befreiung vom Faschismus' lediglich indirekt thematisiert wird und es nur einen Fall gibt, bei dem das konkrete, auf die lokale Geschichte bezogene Datum genannt wird. Andererseits lassen sich Konjunkturen verschiedener Themenkomplexe in der öffentlichen Erinnerung feststellen sowie weiterhin existierende Leerstellen benennen.

Viola Rühse untersucht in ihrem Aufsatz eine einzelne Fotografie von Lee Miller, auf der die Fotografin selbst nackt in der Badewanne in Hitlers Münchner Wohnung zu sehen ist. Das Foto wurde kleinformatig erstmals 1945 in der britischen *Vogue* am Ende eines Berichts von Miller mit dem Titel *Hitleriana* veröffentlicht. Seit den 1990er Jahren avancierte eine leicht abweichende Version dieser Aufnahme zu einer der berühmtesten Fotografien der Künstlerin. Rühse analysiert die komplexe Bildkomposition und setzt die Abbildung in Bezug zu dem begleitenden Text. Der Publikationskontext in einer an ein vornehmlich weibliches Publikum gerichteten Modezeitschrift wird ebenso reflektiert wie der Zusammenhang mit anderen alliierten Siegesbildern einerseits und der visuellen Inszenierung Hitlers als Führer und Privatmensch andererseits. Darüber hinaus kann Rühse die surrealistische Prägung von Millers Œuvre an dieser Fotografie exemplarisch aufzeigen. Es wird unter anderem deutlich, dass das Triumphbild, in dem Führerkult, Geschlechterbild und Ästhetik des Nationalsozialismus dekonstruiert werden, ebenso ironisch zu verstehen ist und gleichsam eine weitere symbolische Entmachtung Hitlers bedeutet.

Die dritte Sektion ist den symbolischen und politischen Praktiken gewidmet und wird mit einem Beitrag von Cordula Gdaniec zu den Feierlichkeiten anlässlich des 9. Mai 1945 in der Russischen Föderation eröffnet. Nach der Skizzierung der Geschichte des Feiertags in der Sowjetunion werden zum einen die in zahlreichen Städten etablierten Siegerparks vorgestellt und der Frage nachgegangen, wie diese Räume jenseits des Feiertages genutzt werden. Zum anderen wird die Bedeutung, die der Jahrestag für junge Menschen heute hat, herausgearbeitet. Deutlich können dabei Unterschiede zu Deutschland aufgezeigt werden; der Tag wird so als nach wie vor relevanter und erlebter Feiertag innerhalb der postsowjetischen Gesellschaft sichtbar. Schließlich zeigt die Autorin auf, dass das Datum von einer Gegenkultur als Anlass genommen wird, sich kritisch mit den offiziellen Feierlichkeiten und Lesarten der Erinnerung auseinanderzusetzen.

Ksenija Cvetković-Sander zeigt am Beispiel des Gedenkens an die Befreiung der Stadt Zagreb, wie die Erinnerung an den Zweiten Weltkrieg im demokratischen Kroatien zum Gegenstand heftiger Auseinandersetzungen geworden ist. Zagreb wurde tatsächlich erst am 8. Mai 1945, dem offiziellen Kriegsende in Europa, befreit. An diesem Tag überquerte Titos Jugoslawische Armee die Brücken der Save. Die politische Deutung dieses Ereignisses hat sich im heutigen Kroatien grundlegend gewandelt: Die Befreier von damals werden im gegenwärtigen öffentlichen Diskurs angefeindet, beleidigt und diskriminiert. In der Gedächtnispolitik der Stadt hat man die Erinnerung an den 8. Mai nicht verboten, aber marginalisiert. Die Straße des 8. Mai 1945, ursprünglich im Stadtzentrum gelegen, wurde 1991 umbenannt. Später kehrte sie, wie Cvetković-Sander darlegt, auf den Stadtplan Zagrebs zurück – jedoch weder an ihren alten Ort noch an den Ort, den Antifaschist_innen vorgeschlagen hatten, sondern an einen zuvor unbenannten und unbebauten Abschnitt des Save-Ufers. Dieser Schritt kann als Versuch gelesen werden, die Erzählung über die Ereignisse auszulagern. Darüber hinaus wurde der ursprünglich verwendete Monatsname *maj*, der eher im Serbischen gebräuchlich ist, vermieden und stattdessen der spezifisch kroatische *svibanj* gewählt. Damit wollte die neue Machtelite der Erinnerung an den gemeinsam mit Serbien und anderen Nationen geführten antifaschistischen Befreiungskampf aus dem Weg gehen. Der Umgang mit der Erinnerung an den 8. Mai wird somit zur Metapher für die Definition der neuen kroatischen nationalen Identität.

Paweł Brudek schildert die Situation in Warschau 1945 als einen mehrmonatigen Prozess des Kriegsendes, der mit der Befreiung der Stadt von der deutschen Besatzung am 17. Januar 1945 begann, aber mit dem 8./9. Mai für Teile der polnischen Bevölkerung noch nicht vorbei war. Der Beitrag stellt die Wiederbelebung der nahezu vollständig zerstörten Stadt dar, versammelt verschiedene Stimmen von Zeitzeug_innen des 9. Mai in Warschau und setzt die Ereignisse vor Ort in Bezug zu den fundamentalen Änderungen der polnischen Staatlichkeit im Zuge der sowjetischen Einflussnahme. Der Aufsatz schließt mit der Vorstellung einer literarischen Zukunftsutopie aus dem Jahr 1947, in der der Diplomat und Journalist Andrzej Ziemięcki (Jahrgang 1881) seine Vision für die Stadt Warschau im Jahr 1980 schildert.

Annika Wienert gebraucht in ihrem Beitrag den 8. Mai 1945 als Metapher für die Transformation der nationalsozialistischen ‚Volksgemeinschaft' in eine postnazistische bundesdeutsche Gesellschaft. Am Beispiel der Stadt München beschäftigt sie sich mit den unmittelbaren materiellen Folgen des Kriegs in Deutschland: Schutt, Trümmer und Ruinen zerstörter Bauten. Es wird untersucht, wie die Trümmer einerseits zur Synekdoche für die Nachkriegszeit wurden, in dem die tatsächlichen Trümmer mittels Fotografien und der Figur der Trümmerfrau auf eine bestimmte Art und Weise mit Bedeutung aufgeladen wurden. Außerdem wird die verborgene Kontinuität der Trümmer in der Stadtlandschaft am Beispiel der Schuttberge herausgearbeitet.

***

Wir danken dem Deutschen Historischen Institut Warschau für die Finanzierung des Workshops im Mai 2015 und die Drucklegung der Beiträge.

Alexandra Klei / Katrin Stoll / Annika Wienert

I.
Hegemoniale und marginale Diskurse

Atemnot

„Victory Day" in Primo Levis *Atempause*

Judith Kasper

I.

Der 8. Mai spielt im politischen und kollektiven Gedächtnis Italiens keine Rolle. Die Erinnerung an das Kriegsende – auch der Kampf um die Erinnerung daran – zentriert sich um den 25. April 1945, der seit 1949 Nationalfeiertag ist. Er wird erinnert als Tag der Selbstbefreiung Italiens, auch als Tag der Resistenza, die den militärischen und politischen Sieg gegen die faschistische Regierung der Repubblica Sociale Italiana und die deutsche Besetzung Italiens errungen hat.

Wenn in der italienischen Erzählweise des Kriegsendes dem 25. April 1945 ein anderes Datum gegenübergestellt wird, dann ist dies nicht der 8. Mai 1945, sondern der 8. September 1943, an dem General Pietro Badoglio gezwungen war, mit den alliierten Streitkräften einen Waffenstillstand zu unterzeichnen. Die Kapitulation Italiens an diesem Tag ist jedoch nur marginal in das offizielle Gedenken eingegangen. Wenn auf den 8. September 1943 verwiesen wird, dann auf zwei miteinander unvereinbare Arten und Weisen, die ‚Wiedergeburt' Italiens zu zelebrieren. Auf der einen Seite assoziieren die Faschisten bis heute dieses Datum mit dem Auftakt der Repubblica di Salò, die einige Tage darauf durch den aus der Gefangenschaft befreiten Benito Mussolini ins Leben gerufen wurde. Auf der anderen Seite steht der 8. September 1943 für den Anfang der sich nun organisierenden Resistenza.

Von dieser Spaltung ist die Erinnerung an die zwei letzten Kriegsjahre in Italien gezeichnet. Umso erstaunlicher ist es, wie dieses zerklüftete politische Feld im Nachkriegsitalien durch die Verherrlichung des Partisanenkampfes seine vereinfachende, Widersprüche wegbügelnde und einigende Darstellung finden konnte. Diese Narration hielt die italienische Demokratie trotz aller politischen Spannungen bis Anfang der 1990er Jahre zusammen. Sie war von einem parteiübergreifenden antifaschistischen Grundkonsens getragen. Dies änderte sich mit der Auflösung der Ersten Republik durch *mani pulite*,[1] dem darauf folgenden Aufstieg Silvio Berlusconis und der Etablierung von Parteien, die sich offen in eine Traditionslinie zu Mussolinis Partito Nazionale Fascista stellten.[2]

Während also der 25. April seit nunmehr 25 Jahren Protagonist in einem immer wieder neu aufflackernden Gedächtniskonflikt ist, hat der 8. Mai im kulturellen Gedächtnis Italiens nie eine Rolle gespielt. Dies mit Grund: Italien kann sich weder unter die Siegermächte reihen, deren Zwangsalliierter es im September 1943 geworden war, noch sieht es sich von den Siegermächten geschlagen, und falls doch, dann nicht am 8. Mai 1945, sondern am 8. September 1943. Eine historiographische Studie, die das kollektive Gedächtnis in Bezug auf das Ende des Zweiten Weltkriegs in Italien zum Gegenstand hat, müsste sich also in der Hauptsache um die Frage der Institutionalisierung und der verschiedentlichen Instrumentalisierungen des 25. April drehen. Es ginge darin um den politischen Kampf der Erinnerung, der sich um dieses Datum – den Tag der Befreiung und der Feier der Resistenza – immer wieder von Neuem entfacht. Seinen Höhepunkt erreichte dieser Kampf im Jahre 2008, als der damals amtierende Regierungschef Berlusconi seine Teilnahme an den offiziellen nationalen Feierlichkeiten zum 25. April verweigert hatte und im darauf folgenden Jahr versuchte, den Tag in „festa di libertà“ umzutaufen. Unter dem neuen Namen hätten schließlich alle einstigen Kämpfer geehrt werden sollen, auch

1 „Mani pulite“ bedeutet „saubere Hände“ und meint „weiße Weste“. Mit diesem Ausdruck wird die umfangreiche juristische Untersuchung bezeichnet, die Anfang der 1990er Jahre in Italien gegen politische Korruption durchgeführt worden ist.

2 Vgl. die ausführlichen historischen Darstellungen bei John Foot: *Italy's Divided Memory*. New York: Palgrave Macmillan 2009; Aram Mattioli: *‚Viva Mussolini'. Die Aufwertung des Faschismus im Italien Berlusconis*. Paderborn: Schöningh 2010.

diejenigen, die bis zuletzt an der faschistischen Repubblica di Salò festgehalten haben.

Gibt es überhaupt eine Möglichkeit, für Italien den 8. Mai zum Ausgangspunkt einer Reflexion über die Repräsentationen des Kriegsendes zu machen? Wenn ja, so bestünde sie vermutlich in einer metaphorischen Ausweitung des Datums als Synonym für das Kriegsende in Europa überhaupt. Der 8. Mai würde somit symbolisch den 25. April inkludieren. Doch darf bezweifelt werden, dass eine solche Indienstnahme einem Nachdenken über ein Datum und seine mit ihm verbundenen Erinnerungen und Affekte förderlich ist. Denn ein Datum ist immer ein besonderes. Es geschieht zu genau diesem Zeitpunkt und an keinem anderen; ebenso seine Wiederkehr. Das Gedenken an das Ereignis muss, um sich als Gedenken ereignen zu können, offensichtlich genau an diesem Datum und nicht an einem beliebig anderen Datum stattfinden.[3]

II.

Die Leerstelle, die der 8. Mai im kollektiven und kulturellen Gedächtnis Italiens bildet, hat mit den historischen Besonderheiten des Landes zu tun. Doch nicht alles, was Teil der italienischen Erinnerungskultur ist, teilt bedingungslos diese Perspektive, die von den politischen Geschehnissen in Italien ausgeht. In einem literarischen Text, der in Italien im Kontext der Erinnerung an die Verfolgung und Deportation der jüdischen Bevölkerung des Landes eine zentrale Rolle spielt, findet sich ein ganzes Kapitel, das vom 8. Mai 1945 handelt. Gemeint ist Primo Levis *La tregua* (dt. *Die Atempause*), sein 1962 veröffentlichter Bericht über seine 9-monatige Odyssee von Auschwitz nach Turin. Das Kapitel, von dem im Folgenden die Rede sein wird, ist mit „Victory Day" überschrieben. Darin werden die Geschehnisse des 8. Mai 1945 aus der Perspektive des jüdischen Überlebenden in den Blick genommen, der sich am Ende des Kriegs nicht in Italien, sondern in Polen, genauer in einem Übergangslager in Katowice, aufhält.

Primo Levis Werk bildet innerhalb des kulturellen Gedächtnisses Italiens bekanntlich eine feste Institution. Im Rahmen der Gedenkfeiern eines jeden 27. Januar, des Tags der Befreiung von Auschwitz, wird in Schulen und an öffentlichen Veranstaltungen aus *Se questo è*

3 Vgl. zur Singularität und Wiederholung des Datums Jacques Derrida: *Schibboleth. Pour Paul Celan*. Paris: Galilée 1986.

un uomo – Levis 1947 verfasstem Bericht über seine Deportation und Internierung im KZ Buna-Monowitz – gelesen, sowie auch aus *La tregua*. Die Ritualisierung, die Levis Werke in diesem Kontext erfahren hat, trägt jedoch nicht unbedingt dazu bei, dass es auf neue Fragen hin geöffnet und gelesen wird. Dies wiederum ist jedoch seit längerem mein eigenes Anliegen und kann meines Erachtens vor allem gelingen, wenn der literarische Charakter seiner Berichte in Spannung zu ihrem dokumentarischen Wert stärker diskutiert wird, als dies bislang der Fall gewesen ist.[4] Wenn es im Folgenden also um den 8. Mai in *La tregua* geht, dann geht es zunächst einmal um eine Blick- und Akzentverschiebung. Denn wenn die Referenz auf Primo Levi in Bezug auf das Gedenken an die Shoah selbstverständlich ist, ist es die Referenz auf den 8. Mai nicht, und zwar weder im Kontext der Rezeption von Levis Werk noch im Kontext des öffentlichen Gedenkens in Italien.

III.

„La tregua" ist ein Wort germanischen Ursprungs. Es geht auf das gotische Wort „treiggwa" (Abmachung) zurück, das später durch das fränkische Wort „triuwa" (Sicherheit, Treue) überlagert wird. Im Gegenwartsitalienischen heißt „tregua" wörtlich „Waffenstillstand", meint aber im übertragenen Sinne – die deutsche Übersetzung greift dies auf – eine „Atempause".[5] Während das italienische Wort in seiner ersten Bedeutung noch einen Bezug zum 8. Mai – das Datum des Inkrafttretens der bedingungslosen Kapitulation der Wehrmacht und der Beendigung des Kriegs in Europa – herstellen könnte, tritt in der deutschen Übersetzung eben diese Bedeutung in den Hintergrund.[6] In der Tat löst Levis Erzählung die im Originaltitel noch aufscheinende Referenz auf die militärische Waffenruhe nur bedingt ein. Denn die

4 Vgl. Hayden White: Figural Realism in Witness Literature. In: *Parallax* 10 (2004), S. 113–124. Ich darf in diesem Zusammenhang außerdem auf meine größere Studie hinweisen: Judith Kasper: *Der traumatisierte Raum. Insistenz, Inschrift, Montage bei Freud, Levi, Kertész, Sebald und Dante*. Berlin: de Gruyter 2016.

5 Vgl. den Eintrag „tregua" in Ottorino Pianigiani: *Vocabolario Etimologico della Lingua Italiana*. Roma: Albrighi & Segati 1907.

6 Üblich ist der Ausdruck „tregua" im Zusammenhang mit dem Kriegsende im Mai 1945 allerdings nicht. Der feststehende Ausdruck „tregua di Natale" bezeichnet eine nicht offizielle Waffenruhe zwischen deutschen und britischen Frontsoldaten während des Ersten Weltkriegs an Weihnachten 1914. Der synonyme Ausdruck „armistizio" wird im Zusammenhang mit dem 8. September 1943 – also der Unterzeichnung des Waffenstillstands von Seiten der italienischen Regierung – verwendet.

Kriegsgeschehnisse werden eher sporadisch und schematisch in den Blick genommen, stattdessen wird aus der Perspektive eines homodiegetischen Ich-Erzählers die lange und lang verzögerte Heimkehr aus dem Lager nach Turin geschildert. Innerhalb dieses oftmals pikaresk anmutenden Heimkehr-Berichts liegt der Fokus vor allem auf den vielen kuriosen Begegnungen des Ich-Erzählers mit anderen Menschen, aber auch auf den Träumen, Wünschen und Ängsten, die ihn dabei begleiten.

„Atempause" heißt die 9-monatige Reise in deutscher Übersetzung mit Recht, insofern dieser Zeitraum als eine Suspension bzw. Parenthese gestaltet wird, in der das Atmen vorübergehend wieder möglich zu werden scheint. Levis Bericht schildert eine Zwischenzeit: Es ist die Zeit, die nach dem überstandenen Terror im Konzentrationslager Buna-Monowitz, in dem Levi vom 26. Februar 1944 bis 27. Januar 1945 inhaftiert war, beginnt und mit seiner Heimkehr (*ritorno*) nach Turin im Oktober 1945 auch schon wieder endet. Sie endet, weil am Ende des Textes das Lager als Alptraum in den häuslichen Raum zurückkehrt (eine weitere Form des *ritorno*), in ihn einbricht und ganz in Beschlag zu nehmen droht.[7]

Ende April, Anfang Mai befindet sich der Ich-Erzähler in einem Durchgangslager in Katowice, immer noch unweit von Auschwitz. Schon über drei Monate sind seit der Befreiung aus dem Lager vergangen, aber die Heimreise kann aufgrund der anhaltenden Gefechte nicht stattfinden. Erst mit der Bekanntgabe des Kriegsendes steigt für die Überlebenden der Lager die Hoffnung auf Heimkehr.

Auch wenn dem Moment des Kriegsendes ein ganzes Kapitel gewidmet wird, bleibt es der Erfahrung des Ich-Erzählers merkwürdig äußerlich. So ist es zunächst bezeichnend, dass das Datum bei Levi einen fremden Namen – „Victory Day" – trägt und keine Übersetzung in die eigene Sprache findet. Dieser Name – ein bewusst heterodiegetischer Eingriff von Seiten des Erzählers, durch den er eine offen ausgestellte nachträgliche Perspektive auf eine Ereignisschilderung markiert, die aus der Perspektive des erlebenden Ichs geleistet wird – bleibt eine der Erzählung und der geschilderten Erfahrungen fremd gegenüber stehende Bezeichnung für die Geschehnisse des 8. Mai 1945.

7 Vgl. dazu Judith Kasper: In Strophen von Katastrophen zeugen. Über Dichtung und Zeugenschaft bei Primo Levi. In: Claudia Nickel / Alexandra Ortiz Wallner (Hrsg.): *Möglichkeiten und Grenzen von Zeugenschaft in den romanischen Literaturen*. Heidelberg: Winter 2015, S. 169–180.

IV.

Das Kapitel „Victory Day“ setzt mit den letzten Apriltagen 1945 ein und erzählt zunächst die Herzensbelange Cesares, einem Weggefährten des Ich-Erzählers. Cesare findet in den Armen eines polnischen Mädchens Linderung seines Heimwehs. Der Ich-Erzähler wird als Übersetzer in dessen Liebeshändel involviert. Er soll dem Freund Liebeswörter beibringen: auf Polnisch, Deutsch und Französisch. Doch damit ist er überfordert. Auf Deutsch und Französisch ist ihm der Liebeswortschatz fremd, auf Polnisch kann er „nicht viel mehr als 30 Wörter“[8]. Dieser Sprachmangel bildet den erzählerischen Rahmen für eine andere Sprachnot. Die polnischen Zeitungen, auch für den Ich-Erzähler das einzige Informationsmittel, sind voll von sich überschlagenden Nachrichten über die letzten Tage des Kriegs. Sie sind unverständlich, allein die „täglich größer werdenden Schlagzeilen“ geben ihm und seinen *compagni* zu verstehen, dass „der Sieg nahe bevorstand“[9]. So reichen die rudimentären Sprachkenntnisse gerade aus, um „Wien“, „Koblenz“, „Rhein“, dann „Bologna“, „Turin“, „Mailand“ zu lesen und schließlich, in riesigen Lettern, „Mussolini“, „gefolgt von einem erschreckenden und unentzifferbaren Partizip der Vergangenheit“; und endlich über eine halbe Seite in roter Schrift die endgültige, geheimnisvolle und freudige Nachricht: „Berlin UPADL!“[10]

Die Nachrichten werden verstanden, aber die Verständigung erfolgt nicht über die Semantik, sondern über das Anschwellen von gedruckten Lettern. Die erste Lektion, die aus der Verkündigung des Kriegsendes zu ziehen wäre, ist daher, dass sich die Liebes- ebenso wie die Kriegssprache anders als über lexikalisierte Bedeutungen artikulieren.

Das Kapitel zeichnet sich durch eine Vielfalt von bekannten und unbekannten Sprachen aus. Italienisch wird gesprochen. Französisch, Deutsch, Polnisch und selbstverständlich Russisch werden gebraucht. Zwischen diesen Sprachen müssen in Katowice Übersetzungen geleistet werden. Dieser Prozess wird immer wieder ausführlich und mit Humor geschildert.[11] Englisch spielt in der Erfahrungswelt des

8 Primo Levi: *Die Atempause*, aus d. Ital. v. Barbara Picht / Robert Picht. München: dtv 1994, S. 96.

9 Ebd., S. 97.

10 Ebd.

11 Vgl. z.B. ebd., S. 69–70, als es darum geht, dass Levi auf Russisch Krankenberichte verfassen soll, diese jedoch auf Deutsch einer Russin diktiert, die sie wiederum übersetzt: „Abend für Abend verfertigten wir mühselig die berühmten Berichte

Ich-Erzählers indessen keine Rolle. Zwar ist das Kapitel mit einem englischen Wort überschrieben, aber in Levis Übersetzungs-Universum, in seiner babelschen Welt,[12] bleibt Englisch als Sprache der Sieger, die auch beansprucht, als moderne *Lingua franca* das Sprachengewirr zu besiegen, abwesend.[13]
In der erwähnten Eingangspassage des Kapitels, die Cesares Unkenntnis der Liebessprache mit den anschwellenden Lettern der polnischen Tageszeitungen verschweißt, wird der 8. Mai ein erstes von insgesamt zwei Malen per Datum genannt und geschildert:

> Am 8. Mai war der Krieg zuende. Die Nachricht kam nicht unerwartet, dennoch löste sie einen Orkan aus: Acht Tage lang war das ganze Lager, die Kommandantur, Bogucice, Kattowitz, ganz Polen und die gesamte Rote Armee von einem wilden Begeisterungstaumel erfasst.[14]

Der Ich-Erzähler spricht von der „homerischen Fähigkeit zur Freude und Hingabe" der Sowjets und staunt über deren „heidnisch ungetrübtes Talent für Manifestationen, Jahrmarktsfeste, ausgelassene Feiern

und trugen sie mit einem Bleistiftstummel in ein graupapierenes Heft, das Marja mir wie eine kostbare Reliquie ausgehändigt hatte. Was heißt ‚Asthma' auf deutsch und ‚Schienbein' und ‚Verstauchung'? Und wie sagt man das auf russisch? Bei jeder lexikalischen Klippe mußten wir grübelnd innehalten und uns mit kompliziertem Gestikulieren behelfen, was stets mit schrillem Gelächter von seiten Galinas endete."

12 Berühmt sind Levis Ausführungen in *Se questo è un uomo* zum Konzentrationslager als einem „Babel": „Die Sprachverwirrung gehört zu den Hauptbestandteilen der Lebensweise hier unten; man ist von einem fortwährenden Babel umgeben, wo sie alle in niemals zuvor gehörten Sprachen Befehle und Drohungen schreien, und wehe dem, der nicht im Flug begreift." (Primo Levi: *Ist das ein Mensch?*, aus d. Ital. v. Heinz Riedt. München: dtv 2007, S. 42)

13 Die Frage von Vielsprachigkeit, Sprachnot, Dolmetschen und Übersetzung bildet einen roten Faden in *Die Atempause*. Das Englische ist darin – mit Ausnahme des Titels des in Frage stehenden Kapitels – abwesend. In gleichsam anachronistischer Weise kommt sogar noch einmal die „tote" *Lingua franca* Latein zur Geltung, als Levi auf der Suche nach der Armenküche in Krakau einen Priester (die Nähe von „interprete" (Dolmetscher) und „prete" (Priester) ist vielleicht nicht ganz zufällig) auf Lateinisch nach dem Weg dorthin fragt: „Der Priester war jung und liebenswürdig, verstand aber weder Französisch noch Deutsch; so zog ich zum ersten und einzigen Mal in meinem nachschulischen Leben Nutzen aus den Jahren altsprachlichen Unterrichts und führte auf Lateinisch ein höchst seltsames und wirres Gespräch. Angefangen mit der Bitte um Auskunft (‚Pater optime, ubi est mensa pauperorum?') kamen wir durcheinander auf alles zu sprechen: daß ich Jude sei, auf das Lager (‚castra'? Besser ‚Lager', das verstand leider jeder), auf Italien, darauf, daß man in der Öffentlichkeit besser kein Deutsch sprechen sollte [...] und auf zahllose andere Dinge, denen das ungewohnte Gewand der Sprache einen seltsamen Duft von entlegener Vergangenheit verlieh." (Levi: *Die Atempause*, S. 51–52.)

14 Ebd., S. 97.

in großem Stil"[15]. Das dionysische Siegesfest wird daraufhin – wie schon Cesares Liebesaffäre – ausgesprochen distanziert geschildert. Der Ich-Erzähler steht auch hier am Rande des Geschehens. Nichtsdestoweniger ist Cesares Geschichte immer noch wichtig genug, die Schilderung des sowjetischen Siegestaumels an einem bestimmten Punkt zu unterbrechen. Cesare war in den letzten Kriegstagen plötzlich verschwunden und taucht nun wieder auf: „verdreckt", „abgerissen", „konfus und mit einem steifen Hals, der fürchterlich schmerzte"[16]. Was war passiert? Der Protagonist mit dem römischen Kaisernamen hat seine eigene letzte Schlacht gekämpft. Ein sowjetischer Soldat hat ihn seines polnischen Mädchens beraubt; im Gegenzug stielt Cesare diesem eine Flasche Wodka, was ihm beinahe zum Verhängnis wird. So zumindest stellt es Cesares vom Ich-Erzähler wiedergegebene phantastische Erzählung dar, der zufolge er von der fast kompletten Roten Armee verfolgt worden sei, allein um einer Flasche Wodka willen, die er – Cesare – jedoch eisern verteidigt habe, als das Einzige, was ihm „von dieser Liebeswoche" geblieben sei.[17]
Die beiden so unterschiedlich anmutenden Szenarien fließen hier nicht nur auf der Ebene der Narration ineinander. In beiden werden Liebe und Krieg auf das Engste ineinander verwoben: Liebesrausch als Krieg und Krieg als Liebesrausch.

V.

Es scheint mithin, als sei die Erzählung des historisch so bedeutsamen Datums des 8. Mai beim ersten Anlauf missglückt. Und als müsse sie darum wiederholt werden. Wieder beginnt die Erzählung mit der Nennung des Datums:

> Der 8. Mai: für die Russen ein Tag des Jubels – die Polen erlebten ihn mißtrauisch und wachsam; für uns war er erfüllt von Freude, von tiefem Heimweh. Von diesem Tag an war unsere Heimat nicht mehr ein verbotenes Land, keine Kriegsfront trennte uns mehr von ihr, kein wirkliches Hindernis, nur noch Papiere und Büroformalitäten. Wir lebten von nun an im Gefühl, als schulde man uns den Heimtransport, und jede im Exil verbrachte Stunde lastete auf uns wie Blei: am meisten aber bedrückte uns, daß wir keinerlei Nachricht aus Italien hatten.[18]

15 Levi: *Die Atempause*, S. 97.
16 Ebd., S. 99.
17 Ebd.
18 Ebd., S. 100.

Auf die stichwortartig kurze Erwähnung des Jubels der Sowjets, des Misstrauens der Polen, folgt die ausführlichere Schilderung, wie dieses Datum von den Überlebenden der Lager erlebt wurde. Bei ihnen liegen Freude und Heimweh eng beieinander. Diese Empfindungen werden als kollektive, nicht als singuläre Erfahrung vorgestellt. Dass die Überlebenden nicht einfach in den Jubel ihrer Befreier einstimmen können, davon zeugt denn auch die Art und Weise, wie der Ich-Erzähler die Siegesfeierlichkeiten schildert. Stark alkoholisierte Soldaten führen Spektakel für die Überlebenden auf. Auch wenn letztere nicht ohne Begeisterung diesen Vorführungen beiwohnen, so ist es doch bezeichnend, dass sie selbst Zuschauer bleiben, darin nicht aktiv involviert und also weiterhin entmündigt sind. Am 9. Mai ist der dionysische Rausch auch schon vorüber. Eine Russin, die gerade noch als bacchantische Tänzerin aufgetreten war, spricht nur mehr in kommunistischen Phrasen – wie zum Beispiel: „Theater ist das kostbarste Mittel zur Kollektiverziehung“[19]. Das Datum des 8. Mai erscheint gleichsam längst „datato“, sprich: überholt; veraltet.

Daraufhin folgt nun die Schilderung einer dritten Art, „Sieg und Frieden“[20] zu feiern, und zwar in Form eines völlig aus den Fugen geratenden, stundenlangen Fußballmatchs zwischen den Kattowitzern und italienischen Überlebenden, das erst durch das plötzliche Einsetzen eines sintflutartigen Regens abgebrochen wird. An diesem Spiel ist der Ich-Erzähler erstmals direkt als Akteur beteiligt, wodurch – das Kapitel abschließend – nach der Erzählung von Cesares Liebesleiden sowie der Schilderung kollektiver Erfahrungen eine im engeren Sinne autobiographische Perspektive eingenommen wird. Die Folge von Primo Levis direkter Involvierung in das rauschhafte Spiel ist seine Erkrankung: „Am nächsten Tag war ich krank, und lange wußte niemand so recht, worin die Krankheit eigentlich bestand. Ich konnte nicht mehr frei atmen.“[21]

19 Ebd., S. 103.
20 Ebd., S. 105.
21 Ebd., S. 106.

VI.

Mit der Erkrankung des Ich-Erzählers endet das Kapitel „Victory Day". Die Schlussszene lässt sich, wie immer bei Levi, auf mehreren Ebenen lesen. Zunächst freilich auf einer realistischen Ebene, auf der die Krankheit als unmittelbare Folge der Überanstrengung durch das exzessive Fußballspiel erklärt wird. Doch die Erwähnung, dass „lange niemand so recht wußte, worin die Krankheit eigentlich bestand", darf als Hinweis gewertet werden, dass die Kausalität zwischen der Überanstrengung durch Sport und die darauf folgende Erkrankung zu kurz greift. Eine Kluft bleibt bestehen. Sie öffnet den Blick auf andere Ursachen, die selbst nicht ohne Kluft sind.[22] Zugleich fordert diese Kluft dazu auf, die Geschehnisse des 8. Mai immer wieder erneut zu erzählen, ohne je zu einer abschließenden Darstellung zu finden. Der zweifache Anlauf, den Levi unternimmt, bringt den chronologisch fortschreitenden Bericht ins Stocken und weist auf das Drängen von etwas hin, das keine Darstellung findet. Man könnte meinen, die Erzählung sei hier von einer Wiederholungsdynamik durchwirkt, die nicht zuletzt im graphischen Zeichen der Ziffer 8 schon markant ist. Das italienische Zahlwort „otto", das ein Palindrom ist, verstärkt diesen Eindruck noch.

Es scheint also um wesentlich mehr in diesem Kapitel zu gehen als nur um die realistische Schilderung der persönlichen Erinnerungen an die Ereignisse dieses geschichtsträchtigen Tags. Darauf deutet schon der Verzicht auf einen chronologischen Aufbau des Kapitels zugunsten eines anderen Kompositionsprinzips. Auffällig ist, dass den drei Hauptepisoden – Cesares Liebeshändel, der sowjetische Siegestaumel mit Theateraufführung, das völlig regellose, in vieler Hinsicht grotesk verzerrt geschilderte Fußballspiel – jeweils fast gleichgroße Textabschnitte gewidmet sind. Das eine Datum – der 8. Mai – wird somit gewissermaßen in drei Daten aufgespalten. Ja mehr noch: in drei *dates*: Liebes- und Kampf-Verabredungen, wodurch nicht zuletzt das Englische, das aus Levis Sprachuniversum weitestgehend verdrängt ist, durch die Hintertür wieder in die Narration einkehrt.

Alle drei *dates* sind extrem überzeichnet, wodurch die Ausnahmesituation dieser Tage unterstrichen wird. Nichts ist normal, nichts bleibt im Normalmaß. Erbittert wird um eine Flasche Wodka gekämpft,

22 Vgl. zu Ursache und Kluft: Jacques Lacan: *Das Seminar. Buch XI (1964): Die vier Grundbegriffe der Psychoanalyse*. Freiburg: Walter 1978, S. 27.

mit Wodka abgefüllte Körper tanzen ausgelassen auf der Bühne; ein Fußballmatch dauert nicht 90 Minuten, sondern viele Stunden. Der „Victory Day" lässt nicht nur die Zeitungsnachrichten anschwellen, sondern ist selbst schwanger – und zuletzt auch unheilschwanger. Denn etwas schwillt in Levis Brust an, hindert ihn am Atmen:

> Ich konnte nicht mehr frei atmen; in meinen Atemwegen saß irgend etwas und strahlte einen unerträglichen Schmerz, ein tiefliegendes Stechen aus […].[23]

VII.

Das Atmen wird am Ende von „Victory Day" zur entscheidenden Frage. Gerade darum muss das Kapitel über seinen realistischen, aber auch allegorischen Charakter hinaus als erzählerischer Kommentar des Titels des Gesamtberichts – *La tregua* – gelesen werden. Nirgends sonst treffen dessen beide Bedeutungen – Waffenstillstand und Atempause –, die ich eingangs erläutert habe, so direkt aufeinander. Sie treffen aufeinander, um in und durch die Erzählung anders gewendet zu werden, wodurch sie plötzlich radikal auseinanderklaffen. Die Waffenruhe gibt den Blick auf andere Kriegsschauplätze frei. Und die Atempause erweist sich nicht so sehr als jener Moment des Innehaltens, der es ermöglicht, wieder zu Kräften zu kommen, sondern als Moment totaler Erschöpfung. Die Atempause ist hier wörtlich eine Aussetzung des Atems, eine schiere Atemnot.

Mit der Atemnot ist nicht zuletzt die sprachliche Artikulation benannt, die ins Stocken gerät. Davon zeugt der eingangs geschilderte Sprachmangel. Das zweimalige Ansetzen des Erzählens des 8. Mai mag als ein Symptom dieser Sprachnot gewertet werden. Die Artikulation gerät zunächst ins Stocken, weil ein neues, unbekanntes Vokabular gefragt ist: Liebesworte, Kriegs- als Siegesvokabular. Schließlich aber gerät sie in höchste Not: „regungslos, kurzatmig, und japsend wie ein erhitzter Hund"[24] – das sind die letzten Worte des Kapitels –, so beschreibt sich der Ich-Erzähler selbst als jemanden, der nicht mehr atmen und nicht mehr sprechen kann. Erhitzung und Schwellung erfassen bei Levi nicht das sexuelle Begehren wie dies bei Cesare der Fall ist, sie äußern sich weder in emphatischen Nachrichten vom Kriegsende noch in Siegesjubel, sondern sie bleiben gewissermaßen wörtlich im Hals stecken.

23 Levi: *Die Atempause*, S. 106.
24 Ebd.

Unter der phallischen Siegesrhetorik „Victory Day“ endet der Überlebende horizontal hingestreckt „wie ein Hund“. Ein Satz, in dem der letzte Satz von Kafkas Roman *Der Proceß* nachhallt, den Levi 1983 ins Italienische übersetzen wird. „‚Wie ein Hund!‘ sagte er, es war, als sollte die Scham ihn überleben.“[25]

Am Ende des Kapitels schlägt die versehrte Sprache in verletzte Körperlichkeit um. Dies gemahnt uns schließlich auch daran, dass alle Vorstellungen, sofern sie ausgesprochen werden, durch den Hals, durch die Mundhöhle gehen müssen. Das Siegeswort „Victory Day“ bleibt darin stecken und streckt den Überlebenden zu Boden. „Se questo è un uomo“, dem unbedingten Bedingungssatz, der den Titel für Levis ersten Bericht abgibt, wird nun ausgerechnet am „Victory Day“ das Syntagma „wie ein Hund“ entgegengestellt.

Während in *Se questo è un uomo* dem Ich-Erzähler die Schilderung des oft als unsagbar etikettierten Lageralltags durchaus gelungen ist, so scheint er hier an den Punkt seiner eigenen Kapitulation zu gelangen. Welches mögen dafür die Ursachen sein? Der Zusammenbruch zeugt von der für traumatische Erfahrungen typischen Nachträglichkeit, in der ein Ereignis und die affektive Reaktion darauf in unvorhersehbarer Weise auseinandertreten. Der 8. Mai ist auch das Datum der Wiederkehr dieser traumatischen Erfahrung. Es steht mithin immer auch schon für etwas anderes, das sich latent in die Ereignisse, die erzählt werden können, eingeschrieben hat und für das es kaum eine Artikulation gibt.

Der Signifikant „Victory Day“ scheint damit vor allem ein Platzhalter für die Auslöschung von Sprache zu sein. In der Tat verbindet sich in der Erzählung das Datum mit einer Sprache – dem Englischen –, die behauptet, das Babel, in dem Levi sich mühsam, aber trick- und einfallsreich zurecht gefunden hat und aus dem er auch einen Großteil seiner erzählerischen Lust zieht, ein für allemal aufheben zu können. So betrachtet, ist das Kapitel auch ein Kapitel über eine fremdbestimmte und fremde Sprache. Anstatt das fremdsprachige Wort in irgendeiner Weise zu integrieren, lässt die Erzählung die fremde Rhetorik in ein singuläres Körperdatum, d. h. Körperfaktum umschlagen. Sie stellt damit auch die Frage, ob ein Datum von allgemein-historischer Bedeutung

25 Franz Kafka: *Der Proceß. Kritische Ausgabe*, hrsg. v. Malcolm Pasley. Frankfurt am Main: Fischer 2002, S. 312.

oder vielmehr stets nur singulär sein kann; ob sich die allgemeinhistorische und die singuläre, ja traumatische Dimension des Datums überhaupt miteinander vermitteln lassen. Die Erzählung versucht dies insofern noch einmal, als sie sich allegorisch gibt. Doch die allegorische Überformung vermag es nicht, beide Dimensionen zu vereinigen. Im Gegenteil wird in der Erzählung die innere Gespaltenheit des Datums überhaupt erst manifest, die im Sieg der einen Bedeutung – „Victory Day" – zum Verschwinden gebracht wird. So gelingt es erst der literarischen Erzählung, die verletzte Leiblichkeit in das Datum wieder einzuführen. Sie zeigt, dass jedes Datum an einen Körper gebunden bleibt.

Indem die Erzählung dies leistet, markiert sie jedoch – gleichsam entgegen ihrer Erzählabsicht – noch einmal die befreiende Bedeutung dieses Datums: nämlich die Freisetzung der Körper aus ihrer Gleichschaltung im Lager durch ihre ausbruchsartige Entfesselung in Liebe, Rausch und Spiel. Selbst die rätselhafte Erkrankung des Ich-Erzählers ist noch Teil davon. Letztere ist in der Tat nicht nur negativ besetzt. Denn wenn der Ich-Erzähler weitergeht, seine Heimreise fortsetzt, dann nicht durch eine abstrakte, letztlich stumm bleibende Rhetorik – sei es diejenige der Unterdrücker, sei es diejenige der Befreier und Sieger –, sondern durch körperlich durchlebte Wörter, durch einen verwundeten Körper, durch die Wunde des Körpers hindurch, die es erlaubt, jenseits von Sieg und Niederlage etwas von der Scham, diesem schwierigsten und ambivalentesten Affekt, mit dem Kafkas *Proceß* endet und mit der die Befreiung aus den Lagern für viele Überlebende beginnt,[26] zu artikulieren: eine Artikulation, zu der der angeschwollene Hals, die Atemknappheit wesentlich gehören.

26 Siehe in diesem Zusammenhang Levis Auseinandersetzung mit der Scham in seinem Essayband *Die Untergegangenen und die Geretteten*, aus d. Ital. v. Moshe Kahn. München: dtv 1993, S. 7–89 (Kap.: „Die Scham").

Normalizing National Socialism

Discursive Strategies of Self-Liberation from the Reality of the Holocaust in the Federal Republic of Germany

Katrin Stoll

The way we conceptualize and define an event or a chain of events has consequences for empirical research and the writing of history. Our understanding of an event also influences what we remember of it as well as how we remember it. My paper departs from the assumption that interpretations of Germany's unconditional surrender on 8 May 1945 determine both the way we view the Nazi past as well as "everything that came after it"[1].

Since Federal President Richard von Weizsäcker's 40th anniversary speech at unconditional surrender 8 May has been officially considered as the day of liberation from the Nazi regime in West German public discourse. From the very outset, Germany's unconditional surrender and the Allied victory have been conceptualized in a paradoxical way. In his concluding speech to the constitutional convention *Parlamentarischer Rat* (Parliamentary Council) on 8 May 1949 future Federal President Theodor Heuss stated: "In essence the eighth of May remains the most tragic and questionable paradox of history for each of us.

1 Jeffrey Olick: *The Politics of Regret. On Collective Memory and Historical Responsibility*. New York: Routledge 2007, p. 60.

But why? Because we were redeemed and destroyed simultaneously."[2] According to this logic, the Nazi regime and the Reich were destroyed, but ordinary Germans were saved from a violent dictatorship and the horrors of the Second World War. Thus, the implication is that Germans were not responsible for National Socialism but rather victims of a criminal regime whose elite had misled its population. The fact that the Nazi regime and its racist policy enjoyed wide-spread popular support among ordinary Germans[3] and that the majority stood behind it until the very end is obfuscated.

In this chapter, I argue that if the Germans have successfully liberated themselves from something in the last 70 years, it is the reality of the persecution and murder of European Jews as well as the persecution of those labeled *Volksschädlinge*. This discursive operation was possible because in post-war narratives – both in historiography and public discourse – National Socialism was conceptualized as an "alien force that arrived to immobilize the larger population"[4]. The interpretation of the Holocaust as a systematic, collective enterprise at all levels of German society involving a "strategy of community building through crime"[5] is a recent development.[6] Drawing on selected examples, this chapter discusses the various discursive strategies that have been used in the attempt at neutralizing the reality of the Nazi genocide by escaping from guilt and responsibility. These strategies include: the transformation of the reality of the mass murder of European Jewry "into a mere potentiality"[7]; the equation of Nazi crimes with Allied policy in Germany and the notion of double German victimhood; the conceptualization of National Socialism as an alien force and the shifting of guilt

2 Cit. in Wolfram Werner: *Der Parlamentarische Rat 1948–1949. Akten und Protokolle*, vol. 9: Plenum. München: Boldt / Oldenburg 1996, p. 542.

3 Robert Gellately: *The Gestapo and German Society: Enforcing Racial Policy*. Oxford: Oxford UP 1991.

4 Peter Fritzsche: Where Did All the Nazis Go? Reflections on Resistance and Collaboration. In: *Tel Aviver Jahrbuch für deutsche Geschichte* 23 (1994), pp. 191–214.

5 Thomas Kühne: *Belonging and Genocide: Hitler's Community 1918–1945*. New Haven: Yale UP 2010, p. 7.

6 For an overview of the Holocaust in German historiography see Michael Brenner / Maximilian Strnad (eds): *Der Holocaust in der deutschsprachigen Geschichtswissenschaft. Bilanz und Perspektiven*. Göttingen: Wallstein 2012.

7 Hannah Arendt: The Aftermath of Nazi Rule. Report from Germany. In: *Commentary* 10 (1950), pp. 342–353.

onto a small clique of the Nazi elite; the normalization[8] of National Socialism and the Holocaust as a result of an unwillingness to grasp the intrinsic relation between National Socialism and anti-Semitism.

The Transformation of the Reality of Mass Murder into a "Potentiality"

Travelling through Allied-occupied Germany, Hannah Arendt observed that the reality of the mass murder of European Jewry was transformed "into a mere potentiality": "Germans did only what others are capable of doing (with many illustrative examples of course) or what others will do in the near future"[9]. This form of escape from reality which diverts attention away from the concrete historical events and personal guilt by conceptualizing Auschwitz as a case among (potential) cases, was not only a phenomenon of the immediate post-war period. In his book *Politik und Verbrechen* (Politics and Crime), published in 1964, the German writer Hans Magnus Enzensberger claims that " Auschwitz laid bare the roots of all politics"[10]. Arendt wrote that to claim that Auschwitz had exposed the roots of all politics was "like saying that all of humanity is guilty. And where all are guilty nobody is guilty. Once again, the specific and the particular have been drowned in the sauce of the general"[11]. According to this logic of false universalization, it was not the German perpetrators who were guilty but mankind in general.[12] In their exchange of letters Arendt added that "it" happened de facto in Germany and that Auschwitz was an event of German history for which those Germans living today have to accept political

8 Reflecting on the question of what normalization of the Nazi past means, Jeffrey Olick emphasizes that "the effort of normalization aims at the past (the Nazi period), at the history of memory of the past, as the well as the present; each of these require normalization." (Jeffrey K. Olick: What Does It Mean to Normalize The Past? In: Id. (ed.): *States of Memory. Continuities, Conflicts, and Transformations in National Retrospection*. Durham / London: Duke UP 2003, pp. 259–288, here p. 264.)

9 Ibid., p. 343.

10 Hans Magnus Enzensberger: *Critical Essays*, ed. by Reinhold Grimm / Bruce Armstrong. New York: Continuum 1982, p. 101.

11 Hannah Arendt / Hans Magnus Enzensberger: Politik und Verbrechen: ein Briefwechsel. Rezension: Hans Magnus Enzensberger: Politik und Verbrechen. In: *Merkur* 19 (1965), pp. 380–385, here p. 381.

12 Arendt writes: "When a German writes that, it is questionable. It simply means: not our fathers but all human beings created this calamity. Which simply is not true." (Ibid.)

responsibility. Commenting on Enzensberger's equation of mega death by means of nuclear destruction with the final solution, she stated "that a mega death would indeed be a kind of ultimate final solution of all questions". However, "the final solution was 'only' the final solution of the Jews"[13], i.e. the genocide of *Jews as "Jews"*.[14] As for the meaning of the term 'final solution', Arendt emphasizes that the "fatal aspect in connection with Auschwitz" lies in the fact that "a repetition is possible without catastrophic consequences for everyone".[15] Enzensberger, however, believed that "fascism was possible everywhere"[16], transforming concrete events – the persecution and murder of European Jewry – into an abstract potentiality for humanity in general. His stance reflects the inability to comprehend the specifity of the Holocaust,[17] and to name the German *national project* of persecuting and exterminating European Jewry as unprecedented. While Germans were massively engaged in "nation-building by mass crime"[18] during the Second World War, they attempted to totally disengage themselves from the legacies of these crimes after the war. This attempt was manifested in the idea of the *Schlussstrich*, of closure, and "the tendency toward conscious and not so unconscious defensiveness against guilt"[19].

13 Arendt / Enzensberger: Politik und Verbrechen, p. 381.

14 By using the inverted commas I mean to indicate that the Nazis defined Jews according to their imagination of 'the Jew'. I agree with Brian Klug who writes that anti-Semitism "is best defined not by an attitude to Jews but a definition of 'Jew'" (Brian Klug: The Collective Jew. Israel and the New Antisemitism. In: *Patterns of Prejudice* 17 (2003), pp. 117–138, here p. 124).

15 Arendt / Enzensberger: Politik und Verbrechen, p. 381.

16 Jean Améry believed that German majority society as a whole would take this stance: "What happened in Germany between 1933 and 1945, so they will teach and say, could have occurred anywhere else under similar circumstances, and no one will insist any further on the trifle that it did happen precisely in Germany and not somewhere else." (Jean Améry: Resentments. In: Id.: *At the Mind's Limits. Contemplations by a Survivor on Auschwitz and its Realities.* New York: Schocken 1990, pp. 62–81, here p. 79.)

17 Olick: What Does It Mean to Normalize the Past?, p. 263. On the notion of specifity cf. Moishe Postone: The Holocaust and the Trajectory of the Twentieth Century. In: Id. / Eric Santner (eds): *Catastrophe and Meaning. The Holocaust and the Twentieth Century.* Chicago: University of Chicago Press 2003, pp. 81–114, here p. 84.

18 Kühne: *Belonging and Genocide*, p. 1.

19 Theodor W. Adorno: Was heißt Aufarbeitung der Vergangenheit? In: Id.: *Erziehung zur Mündigkeit.* Frankfurt am Main: Suhrkamp 1971, pp. 10–28, here p. 10. For an English translation see Theodor W. Adorno: The Meaning of Working Through the Past. In: Id.: *Critical Models: Interventions and Catchwords.* New York: Columbia UP

Equation of German Nazi Crimes with Allied Policy in Germany: The Transformation of the Perpetrator Society into a Society of Victims of National Socialism

In the immediate post-war period, the transformation of German anti-Semitic violence into an anthropologic constant went hand in hand with the equation of the German Nazi crimes with the Allied war effort and Allied post-war policy. Two examples, taken from a text by Joachim Perels,[20] may suffice to illustrate how former members of the *Volksgemeinschaft* disposed themselves of any guilt and responsibility. In a letter to Herbert Marcuse dated 20 January 1948 Martin Heidegger wrote "that everything that is being said about the extermination of the Jews is also true for the Allies"[21]. What we have here is the idea of equal guilt – for real crimes perpetrated by Germans (who are not identified as murderers by Heidegger) as well as for imagined crimes. The German atrocities are rendered agentless and de-realized (*entwirklicht*): note that Heidegger speaks of what is said about the extermination of Jews not of what was done. By the same token the Allies are accused of crimes they did not commit. This is the inversion of the roles of perpetrators and victims.

Heidegger's stance was neither an accident nor an exception. In his 1947 Good Friday sermon Helmut Thielicke, the theological advisor to the chairman of the Protestant Church in Germany (EKD) Theophil Wurm,[22] spoke of the guilt of "others" whom he placed on the same

2012, pp. 89–103, here p. 89. Cf. Ljiljana Radonić: Beschädigtes Leben und antisemitische Schiefheilung. Freud und Adorno revisited. In: Brigitte Marschal / Christian Schulte / Sara Vorwalder / Florian Wagner (eds): *(K)ein Ende der Kunst. Kritische Theorie, Ästhetik, Gesellschaft.* Wien: Lit 2014, pp. 35–52, here p. 48.

20 Joachim Perels: Die Zerstörung von Erinnerung als Herrschaftstechnik. Adornos Analysen zur Blockierung der Aufarbeitung der NS-Vergangenheit. In: Helmut König / Michael Kohlstruck / Andreas Wöll (eds): *Vergangenheitsbewältigung am Ende des zwanzigsten Jahrhunderts.* Wiesbaden: Westdeutscher Verlag 1998, pp. 53–68.

21 Martin Heidegger, cit. in ibid., p. 56. In his answer, Marcuse asked Heidegger: "Do you not with this sentence place yourself outside the bounds within which a conversation between human beings is possible, outside the logos?" (Herbert Marcuse, cit. in ibid., p. 56, fn. 18.)

22 Wurm was engaged in the victimization of Germans by employing the discursive strategy of Holocaustization concerning the Allied war efforts and by setting off "German victims" against victims of the concentration camps: "'What were the bombardments of Germany? Millions of people were annihilated. Look at Dresden, Hamburg, and Pforzheim. In the latter city, 35,000 Germans were killed in a single night [referring to 23 February 1945, on which some 18,000 civilians died]. Why

level as the German perpetrators of the Nazi extermination policy. The liberators of the Nazi concentration camps of Dachau, Buchenwald and Bergen-Belsen are denounced as "hounds of hell" who arrived in the "name of revenge".[23] In Thielicke's interpretative framework the German Nazis appear as decent, innocent human beings led by ideals, while the Allies are portrayed as devious aggressors, driven by pure hatred. Thielicke puts forward a concept of double German victimhood here: Germans appear both as "victims" of the Nazi regime and of Allied policy. Thus, the fact that Germans were the perpetrators was doubly obscured.

The strategy of self-victimization,[24] which went hand in hand with the denial or minimization of what had happened,[25] was not only a phenomenon of the immediate post-war period. According to Moshe Zimmermann, Germans made attempts to portray themselves as "victims of National Socialism" until the 1970s.[26] The trope of Germans as victims was widespread in public discourse in various forms. In united Germany, there was a return to this mood and interpretations that are characteristic of the 1950s.[27] The status of innocent victim was applied

does Niemöller not address the criminal guilt of the relevant nations? Mention of these victims would wipe out the inflated numbers of concentration camp victims'." (Bishop Theophil Wurm, cit. in Gilad Margalit: *Guilt, Suffering, and Memory. Germany Remembers Its Dead of World War II.* Bloomington: Indiana UP 2010, p. 54.) The practice of drawing up a balance sheet of guilt (*Aufrechnung der Schuld*) was quite common in post-war German society. Adorno pointed to the irrational and inhuman features of drawing up such calculations, cf. Adorno: The Meaning of Working Through the Past, pp. 90–91.

23 Perels: Zerstörung von Erinnerung als Herrschaftstechnik, pp. 63–64.

24 Cf. Margalit: *Guilt, Suffering, and Memory*, p. 118.

25 Atina Grossman: The "Goldhagen Effect": Memory, Repetition, and Responsibility in the New Germany. In: Geoff Eley (ed.): *The "Goldhagen Effect". History, Memory, Nazism – Facing the German Past.* Ann Arbor: University of Michigan Press 2000, pp. 89–129.

26 Moshe Zimmermann: Täter-Oper-Dichotomien als Identitätsformen. In: Konard H. Jarausch / Martin Sabrow (eds): *Verletztes Gedächtnis. Erinnerungskultur und Zeitgeschichte im Konflikt.* Frankfurt am Main: Campus 2002, pp. 99–216, here p. 213. Zimmermann points out that in Austria the attempt to portray Austrians as "victims of National Socialism" was successful until the 1990s, cf. ibid., p. 214.

27 In 2005, Norbert Frei stated that "there are more and more signs indicating a relapse into patterns of interpretation of the 1950s during which the Germans understood themselves as Hitler's first – and real victims." (Norbert Frei: 1945 und wir. Wie aus Tätern Opfer werden. In: *Blätter für deutsche und internationale Politik* 3 (2005), pp. 356–364, here p. 356.)

to *all* Germans, including members of the Wehrmacht. This perspective makes the *wirkliche Täterschaft* (real perpetratorship) invisible: "Where everyone is a victim, there are no perpetrators anymore."[28]

In particular, it is the last period of the Second World War that has been interpreted as "German *Opfergeschichte*" in key works of German literature, film and television mini-series.[29] Moshe Zimmermann points out that "the strategy of Germans to portray themselves as victims has a long tradition [dating back to the period of the Kaiserreich] and did not only occur after the Second World War against the background of the monstrosities of the 'Third Reich'"[30]. According to Zimmermann, this tradition ensured that "Germans were able to see themselves again and again at least as potential victims"[31]. Hence, after 1945 it was easy to take up these *völkisch* narratives in order to divert attention from the realities of the mass murder of Jews and the complicity of all levels of German society in the Holocaust.

In his report about the mentality of Germans, based on interrogations of and conversations with Germans in 1944 and 1945, American Intelligence Officer Saul Padover writes that "[t]he Germans simply dare not face the awful truth" about the murder of Polish Jews.[32] All blame was shifted on to Hitler's shoulders "in attempt to escape moral responsibility"[33]. Ordinary Germans considered the persecution of Jews as "Hitler's 'greatest error'"[34]. Asked if she had ever heard what the Germans did to the Jews, Padover quotes a woman as responding: "'Oh, you mean how they were murdered in Poland? I am quite sure that the SS was capable of such extremism. But I was not in favor of that.'"[35] Chris Lorenz has used the term *Abspaltung*, 'splitting off', in order to characterize the defense mechanism by which the guilt and responsibility for

28 Reinhard Koselleck: Die Diskontinuität der Erinnerung. In: *Deutsche Zeitschrift für Philosophie* 47 (1999), pp. 213–222, here p. 216.

29 Zimmermann: Täter-Opfer-Dichotomien, p. 214. See also Harald Welzer: Schön unscharf. Über die Konjunktur der Familien- und Generationenromane. In: *Mittelweg 36* 13 (2004), pp. 53–64.

30 Zimmermann: Täter-Opfer-Dichotomien, p. 214.

31 Ibid.

32 Saul K. Pandover: *Experiment in Germany. The Story of an American Intelligence Officer.* New York: Duell, Sloan & Pearce 1946, p. 99.

33 Ibid.

34 Ibid.

35 Ibid., p. 95.

the Nazi crimes were transferred to Hitler, the Nazi elite, and the SS.[36] The idea that it was only Hitler and the elite of the Nazi state who bore most of the guilt was given official legitimacy during the criminal prosecution of Nazi crimes in West Germany. German courts established a distinction between "main perpetrators", i.e. the National Socialist leadership, as well as perpetrators and auxiliaries. In this interpretive framework, ordinary German murderers were assigned the role of "auxiliaries to murder" among whom the courts also subsumed the leaders of the *Einsatzgruppen*. The transformation of perpetrators into accomplices and apportioning of the main guilt onto a small group of the SS, which in official public discourse was demonized as absolute evil, served as a convenient method for German society to exculpate itself.[37]
It was only through interventions from the outside that the public was confronted with the realities of the Nazi racial persecution and extermination policy. These outside confrontations were not only a characteristic feature of the immediate post-war period,[38] as Omer Bartov emphasizes:

> This process began with the Allies' insistence that residents of communities next to the concentration camps view the horrors perpetrated in close proximity to their homes; it continued with the screening of documentaries to Germans under military occupation and the holding of the Nuremberg trials; and it has continued with the periodic arrival in Germany of Holocaust representations written or produced elsewhere, ranging from Anne Frank's diary to the television miniseries *Holocaust* to Steven Spielberg's *Schindler's List*.[39]

One could add to this list the Eichmann Trial (1961) in Jerusalem, which was covered in detail by the German press,[40] and which confronted the

36 Chris Lorenz: Border-crossings: Some Reflections on the Role of German Historians in Recent Public Debates on Nazi History. In: Dan Michman (ed.): *Remembering the Holocaust in Germany, 1945–2000. German Strategies and Jewish Responses*. New York: Lang 2002, pp. 59–94, here p. 63.

37 See Fritz Bauer: Im Namen des Volkes. Die strafrechtliche Bewältigung der Vergangenheit. In: Helmut Hammerschmidt (ed.): *Zwanzig Jahre danach. Eine deutsche Bilanz 1945–1965*. München: Desch 1965, pp. 301–314, here p. 307.

38 Norbert Frei: Auschwitz und Holocaust. Begriff und Historiographie. In: Hanno Loewy (ed.): *Holocaust. Die Grenzen des Verstehens. Eine Debatte über die Besetzung der Geschichte*. Reinbek: Rowohlt 1992, pp. 101–109, here p. 102.

39 Omer Bartov: Reception and Perception: Goldhagen's Holocaust and the World. In: Eley (ed.): *The "Goldhagen Effect"*, pp. 33–87, here p. 51.

40 Peter Krause: *Der Eichmann-Prozeß in der deutschen Presse*. Frankfurt am Main: Campus 2002.

German authorities with their deficiencies in the criminal prosecution of Nazi crimes. These were partly rectified by the Frankfurt Auschwitz Trial (1963–1965) and other important trials against German perpetrators providing stimuli for the development of Holocaust awareness. However, initiatives for groundbreaking interpretations which confronted the Nazi past continued to come from outside Germany. Bartov rightly considers Daniel Goldhagen's book *Hitler's Willing Executioners* "as yet another element in the chain of foreign interventions that have compelled, or allowed, a shift from an often mute and ignorant 'Betroffenheit' to an integration of genocide as an inseparable part of German self-perception".[41] As far as the long-term effects in the academic field in Germany are concerned, Goldhagen's book brought about a change in the focus of historical research on the Holocaust.

The Conceptualization of National Socialism as an Alien Force from Outside

The articulation of German victimhood kept the idea of *Volksgemeinschaft* intact and ensured its continuity. In this context, "the defeat or liberation trope"[42] plays an important role. Analyzing the West German historical discourse concerning 8 May 1945, Jeffrey Olick states:

> [I]f Germany was defeated then the Federal Republic is continuous with the Nazi regime that led the war and is responsible for the deeds. On the other hand, if Germany was liberated then the Federal Republic denies responsibility for the war but sacrifices the claim to patriotic duty that would exculpate the loyal soldiers. Defeat leaves a traditional national identity intact, but that identity is associated with the Nazis; liberation makes Germans both victims of the Nazis and part of the Western victory against them [...].[43]

Let us consider an official statement about the events surrounding 8 May 1945 that was published in an unsigned article in the West German Bulletin of the Press and Information Agency in 1965. It says that "re-winning of freedom and national collapse with all its consequences – both are connected to this day"[44]. It is striking that this description renders the events agentless. It is not said who "re-won"

41 Bartov: Reception and Perception, p. 52.
42 Olick: *Politics of Regret*, p. 63.
43 Ibid., p. 61.
44 Cit. in ibid., p. 64.

freedom, at what cost and thanks to whose actions. The fact that the Germans themselves did not overthrow the Nazi regime is not mentioned. There is no word about those who were not in a position to "re-win freedom" because they had been murdered by Germans before Allied victory over Germany. Instead, a clear distinction between "Germans" and "National Socialists" is made. In this interpretative framework, the Nazi regime is disconnected from German society. Thus, the racist concept of the *Volkgemeinschaft* is eliminated from the equation. The loyalty that the members of the *Volksgemeinschaft* gave to the regime is obscured. We are informed that "no good German could have wished for the victory of the National Socialists. But the approval of the defeat as prerequisite for a worthy continued existence demanded the readiness to accept that the entire hate fomented by the crimes of the regime also falls upon the innocent"[45]. This statement dissociates the Nazis from German society, relying on the figure of the "good, innocent German" and the "bad, criminal Nazi", shifting all responsibility onto the latter. One gets the impression that the Nazis were not a product of German society and culture, not part and parcel of German society, but an alien force that arrived from the outside to take control of innocent Germans and to drag them into a war of extermination against their own will. Thus, Germans and Nazis are portrayed as mutually exclusive concepts. According to this logic, the Nazis betrayed the national German cause by committing crimes in which German society was not implicated.

One encounters the conceptualization of National Socialism as an alien agency also in mainstream German historiography as well as in exhibits at German Holocaust Memorial Sites[46] and Documentation

45 Cit. in Olick: *Politics of Regret*, p. 64.

46 An analysis of the German discourse on memorial sites would be the subject for another article. For a critical introduction, see Jan Philipp Reemtsma: Wozu Gedenkstätten. In: *Mittelweg 36* 13 (2004), pp. 49–63. Reemtsma argues that the function of memorial sites is first and foremost to create an awareness – of the fragility of our civilization ("Bewusstsein einer Gefährdung") – as well as shame affecting the anthropological substance ("eine bis in die anthropologische Substanz gehende Scham" (ibid., pp. 62–63)). Reemtsma correctly emphasizes that those who assume that one can 'learn' something at the former sites of Nazi concentration camps are wrong. One can go even further and say that the all too common practice of ascribing to the Nazi past and its crimes a 'learning value' (*Lernwert*) and to call the sites of former Nazi concentration and extermination camps 'places of learning' (*Lernorte*) is somewhat cynical. According to Reemtsma, it is the historical uniqueness ("das historische Besondere")

Centers. A historiographical case in point is Martin Broszat's notion of "*Resistenz*"[47] in order to exculpate German society, which suggests "an analogy between Germans under Nazi rule and organisms defending themselves against foreign and outside threats"[48]. At the same time, Broszat repeatedly attacked the work by Jewish historian Joseph Wulf, a survivor historian who from an early stage took on the task of thoroughly researching and meticulously documenting the Holocaust (in contrast to German professional historians).[49] Broszat classified "the churches, the bureaucracy and the Wehrmacht" as "relatively independent institutions".[50] The fact that the Wehrmacht, to which 18 million Germans belonged, was engaged in a war of extermination across German-occupied Europe, seems to have escaped his attention. Indeed, the myth of the clean Wehrmacht was only dismantled in the mid-1990s – thanks to an exhibition by the Hamburg Institute of Social Research. As Broszat saw it, even the war of extermination and the genocide resulted from the inner social dynamic of the regime.[51]

Representatives of the two major explanatory approaches in the 1980s and 1990s – functionalists and intentionalists – were engaged in a "war

that blocks any forms of practical application. In his view, it compels us to document and analyze it, to protect the historical sites representing historical uniqueness and to transform them into sites of documentation and analysis. (Cf. ibid., p. 61.)

47 Broszat defined *Resistenz* as follows: "*Resistenz* means in general terms: effective warding off, delimination, containment of the National Socialist regime or its claims, irrespective of who or which forces were involved or from what motives." (Martin Broszat: *Resistenz* and Resistence. In: Neil Gregor (ed.): *Nazism*. Oxford: Oxford UP 2000, pp. 241–244, here p. 244.) For the German original see Martin Broszat: Resistenz und Widerstand. In: Id.: *Nach Hitler. Der schwierige Umgang mit unserer Geschichte*. München: dtv 1989, pp. 136–161, here p. 144.

48 Lorenz: Border-crossings, p. 63.

49 In the so-called "Hagen Affair" of 1963, Broszat dismissed evidence from the Ringelblum Archive cited by Wulf in connection with the behaviour of the former head of the medical office of the Warsaw ghetto administration, Dr. Wilhelm Hagen. In his book *Das Dritte Reich und seine Vollstrecker* Wulf categorizes Hagen as a perpetrator. Taking sides with Hagen and stating in a letter to him that the quote from the Ringelblum archive 'proves nothing at all', Broszat whitewashed Hagen and referred to Wulf's work as 'coarse, imprecise and disjointed documentation'. (Nicolas Berg: *The Invention of "Functionalism": Josef Wulf, Martin Broszat, and the Institute for Contemporary History (Munich) in the 1960s*. Yad Vashem: Jerusalem 2003, p. 18.)

50 Broszat: Resistenz und Widerstand, p. 144.

51 Cf. Ulrich von Hehl: *Enzyklopädie deutscher Geschichte*, vol. 39: Nationalsozialistische Herrschaft. München: Oldenbourg 1996, p. 59.

of interpretation"[52] over the genesis of the "Final Solution", over "how the Holocaust became reality"[53], while at the same time avoiding a direct confrontation with its very reality.[54] The agency of the German perpetrators was rendered invisible. Institutions and structures appeared as actors that initiated the "Final Solution" and not concrete individuals within the German bureaucratic apparatus.[55] In privileging "the political and bureaucratic mechanisms that permitted the idea of mass extermination to be realized", which he placed in opposition to "ideological factors",[56] the German historian Hans Mommsen downgraded, as Geoff Eley emphasizes, the primacy of anti-Semitism to National Socialism and "the insidiousness of Nazism's discursive power".[57] Moishe Postone points out that functionalist positions "while attempting to do justice to the twisted road of Nazi anti-Semitic policies after 1933, and to the complexity of decision-making on the ground, take for granted what needs to be explained – that a program of complete extermination

52 Ulrich Herbert: Holocaust-Forschung in Deutschland. Geschichte und Perspektiven einer schwierigen Disziplin. In: Frank Bajohr / Andrea Löw (eds): *Der Holocaust. Ergebnisse und neue Fragen der Forschung*. Frankfurt am Main: Fischer 2015, pp. 31–79, here p. 45. With the intensification of Holocaust research it has become clear that "dichotomies such as intention and function, rationality and ideology, disposition and situation are not mutually exclusive but rather shed light on different aspects of historical reality and definitely complement each other, or are mutually dependent on each other." (Peter Longerich: Zur Situation der Holocaust-Forschung in Deutschland. In: Brenner / Strnad (eds): *Der Holocaust in der deutschsprachigen Geschichtswissenschaft*, pp. 15–26, here p. 18.)

53 Hans Mommsen: The Realization of the Unthinkable: The "Final Solution of the Jewish Question" in the Third Reich. In: Michael Marrus (ed.): *The Nazi Holocaust. Historical Articles on the Destruction of European Jews,* vol. 3.1: The "Final Solution": The Implementation of Mass Murder. London: Meckler 1989, pp. 217–265, here p. 252.

54 Herbert uses the term "avoidance discourse" (*Vermeidungsdiskurs*) in order to characterize the West German historiographical scholarship of the 1980s (id.: Holocaust-Forschung in Deutschland, p. 46).

55 Ibid., p. 45. At the same time Germans were portrayed as helpless victims of Nazi ideology instead of its advocators, beneficiaries and perpetrators. Mommsen claimed in an article published in 1985 that "the middle class was completely succumbed to the pressure of National Socialist propaganda" (Hans Mommsen: Der Widerstand gegen Hitler und die deutsche Gesellschaft, cit. in Fritzsche: Where Did All the Nazis Go?, p. 195.)

56 Mommsen: The Realization of the Unthinkable, p. 249. By "ideological factors" Mommsen means "the effects of anti-semitic propaganda and the authoritarian element in traditional German political culture" (ibid., p. 249).

57 Geoff Eley: Ordinary Germans, Nazism and the Judeocide. In: Id. (ed.): *The "Goldhagen Effect"*, pp. 1–31, here pp. 22–23.

could even become thinkable"[58]. It should come as no surprise that Mommsen, who had obscured the reality of the mass murder by means of the term "cumulative radicalization"[59], reacted with such fury to Daniel Goldhagen's *Hitler's Willing Executioners*, a book in which the face-to-face murder of Jews as Jews by Germans is depicted in detail – in all its extreme brutality, terror and humiliation.

Goldhagen's book served as a reminder to German historians of National Socialism that they had marginalized the Holocaust in their work and that it was necessary to refocus historical research. Ulrich Herbert found that in all major academic works published on the Nazi period before 1990, "an average 85 percent of the text was devoted to the period before 1939, meaning that only 15 percent of the text dealt with the war, only 5 percent with the Holocaust".[60] In the 1970s and 1980s, it was West German judiciaries, not West German historians who made a major contribution to Holocaust research through the rigorous examination of documents and interrogations.[61] Thus, they were ahead of their compatriot historians who "focused on the question of why 'it' happened – without defining exactly what they meant by 'it'"[62].

For a long time, the events of the Holocaust were downplayed by German historians. The mode of detachment evident in the writings of historians such as Martin Broszat and Hans Mommsen[63] is still very much present. It is the standard mode used to describe the events that took place at former sites of Nazi concentration camps in Germany. In

58 Postone: The Holocaust and the Trajectory of the Twentieth Century, p. 85.

59 Hans Mommsen: Nationalsozialismus oder Hitlerismus? In: Michael Bosch (ed.): *Persönlichkeit und Struktur in der Geschichte*. Düsseldorf: Schwann 1977, pp. 62–71, here p. 66.

60 Gernet Facius / Adelbert Reif: Der Judenmord war das Kernereignis des Jahrhunderts, interview with Ulrich Herbert. In: *Die Welt*, 16.03.1998, p. 9, cit. in Bartov: Reception and Perception, here p. 47, fn. 29.

61 Katrin Stoll: *Die Herstellung der Wahrheit. Strafverfahren gegen ehemalige Angehörige der Sicherheitspolizei für den Bezirk Bialystok*. Berlin: de Gruyter 2012, p. 6; ead.: Hitler's Unwilling Executioners? The Representation of the Holocaust through the Bielefeld Białystok Trial of 1965–1967. In: David Bankier / Dan Michman (eds): *Holocaust and Justice. Representation and Historiography of the Holocaust in Post-War Trials*. Jerusalem / New York: Berghahn 2010, pp. 159–93, here p. 164.

62 Herbert: Holocaust-Forschung in Deutschland, pp. 43–44.

63 See Nicolas Berg: *The Holocaust and the West German Historians. Historical Interpretation and Autobiographical Memory*. Madison: University of Wisconsin Press 2015.

his analysis of exhibitions displayed at nineteen German Holocaust memorial sites and documentation centers, Gad Yair comes to the conclusion that the German cultural mode of remembrance is characterized by strategies of externalization and identity dissociation as well as a traditional cultural rhetoric of alleged neutral objectivity. Yair identifies four features which "seem to neutralize or undermine" the potential of these sites to stimulate "cognitive engagement, emotional excitement, and self-discovery".[64] The features that hinder this potential are: "an overabundance of information, neutrality of tone, dull presentation, and the disconnection of information from meaning."[65] The German perpetrators appear as a foreign, alien tribe dissociated from German society – *then and now*. The consequences of this description consist in "moral evasion and historical discontinuity".[66] Thus, German visitors to the sites of former concentration camps and Holocaust documentation centers are discouraged from consciously engaging with both their societal and their own family's past. They find it easy to distance themselves from the mentality of the perpetrators and thus feel no need to confront the legacy of racist Nazi ideology that is manifested in racism, anti-Semitism and homophobia in Germany today. According to Yair, the factual information presented at the exhibitions serves to "conceal the deeper issues of personal and collective identity"[67]. The exhibitions reproduce the "cultural trope that allowed Germans to say 'they', 'the Nazis', 'the Gestapo', the 'Third Reich' – and not 'we', 'our grandparents', or 'our parents'"[68]. The fact that the Nazis are dissociated from German culture in the presentation of the events enables German visitors of these sites to feel liberated from past events and the urgency to adopt collective responsibility[69] in the present and

64 Gad Yair: Neutrality, Objectivity, and Dissociation: Cultural Trauma and Educational Messages in German Holocaust Memorial Sites and Documentation Centers. In: *Holocaust and Genocide Studies* 28 (2014), pp. 482–509, here p. 495. Yair explores in how far German memorial sites make use of the potential to create "key educational experiences".

65 Ibid., p. 487.

66 Ibid., p. 496.

67 Ibid., p. 485.

68 Ibid., p. 502.

69 Cf. Hannah Arendt: Collective Responsibility. In: Jerome Kohn (ed.): *Hannah Arendt. Responsibility and Judgment*. New York: Schocken 2003, pp. 147–158.

to connect these past events to contemporary manifestations of racism and anti-Semitism.

The reality of murder is neutralized through the language of detachment. Yair emphasizes the "neutral phrasing of otherwise emotionally-laden words such as murder, genocide, and massacre"[70] at German memorial sites. The evasive manner of communicating the monstrosity of what happened at the sites of the former Nazi concentration camps reflects the principles of a culture that privileges rationality over emotionality. However, detachment prevents us from reflecting upon the decisive questions of what the events in question have to do with us today and why Germans produced a "culture impregnated with hatred of Jews"[71]. In the aftermath of the defeat of Nazi Germany, Hannah Arendt observed that Germans walked with indifference through the rubble.

> This general lack of emotion, at any rate this apparent heartlessness, sometimes covered with cheap sentimentality, is only the most conspicuous outward symptom of a deep-rooted, stubborn, and at times vicious refusal to face and come to terms with what really happened.[72]

70 years later Germans no longer walk through rubble but through the Memorial to the Murdered Jews of Europe,[73] believing they have successfully 'come to terms' with their Nazi past. It seems however that this form of commemoration is not inspired by the strategy of "remembering to remember" but rather by "remembering to benefit".[74] However,

70 Yair: Neutrality, Objectivity, and Dissociation, p. 493.

71 Dan Diner: Kaleidoscopic Writing: On Saul Friedländer's The Years of Extermination: Nazi Germany and the Jews, 1939–1945. In: Christian Wiese / Paul Betts (eds): *Years of Persecution, Years of Extermination. Saul Friedländer and the Future of Holocaust Studies*. London: Continuum 2010, pp. 55–65, here p. 64.

72 Arendt: Aftermath of Nazi Rule, p. 342.

73 This monument, erected in "we Germans" spirit, is living proof of the fact that "dead Jews are perfectly suitable for the thickener of the nation" (Eike Geisel: Opfersehnsucht und Judenneid. Ein Kommentar zur Nationalisierung der Erinnerung. In: Id.: *Die Wiedergutwerdung der Deutschen. Essays und Polemiken*, ed. by Klaus Bittermann. Berlin: Tiamat 2015, pp. 136–141, here p. 139).

74 Joanna Michlic and John-Paul Himka differentiate "three key dimensions recurring in the landscape of the Jews and the Holocaust", namely "remembering to remember"; "remembering to benefit"; "remembering to forget". The first one is the ethical model. "Remembering to remember" is "a process that underscores the void left" after the destruction of the Jewish communities. "In remembering to benefit, the key intention behind recalling and commemorating the Jews and the Holocaust is to achieve tangible goals on the individual, regional, and national level." Thus, the past is used in

I believe that a truly meaningful conscious engagement with the past requires a very different attitude – an ethical attitude as envisaged by Jean Améry. I will come back to this point in the epilogue.

Ways of Normalizing National Socialism

On 11 May 1951, the Federal Parliament (*Bundestag*) accepted a proposal to incorporate into the state apparatus most state and government employees who had been dismissed after 1945 on the grounds of NSDAP membership. This law can be considered as the real *Grundgesetz* of the Federal Republic of Germany. It symbolizes the continuity of the Nazi past and the official acknowledgment of the crimes of the perpetrators by making them an integral part of the new democratic state. Before the student movement of 1968, outrage and revulsion at the re-integration of German Nazis were mostly articulated by outsiders, by those who did not belong to the exclusive racial community of the *Volksgemeinschaft*.[75]

The lack of moral outrage at the re-integration of Nazi officials is just one example of the normalization of National Socialism. Jeffrey Olick identifies two other important meanings of normalization that dominated the West German political culture in the 1980s: "normalization as relativization" and "normalization as ritualization"[76] or regularization. A very successful normalization strategy has been the discursive marginalization of anti-Semitism in German historiographical studies of the Holocaust. The intrinsic relation between modern anti-Semitism and National Socialism is often not grasped. It was only in 2007 that a systematic analysis of anti-Semitic violence in Germany was

order to achieve concrete benefits such as "an elevated status and respectability in the international arena". Those who advocate and practice "remembering to forget" perceive "the uncomfortable past" as an "unjust insult on collective history, memory, and identity". (Joanna Michlic / John-Paul Himka: Introduction. In: Id. (eds): *Bringing the Dark Past Back to Light. The Reception of the Holocaust in Post-Communist Europe*. Lincoln: University of Nebraska Press 2013, pp. 1–24, here pp. 10–11).

75 See Ulrich Sonnemann: *Das Land der unbegrenzten Zumutbarkeiten. Deutsche Reflexionen*. Reinbek: Rowohlt 1963.

76 Olick: What Does It Mean to Normalize the Past?, pp. 266–267. According to Olick, "normalization as relativization" found its expression in the *Historikerstreit* (the historians' dispute) and in the Bitburg ceremony, while "normalization as ritualization" was conveyed in the "commemorative apparatus" and the acknowledgements of historical responsibility on the occasion of political rituals (ibid., pp. 264–265).

published, in which the author Michael Wildt provides ample evidence of the fact that anti-Semitic violence formed the core of German Nazi policy.[77]

In recent years, German scholarship on perpetrators has been dominated by the normality paradigm.[78] An influential interpretation has been the explanatory approach put forward by the social psychologist Harald Welzer. In his research, he dealt with "the question of how it is possible for perfectly normal and average people to decide, in certain situations, to kill"[79]. Welzer claims that it is *only* from today's perspective that the reality of the Holocaust appears to us as a rupture in civilization:[80] "While the killing of Jews, disabled people, Sinti and Roma etc. [*sic!*] was considered a moral action, as necessary in the *völkisch* understanding, after the fall of the 'Third Reich' it was considered as despicable [*niederträchtig*] through and through."[81] However, the Nazis did not repeal the penal code or institute a law providing for the murder of Jews, Sinti and Roma, disabled peoples and other people labelled as "enemies" of the *Volksgemeinschaft*. The statutes of the *Strafgesetzbuch* applying to murder (§ 211) and manslaughter (§ 212) remained throughout the entire period of National Socialism and continued to apply after 1945 providing the legal basis for the criminal prosecution of Nazi crimes. Thus, the legal framework shapes the moral framework. Welzer however believes that if "we attempt to explain the behavior of the perpetrators of extermination, we are faced with the problem that we are applying a moral framework to judge them that was not in force when they committed their crimes."[82] Welzer conceptualizes the anti-human German

77 Michael Wildt: *Volksgemeinschaft als Selbstermächtigung. Gewalt gegen Juden in der deutschen Provinz 1919 bis 1939.* Hamburg: Hamburger Edition 2007.

78 For a critical examination of the normality discourse see Rolf Pohl / Joachim Perels (eds): *Normalität der NS-Täter? Eine kritische Auseinandersetzung.* Hannover: Offizin 2011.

79 Harald Welzer: On Killing and Morality: How Normal People Become Mass Murderers. In: Olaf Jensen / Claus-Christian W. Szejnmann (eds): *Ordinary People as Mass Murderers. Perpetrators in Comparative Perspectives.* Basingstoke: Palgrave Macmillan 2008, pp. 165–181, here p. 165.

80 Cf. Rolf Pohl: „Normal" oder „pathologisch"? Eine Kritik an der Ausrichtung der neueren NS-Täterforschung. In: Id. / Perels (eds): *Normalität der NS-Täter?*, pp. 9–45, here p. 25.

81 Harald Welzer: *Täter. Wie aus ganz normalen Menschen Massenmörder werden.* Frankfurt am Main: Fischer 2005, p. 31.

82 Welzer: On Killing and Morality, p. 167.

project of persecution and extermination as a "moral" value system.[83] On the one hand Welzer correctly emphasizes that "[t]he monstrosity of the National Socialist project lies in its explicit rejection of the universalist concept of humanity that begun to prevail in bourgeois societies since the Enlightenment", on the other hand he claims that this rejection is somewhat understandable if we take into account the Nazis' categorical redefinition and transformation of belonging: "What is often overlooked, is that, while the wrongs [*sic!*] of the 'Third Reich' primarily targeted disabled and others, traditional concepts of morality and law continued to be in force for the members of the national community".[84] These "traditional concepts of morality and law" were specific in that they only applied to a particular group, namely 'Aryans'. However, the emancipatory values of the European Enlightenment and the French Revolution are specific (in that they emerged from a specific historical situation in European societies) *and* universal (in that the emancipatory core of European values – egalitarianism and fundamental human rights, to name a few – transcends the specific historical experience of Europeans).[85] From this it follows that their validity cannot be reduced to a specific moment in time and simply replaced by another 'moral' value system. It seems that this fundamental dialectical principle escaped Welzer's attention. What he overlooks, is the "anti-normative reality of the destruction of the right to live"[86]. For him the key to understanding how National Socialism "developed in such anti-human fashion lies in the surprising opening up of spheres of behavior, in which things were suddenly permitted or even encouraged

83 Welzer places his analysis of the murderous career of Police Battalion 45 within the context of what he calls "the establishment of a 'National Socialist' morality, which began in 1933 and created a reality in which categorical differences between people became accepted as a condition of perception, interpretation and action." (Ibid., p. 165.)

84 Ibid., p. 169.

85 Sama Maani: Warum wir fremde Kulturen nicht respektieren sollten und die eigene auch nicht. In: Id.: *Respektverweigerung. Warum wir fremde Kulturen nicht respektieren sollten. Und die eigene auch nicht.* Klagenfurt: Drava 2015, pp. 37–56, here p. 44.

86 Joachim Perels: Rezension zu: Harald Welzer: Verweilen beim Grauen. Essays zum wissenschaftlichen Umgang mit dem Holocaust. In: *Kritische Justiz* 33 (2000), p. 127. See also Raphael Gross / Werner Konitzer: Geschichte und Ethik. Zum Fortwirken nationalsozialistischer Moral. In: *Mittelweg 36* 8 (1999), pp. 44–67, here p. 45.

that were previously forbidden".[87] He neither specifies what he means by "things" nor by "spheres of behaviour",[88] as if these terms were self-explanatory.

Welzer argues that "for the perpetrators killing was, in many respects, hardly such an abnormal procedure as it seems to us today, in view of the consequences of the Holocaust"[89]. Quoting the stories that the perpetrators told about themselves (during the post-war legal proceedings) in order to account for what they did, he speaks of the perpetrators' "lack of empathy".[90] He neglects to mention that the agents concerned deployed various justifications and interpretations as a deceitful mask to cover up the awful truth manifested in their murderous actions and their "reified consciousness" (*verdinglichtes Bewusstsein*)[91]. In Welzer's interpretative framework the question of how it was possible that the perpetrators perceived the murder of Jews as "unpleasant" and not as anti-human, is not a question that needs to be explained but a logical outcome of the Nazi "morality" as well as a particular "frame of reference", namely "that something was being done here that *had* to be done."[92] The question of *why* the perpetrators were convinced that they had to murder Jews is not addressed. However, without taking into account "the anti-Semitic impregnation" which "in certain constellations can condense

87 Welzer: On Killing and Morality, p. 179.

88 In a more general perspective, Welzer argues that "it is crucial to identify the potentials that are always available to open up collective and individual spheres of action in a variety of directions" (ibid.).

89 Ibid., p. 165. It seems that Welzer's argument is close to Christopher Browning's. Browning called upon researchers of perpetrator studies to consider the following: "We should seek to explain the murderous violence of the majority through the 'normal' dynamics of group behavior as shaped by the dominant ideology, culture, and situation. Conversely, we should seek to explain the 'abnormal' capacity of a minority to limit their participation in murderous state-organized violence by rare individual 'sleeper traits' that become activated and strengthened in the face of mass killing." (Christopher Browning: Ideology, Culture, and Disposition. Holocaust Perpetrators and the Group Dynamic of Mass Killing. In: Alfred Gottwaldt / Norbert Kampe / Peter Klein (eds): *NS-Gewaltherrschaft. Beiträge zur historischen Forschung und juristischen Aufarbeitung*. Berlin: Hentrich 2005, pp. 66–76, here p. 75.)

90 Welzer: On Killing and Morality, p. 176.

91 According to Adorno, reified consciousness belongs to the "manipulative character": "People of such a nature have, as it were, assimilated themselves to things. And then, when possible, they assimilate others to things. This is conveyed very precisely in the expression to 'finish off' [*fertigmachen*], [...]." (Theodor W. Adorno: Education After Auschwitz. In: Id.: *Critical Models*, pp. 191–204, here p. 199.)

92 Welzer: On Killing and Morality, p. 178, emphasis in original.

to a motivation to kill",[93] we do not understand why the supposedly normal[94] men overcame their natural inhibition to kill. Addressing the question of why the "immediate perpetrators" neither objected to the murder operations nor raised questions about their crimes, Welzer points to the "shared frame of reference" that made it progressively less conceivable that one could return to a starting point at which a decision might have been possible."[95] The characterization of the mass killing as a "quasi-automatic process"[96] obfuscates the perpetrators' individual agency during the execution scenarios and the fact that it involved a face-to-face encounter with the victims.

A key term in Welzer's explanatory framework is the word "coordinate". If "the coordinate of social belonging" is categorically altered – the definition of who belongs to one's own group ("us") and who belongs to a different group ("them") –, the result is a change of "the whole system of coordinates",[97] namely the establishment of a different reality, a reality in which the extermination of those who are excluded from and by the majority, seems possible.[98] While this argument is convincing, Welzer's point that within the new National Socialist reality the social and economic exclusion of Jews was taken for granted minimizes both the monstrous dimensions of German anti-Semitic violence and the experience of the victims whose perceptions, feelings and interpretations are not taken into consideration:

93 According to Dan Diner, "[t]here is a difference between a concrete antisemitism that guides a person's actions and a culture impregnated with hostility towards Jews, which in certain constellations may suggest that it is quite natural to kill Jews only because they are Jews" (Diner: Kaleidoscopic Writing, p. 64).

94 The terms "normal" and "normalcy" are not defined by Welzer. For him, one indicator of the normalcy of the 'Third Reich' is the fact that the Nazis relied to a large extent on institutions and organizations that existed before 1933. It would appear that Welzer's understanding of "normal" and "normalcy" is close to Raul Hilberg's. In 1961, the latter wrote that the perpetrators of the Holocaust represented "a remarkable cross-section of the German population" and that they "were not different in their moral makeup from the rest of the population. The German perpetrator was not a special kind of German" (Id.: *The Destruction of the European Jews*. New York: Holmes & Meier 1985, p. 1011). Welzer quotes Hilberg's statement that "the killing units and the killing centers did not obtain professional killers" (cit. in Welzer: On Killing and Morality, p. 178).

95 Welzer: On Killing and Morality, p. 178.

96 Ibid., p. 175.

97 Ibid., p. 168.

98 Ibid.

> The exclusion, persecution and expropriation of the others was not experienced as such, because these others, by definition no longer belonged, and their anti-social treatment no longer affected the internal landscape of National Socialist collectivization (*Vergemeinschaftung*) and morality.[99]

Apart from the fact that the perpetrators are absent from this sentence ("was not experienced" by whom?), it retrospectively *normalizes* German anti-Semitic violence. Germans imagined "the Jews" and the "Jewish spirit" everywhere "and at the same time – through the violent removal from local social life – as already gone".[100] In Welzer's logic, the members of the *Volksgemeinschaft* perceived the anti-Semitic violence as something self-evident, as something that neither aroused special interest nor demanded justification: "Eyewitnesses can no longer remember 'that thing with the Jews' because forcing them out, taking their possessions, and depriving them of rights was as obvious a part of Nazi reality as the fact that there were bread-rolls at the baker's and meat at the butcher's".[101] For those who were humiliated, excluded and earmarked for murder, indeed for anyone believing in the universalist concept of humanity, discrimination, persecution and murder are not "obvious". The victims reacted with complete disbelief to the radical Nazi anti-Jewish policy.

Welzer de-politicizes and de-criminalizes the anti-Semitic practices by normalizing the disturbing fact that *no group* showed solidarity with the Jews and that hardly anybody objected to the fact that the German Nazis excluded Jews from humanity. This discursive operation is possible because Welzer makes a clear-cut, undialectical distinction between "normality" and "pathology"[102] as well as between "ideology" and "reality".[103] What Welzer overlooks, is that ideology is also contained in what we do. I agree with Geoff Eley that we need "an *extended* understanding of ideology, as being embedded in cultural practices, institutional sites, and social relations – in what people do and the structured contexts where they do it"[104].

99 Ibid., p. 171.

100 Alon Confino: *A World Without Jews. The Nazi Imagination from Persecution to Genocide*. New Haven / London: Yale UP 2014, pp. 88–89.

101 Welzer: On Killing and Morality, p. 171.

102 For a detailed critique see Pohl: „Normal“ oder „pathologisch“?

103 Welzer: On Killing and Morality, p. 179.

104 Eley: Ordinary Germans, Nazism and the Judeocide, p. 23.

Epilogue: Ethical Resistance and unethical Resistance

What does it mean *not* to normalize the past? Not to normalize the past means first of all to "take the objective survival of National Socialism seriously"[105], as Adorno put it. It also means not to deny that anti-Semitism was a reality and "still is a reality"[106], as Jean Améry, a survivor of Auschwitz, Buchenwald and Bergen-Belsen, emphasized.[107] Observing and commenting on the legacies of National Socialism in the Federal Republic of Germany from Brussels,[108] Améry was engaged in ethical resistance against a world and a time that had "proclaimed the collective innocence of the Germans"[109]. Thus, it was the writer himself who "was burdened with collective guilt"[110]; "not they", i.e. the society of the perpetrators. He felt that "this world, which forgives and forgets", had "sentenced" him, "not those who murdered or allowed the murder to occur".[111] Améry believed that the term collective guilt – understood as "the objectively manifest *sum* of individual guilty conduct"[112] – was useful to characterize the behavior of German society under National Socialism, emphasizing that there "grows out of the guilt of individual Germans – guilt of deed, guilt of omission, guilt of utterance, guilt of silence – the total guilt of a people"[113]. He "could and can say" that the Nazi crimes entered his "consciousness as collective deeds of the people".[114]

Améry spoke out against the practice of "forgiving and forgetting, induced by social pressure" on the part of those who subjugate themselves to the "social and a biological time-sense, which is also called 'natural sense'".[115] He considered this "natural consciousness of time" as

105 Adorno: The Meaning of Working Through the Past, p. 100.

106 Améry: Resentments, p. 98.

107 Ibid.

108 See Nicolas Berg: Aus Brüssel: Jean Amérys Blick auf die Bundesrepublik. In: Monika Boll / Raphael Gross (eds): *„Ich staune, dass Sie in dieser Luft atmen können". Jüdische Intellektuelle in Deutschland nach 1945*. Frankfurt am Main: Fischer 2014, pp. 264–298.

109 Améry: Resentments, p. 75.

110 Ibid.

111 Ibid.

112 Ibid., p. 72, emphasis in original.

113 Ibid., pp. 72–73.

114 Ibid., p. 72.

115 Ibid.

"*anti*-moral".[116] He was convinced that this 'natural' time-sense would lead to a neutralization and relativization of the Nazi crimes and the society's responsibility for them. To prevent this from happening, he considered it vital to make use of man's right to "declare himself to be in disagreement with every natural occurrence, including the biological healing that time brings about".[117] According to Améry, "the moral power to resist contains protest, the revolt against reality, which is rational only insofar as it is moral".[118] From this it follows that the "moral person demands annulment of time"[119]. In the case of the Nazi crimes, this annulment of time is realized by the act of "nailing the criminal to his deed",[120] i.e. the attribution of individual guilt through the legal process. "Thereby, and through a moral turning-back of the clock", the perpetrator could "join his victim as a fellow human being".[121] Thus, Améry believed, it would be possible to counter the run of "biological time" and to prepare the ground for a belated German revolution that would shake off any identification with the perpetrators and make young Germans realize that the Nazi crimes "will also continue to be a part of German history and German tradition"[122].

The moral inversion of time as envisaged by Améry required a return to the past as follows: exiting from the biological sphere and entering into "a moral space in which a human encounter between perpetrator and victim would become possible"[123]. Rebelling against the natural time-sense, Améry's resentments had a concrete function: "[...] my resentments are there in order that the crime becomes a moral reality for the criminal, in order that he be swept into the truth of his atrocity".[124] Given the fact that the "experience of persecution was [...] that of an

116 Ibid., emphasis in original.

117 Ibid.

118 Ibid.

119 Ibid.

120 Ibid.

121 Ibid.

122 Ibid., p. 77.

123 Aleida Assmann: Two Forms of Resentment: Jean Améry, Martin Walser and German Memorial Culture. In: *New German Critique* 90 (2003), pp. 123–133, here p. 132. On the concept of Améry's temporal inversion see also Noah Benninga: The First Person Inversion: Conscious Engagement and the Practical Past. In: *Holocaust Studies: A Journal of History and Culture* 20 (2014), pp. 219–248.

124 Améry: Resentments, p. 70.

extreme *loneliness*", what was at stake for Améry was "the release from the abandonment that has persisted from that time until today".[125] Améry however noticed that Germans attempted to liberate themselves from the past by means of the reversal of the roles of perpetrators and victims. He recalls an encounter involving a conversation with a businessman from the south of Germany. It took place over breakfast in a hotel in 1958. During the conversation the businessman – after having politely inquired if he was an "Israelite" – sought to convince Améry "that there was no longer any race hatred in his country. The German people bear no grudge against the Jewish people", the man said.[126] This is a case of false resentment, "false projection"[127]. This encounter made Améry realize that "[t]hose of us who had believed that the victory of 1945, even if only in small part, had been ours too, were forced to relinquish it."[128] The survivors were subsequently subjected to symbolic violence in the post-National Socialist society. To give just one example: On 1 October 1978, during a panel discussion in Hanover entitled *Unsere historische Schuldigkeit* (Our historical duty), in which Jean Améry, Edgar Hilsenrath and Peter O. Chotjewitz participated, Jean Améry differentiated between the 1930s and the 1970s in Germany as well as between National Socialism and fascism – to the great displeasure of the largely left-wing audience. Améry was first silenced by the auditorium and then by Martin Walser. Walser attacked Améry by asking him the following questions: "Why are you making this distinction right now? What does this achieve? I mean, there must be a motive here. Are you so ultra-sensitive that this has to be completely and neatly (*sauber*) separated?"[129] This sounds like an interrogation in a court-room. The difference being that Walser, in the role of the judge, did not give Améry, in the role of the accused, time to answer. The latter was stunned. The chairperson of the panel discussion, Hanjo Kesting, recalls that Améry appeared distraught, sitting there in silence with a

125 Améry: Resentments, p. 70.

126 Ibid., p. 67.

127 Max Horkheimer / Theodor W. Adorno: *Gesammelte Schriften*, Bd. 3: Dialektik der Aufklärung. Philosophische Fragmente. Frankfurt am Main: Suhrkamp 1997, S. 211; Iid.: *Dialectic of Enlightment. Philosophical Fragments*, from the German by Edmund Jephcott. Stanford: Stanford UP 2002, p. 154.

128 Ibid.

129 Cit. in Hanjo Kesting: *Augenblicke mit Jean Améry. Essays und Erinnerungen.* Göttingen: Wallstein 2015, p. 181.

face which he described as expressing a combination of melancholy and resignation. Two days after the incident, Améry wrote a letter to Kesting explaining that the fact that he had not opened his mouth "had nothing to do with laziness but the sudden realization (*jähe Erkenntnis*)"[130] that he did not have anything to say to these listeners no more than they wished to listen to him. He added: "It was probably *my* mistake to have come in the first place. [...] This kind of public event is simply not for me."[131] He felt that he had no longer a place within the public sphere in West Germany – neither as a German-speaking writer[132] nor as an intellectual who intervenes in the political field. Two weeks later, on 18 October 1978, Améry committed suicide. It was "precisely reflected reality"[133] that oppressed Améry, the reality of Auschwitz and anti-Semitism which "is a historical and social fact"[134].

20 years after his direct attack on Améry during the public discussion mentioned above, Walser orchestrated an indirect attack on Améry and his writings. This second attack also took place within the public sphere. This time, however, it occurred before the eyes of the political and intellectual elite of reunified Germany. In 1998, in his infamous speech delivered in the Frankfurter Paulskirche on the occasion of receiving the *Friedenspreis des Deutschen Buchhandels* (Peace Prize of the German Book Trade) Walser condemned the public display of what he perceived as "national ignominy". He spoke of *Schande*, not of crimes and responsibility, terms that he rejected:[135] Walser's unethical resentment is indicative of a siege mentality that insists on the right to his own private memory, a resentment that testifies to an ongoing identification with National Socialism. It seems that Walser, who was 18 years

130 Jean Améry: Letter to Hanjo Kesting, 03.10.1978, cit. in ibid., p. 182.

131 Ibid.

132 In a letter to Gisela Lindemann, who had sent him the transcriptions of the discussion, Améry writes that his "obvious superfluousness" did not further burden his heart. However, he asked himself if it was not a "*Schicksalsirrtum*", a mistake that he did not decide to become a French writer in 1945, when he was still relatively young. (Irene Heidelberger-Leonard: *Jean Améry. Revolte in der Resignation. Biographie.* Stuttgart: Klett-Cotta 2004, p. 338.)

133 Jean Améry: On the Necessity and Impossibility of Being a Jew. In: Id.: *At the Mind's Limits*, pp. 82–101, here p. 97.

134 Ibid., p. 98.

135 See Jan Philipp Reemtsma: "Mein Gewissen, mein Gewissen, sag ich!" Nachgeholte Lektüre einer Sonntagsrede. In: *Mittelweg 36* 8 (1999), pp. 70–75, here pp. 72–73.

old when the Allies destroyed the Nazi regime, was unable to break free from his emotional attachment to National Socialism.

Walser's defensive stance functions as a protective shield against Améry's idea of "temporal inversion". Hiding behind this shield, Walser is safe from the knowledge of the Nazi crimes that does not correspond to his memory of the Nazi period. Assmann regards Améry "as a modern Hamlet who is equally at odds with the values of the society that he lives in".[136] In keeping within the framework of this interpretation, one can argue that German society is in the role of Claudius because they attempted to disguise the Nazi crimes perpetrated by their fellow *Volksgenossen* or, to borrow a phrase from Moishe Postone, "they simply buried the past beneath a surfeit of Volkswagens"[137]. However, the Holocaust and the other Nazi crimes have continued to work subterraneously in the present, "interacting with immediate political and social reality in a complex dialectic of normality and nonnormality that has characterized postwar German life"[138]. Thus, what we have in the Federal Republic of Germany is an ambiguous relationship between continuity and discontinuity with the Nazi past[139]: discontinuity with regard to the political system and continuity in relation to the societal preconditions of National Socialism: the objective conditions which made Auschwitz possible continue to exist.[140] In short: "The identification with the [Nazi] system has never been radically destroyed in Germany."[141] Indeed, it could be argued that a complete

136 Assmann: Two Forms of Resentment, p. 125.

137 Moishe Postone: Anti-Semitism and National Socialism: Notes on the German Reaction to "Holocaust". In: *New German Critique* 19 (1980), pp. 97–115, here p. 100.

138 Postone: The Holocaust and the Trajectory of the Twentieth Century, pp. 98–99.

139 Moishe Postone: After the Holocaust: History and Identity in West Germany. In: Kathy Harms / Lutz R. Reuter / Volker Dürr (eds): *Coping with the Past: Germany and Austria after 1945*. Madison / London: University of Wisconsin Press 1990, pp. 233–251, here p. 235.

140 In 1959, Theodor W. Adorno stated: "That fascism lives on, that the often-invoked *Aufarbeitung der Vergangenheit* [working through of the past] has to this day been unsuccessful and has degenerated into its own caricature, an empty and cold forgetting, is due to the fact that the objective conditions of society that endangered fascism continue to exist." (Adorno: The Meaning of Working Through the Past, p. 98.)

141 Theodor W. Adorno: Aspekte des neuen Rechtsradikalismus, lecture given at the University of Vienna, 06.04.1967. http://ubu.com/sound/adorno.html (accessed 31.07.2015).

"de-barbarization" (*Entbarbarisierung*)[142] of German society has not taken place to this day, as the increase in the number of physical attacks on asylum seeker homes demonstrates.[143]

***

The German Nazis succeeded in liberating themselves from humanity[144] by becoming *Gegen-Menschen* (Améry), anti-humans, and by excluding the Jews from humanity. Many Germans of the post-Nazi state succeeded in liberating themselves of the reality of the murder of European Jewry.

142 Theodor W. Adorno: Erziehung zur Entbarbarisierung. In: Id.: *Erziehung zur Mündigkeit*, pp. 120–132, here p. 121.

143 According to the Federal Criminal Police Office of Germany, there were 1,005 attacks on accommodation for asylum seekers in Germany in 2015. See Jörg Diehl: Gewaltwelle: BKA zählt mehr als tausend Attacken auf Flüchtlingsheime. In: *Spiegel online*, 28.01.2016. http://www.spiegel.de/politik/deutschland/fluechtlingsheime-bundeskriminalamt-zaehlt-mehr-als-1000-attacken-a-1074448.html (accessed 05.07.2016).

144 Postone: The Holocaust and the Trajectory of the Twentieth Century, p. 95.

Awkward Anniversary?

Charting the Public and Political Profile of VE Day in Great Britain 1945–1965

Helen Whatmore

Memory of the Second World War has long been noted by historians as a key element in British culture.[1] It has infused official and popular cultures, formed the basis of political programmes, popular myths, conventional wisdom and become a crucial component of national identity.[2] It has also provided a rich resource for entertainment and the arts as well as fuelling the heritage and associated merchandise industry.[3] The prevailing narratives have been largely positive focusing, firstly, on a sense of consensus and solidarity: during the war British people overcame their social differences and united in defence of their nation,

1 Lucy Noakes / Juliette Pattinson: Introduction: „Keep Calm and Carry On". The Cultural Memory of the War in Britain. In: Iid. (eds): *British Cultural Memory and the Second World War*. London / New York: Bloomsbury 2014, pp. 1–24, here pp. 1–4, 10–15.

2 See Mark Connelly: *We Can Take It! Britain and the Memory of the Second World War*. Harlow: Pearson Education / Longman 2004; Kenneth O. Morgan: *The People's Peace*. Oxford: Oxford UP 1994; Sonya O. Rose: *Which People's War? National Identity and Citizenship in Britain 1939–1945*. Oxford: Oxford UP 2003.

3 Geoff Eley: Finding the People's War. Film, British Collective Memory, and World War II. In: *American Historical Review* 106,3 (2001), pp. 818–838, here p. 819; Morgan: *The People's Peace*, p. 4; Noakes / Pattinson: Introduction, p. 2.

stoically sharing privations and sacrifice. World War Two had been the 'People's War' – against heavily steeped odds, everyone had 'pulled together' to defeat Nazism. In addition, the 'People's War' had been a 'good war': together with its allies Britain had participated in a just and righteous struggle that was proudly seen as Britain's 'finest hour'.[4] Yet whilst these notions of solidarity have ultimately retained popular appeal, they have not remained unalterable in political and historiographical readings of the Second World War. Here, the war and the resulting post-war peace settlement have become entangled. From leftist understandings of consensual national unity in wartime, which was successfully transposed into a domestic post-war programme of social justice and welfare democracy, have come rightist interpretations of patriotism inspired by Winston Churchill's nationalist rhetoric, and a deceptive post-war peace settlement that prevented economic modernisation and ushered in a period of national decline.[5] British memory of the war, therefore, is more complex than it first appears.

Historian Sonya Rose has noted that "signal events" tend to dominate British war memory and these include Dunkirk, the Battle of Britain, the Blitz, D Day and VE Day (Victory in Europe Day).[6] The first four events represent occasions when Britain played a key role in, or bore the brunt of, an offensive battle against the Nazis and reflect active manifestations of the values of consensus and solidarity which characterise British war memory. VE Day, on the other hand, was a significant juncture in military operations that marked Germany's unconditional surrender and the end of the war in Europe. Churchill described it as "the victory of the cause of freedom in every land"[7], and it was a glorious

4 For connotations of British war memory see Rose: *Which People's War?*, pp. 1–2; Toby Haggith: Great Britain. Remembering a Just War (1945–50). In: Lothar Kettenacker / Torsten Riotte (eds): *The Legacies of Two World Wars. European Societies in the Twentieth Century*. New York / Oxford: Berg 2011, pp. 225–256, here p. 225; David Cesarani: Lacking in Convictions. British War Crimes Policy and National Memory of the Second World War. In: Martin Evans / Ken Lunn (eds): *War and Memory in the Twentieth Century*. Oxford: Berg 1997, pp. 27–42, here pp. 27–28.

5 For concise summaries of political and historiographical developments in British war memory see e.g. Morgan: *The People's Peace*, pp. 4–11; Haggith: Great Britain, pp. 225–226; Eley: Finding the People's War, pp. 820–823. For recent developments Eley: Foreward. Memory and the Historians: Ordinary Life, Eventfulness and the Instinctual Past. In: Noakes / Pattinson (eds): *British Cultural Memory*, pp. xi–xxi, here pp. xiv–xv.

6 Rose: *Which People's War?*, p. 1.

7 Quoted in Eley: Finding the People's War, p. 821.

moment for Britain. By military, economic and political standards she was one of the Big Three; no other European state could rival her power.[8] VE Day was marked by a public holiday on 8 May 1945 and the iconic images of that day show a public outpouring of joy and relief; solidarity was manifested in celebratory mode with massed, happy crowds in London (although similar scenes were replicated up and down the country), people enjoying street parties, waving flags, cheering, embracing, dancing and indulging in revelry. Paul Addison has described the existential dimension of these celebrations as marking a "deepening of that shared sense of a common past".[9] Yet it was but transitory; VE Day was a momentary reprieve in a war that was still being waged and it was not, in fact, universally celebrated. Some people were thoroughly disgruntled about the whole affair and the fumbling way in which the government had finally made the VE announcement to the public.[10] For others, victory was bittersweet when loved ones had lost their lives; for them, euphoria was mixed with sombre reflection and, in some cases, indifference.[11] At best, therefore, VE Day was an ambivalent emotional and political landmark that represented an 'almost' end to the war – indeed, the British army continued fighting in the Far East for three more months until the capitulation of Japan in August 1945.

While Rose's itinerary of "signal events" may be seen as a relevant assessment of key moments punctuating the British war narrative by today's standards, VE Day has not always held so eminent a place. In fact, it was not until the fortieth anniversary of VE Day, in 1985, that the subject of its commemoration became a political hot topic as well as a matter of popular concern. At this time VE Day was resurrected as a landmark anniversary in a cycle of numerous fortieth anniversary war commemorations which have been described as an "anniversary boom".[12] Thereafter, anniversaries such as VE Day went on to gain even more

8 Sabine Lee: *Victory in Europe. Britain and Germany since 1945*. Harlow: Pearson Education 2001, p. 1.

9 Paul Addison: *No Turning Back. The Peacetime Revolutions of Post-War Great Britain*. Oxford: Oxford UP 2010, p. 102.

10 David Kynaston: *Austerity Britain. 1945–1951*. London: Bloomsbury 2007, pp. 5–16.

11 Haggith: Great Britain, p. 228.

12 T. G. Ashplant / Graham Dawson / Michael Roper: The Politics of War Memory and Commemoration. Contexts, Structures and Dynamics. In: Iid. (eds): *The Politics of War Memory and Commemoration*. London / New York: Routledge 2000, pp. 3–85, here p. 4.

commemorative acclaim. However, between the eruption of joy and exultation which marked 8 May 1945 and the resuscitation of that date forty years later, it seems that not much can be said about British recognition of VE Day. It has received little more than cursory historical attention. Indeed, Toby Haggith has asserted that the "Second World War quickly faded from public memory [...] and anniversaries marking key dates were never publicly observed or commemorated in any formal fashion."[13] Where did this 'signal event' disappear to? On whose radar did it remain, for what purposes and in what contexts? What did VE Day mean to a victorious nation that could define itself as the only European people to have waged war against Nazi Germany from the first day of the war to the last?[14] Whilst the jubilant victory celebrations of 8 May 1945 set historical precedents which sedimented themselves into the national imagination in association with that date alone, and which were not nostalgically recalled or replicated in the period up to 1965 (as they started to be afterwards), this chapter contends that VE Day did continue to have resonance in British political and public discourse. It will assess VE Day between 1945 and 1965, highlighting how, in official terms, commemorating the end of the European war was suitably transferable to an alternative date; however, it will also emphasize how some less official forms of commemoration remained persistently attached to VE Day and how, in an international context, VE Day retained symbolic significance as a landmark in political discourse. In keeping with the way VE Day was experienced in 1945, it may be said that it continued to invoke an ambivalent response amongst the British during these years. However, it did not simply disappear into a memorial wilderness.

13 Haggith: Great Britain, pp. 225–226, 234. Nick Hewitt has discerned a similar insignificance by assessing the sparse coverage of major VE Day anniversaries in a limited selection of leading newspapers between 1950 and 1970. Nick Hewitt: A Sceptical Generation? War Memorials and the Collective Memory of the Second World War in Britain, 1945–2000. In: Dominik Geppert (ed.): *The Postwar Challenge. Cultural, Social and Political Change in Western Europe 1945–58.* Oxford: Oxford UP 2003, pp. 81–97, here p. 92.

14 Addison: *No Turning Back*, p. 102.

Official War Remembrance

As a landmark date associated with victory VE Day carried strong connotations of what had been lost in the pursuit of victory, and its potential as a new date for war remembrance came up as early as July 1945. In particular, there were concerns about how VE Day would fit with the conventions of Armistice Day (11 November) which had been piously cultivated since the end of the First World War (the memorial rituals having taken place on Armistice Day itself, until they were moved to the nearest Sunday during the Second World War). Major custodians of remembrance, including various branches of the church and the British Legion (the main British Armed Forces charity) now wanted to acknowledge "two national deliverances and [...] the fallen in both of the wars". However, they wanted to maintain the practice of just one day of remembrance.[15]

In the autumn of 1945, following the final victory over Japan, discussions were held with a serious view to re-structuring the British commemorative calendar and, in line with the precedent set by Armistice Day, politicians were keen to do so around a new landmark date that captured the immediate and profound resonance of the Second World War. In trying to establish a new memorial day Britain was not simply thinking in insular terms but trying to calibrate its practices, bearing in mind its allies in Europe, America and the Empire (later the Commonwealth). This reflected Churchill's conceptualisation of Britain's place in the world as being at the intersection of three circles of power, and naturally complicated things.[16] The European war narrative did not hold great purchase in the dominions and imperial territories, yet an imperial narrative did not mesh with public expectations of war remembrance at home – the war in the East had not been the root cause for which Britain had gone to war.[17] As for America, Britain's essential ally and with whom it believed itself to share a special relationship, a common memorial day was considered desirable but mutually meaningful dates proved hard to come by.

15 The National Archives of the UK (TNA): CAB 66/67/27, Celebration of Armistice Day, Memorandum by the Home Secretary, 12.07.1945, pp. 1–2.

16 Peter Clarke: *Hope and Glory. Britain 1900–1990.* London: Penguin 1996, p. 258.

17 Keith Robbins: Commemorating the Second World War in Britain. Problems of Definition. In: *The History Teacher* 29,2 (1996), pp. 155–162, here pp. 158–159.

The Home Office put forward numerous alternatives but, in what Keith Robbins has called a "problem of definition"[18], none provided that same overwhelming sense of emotional intensity, relevance or sombre sense of closure as 11 November, and the discussions revealed that war memorialisation was shot through with pragmatism. Many of the suggestions had military connotations and these included 3 September (the outbreak of the war), 15 September (Battle of Britain), and dates related to the Second Battle of El Alamein (23 October or 4 November – El Alamein had been a notable turning point for the allies). However, they were all dismissed for being too British or too European and insufficiently appealing for America.[19] The two end-points of the Second World War (VE Day, 8 May, and VJ Day, Victory over Japan, 15 August) were described by the Home Office as "obvious alternatives", but each had their disadvantages.[20] It was noted that "to the people of Great Britain and certainly those of London, [VE Day] represents in a very high degree the result of the efforts of the previous five and a half years"[21], but it did not have that same significance for the United States, Australia, New Zealand or India. VJ Day, on the other hand, was perceived to be more appealing to the Americans but actually only marked the end of the war for the British Empire (the Americans did not recognize the end of the war until the signing of the Japanese surrender, on 2 September). The D Day landings in Normandy (6 June) were also mooted and unequivocally described as

> the single day which throughout the whole course of the war has made the most powerful impression both in this country and America. It represents [...] the end of years of disappointment and frustration and the sense that victory was bound to be achieved.[22]

However, this, along with the two 'victory' days, was not chosen either – largely due to logistical problems amongst stakeholders of remembrance. VE Day was likely to clash with two major events in the church calendar

18 Robbins: Commemorating the Second World War in Britain.

19 TNA: ADM 116/5583, Remembrance Day (Note by the Home Office), October 1945.

20 TNA: CAB 129/1/43, Celebration of Armistice Day, Memorandum by the Home Secretary, 12.07.1945.

21 TNA: ADM 116/5583, Remembrance Day (Note by the Home Office), October 1945.

22 Ibid.

(Ascension Day and Whitsuntide); 6 June was too close to Trinity Sunday, the ordination of new priests and Whit Sunday, and 15 August was not suitable because the government was in recess.[23]

In addition to military dates, the Home Office also flirted with several non war-related dates, attempting to marry the meaning of the Second World War with broader messages of freedom and democracy. As liberators, the British dealt easily in a rhetorical currency of liberty. Magna Carta Day (15 June), for example, was proposed by the Home Secretary as "as good a choice as any on which to commemorate our victory in the struggle for freedom".[24] Moreover, it did not conflict with the holiday season or Whitsun. The Magna Carta had been sealed by King John of England in 1215 and was the first written document to enshrine the principle of all people (including the king) being subject to the law. The date was therefore significant in terms of English constitutional and institutional development and, over time, Magna Carta had come to be used as an international symbol for the notions of individual freedom, parliamentary democracy and the rule of law (in the eyes of British politicians, "the ideals of liberty for which the two wars were fought"[25]). However, it was too contrived to reconcile a medieval document with the meaning of the Second World War.[26] Hence, this date was also not used. The signing of the Charter of the United Nations (26 June 1945) was also suggested. This was highly significant in international relations as the implementation of a new world order based upon the values of freedom and democracy. Furthermore, it was a nod to the important role of the USA in establishing this new world order; but it was never seriously pursued.[27]

For all this flexible thinking about commemoration, the search for a suitable memorial day did not last long. In January 1946 the Home and Foreign Offices, War Office, Armed Services Departments, Colonial and India Offices, church representatives and British Legion

23 Ibid.; also, TNA: CAB 129/1/43, Celebration of Armistice Day, Memorandum by the Home Secretary, 04.09.1945, p. 2.

24 TNA: CAB 129/1/43, Celebration of Armistice Day, Memorandum by the Home Secretary, 04.09.1945, p. 2.

25 TNA: ADM 116/5583, Remembrance Day (Note by the Home Office), October 1945.

26 Robbins: Commemorating the Second World War in Britain, p. 159.

27 Ibid., pp. 159–60; TNA: ADM 116/5583, Remembrance Day (Note by the Home Office), October 1945.

unanimously recommended to the government that national war remembrance should always take place on the Sunday before 11 November. The solemn observance of 11 November had become anchored in British memory at home and in the wider reaches of the Empire, and it was acknowledged that the political desire to change the date had not reflected public opinion. Indeed, no date in the most recent war had "any significance or ground of appeal comparable to that which Remembrance Sunday in November has actually acquired".[28] The Bishop of Winchester described it as "an affair of the soul rather than of direct historical association" and asserted that it would be a "mistake to tamper with this strong national sentiment".[29] Remembrance Sunday therefore provided a powerful cultural locus for war commemoration. It responded to needs of tradition, precedent, practicality and sentiment and encompassed the key messages of mourning and thanksgiving for deliverance. VE Day had only relative merit in comparison and it was less important to acknowledge the victorious associations of this day than its commemorative connotations. The government thus underplayed victory in favour of mourning and subsumed Second World War memorialisation into Remembrance Sunday. VE Day was left off the official memorial calendar.

8 May in the Domestic Context: Officially but Not Entirely Unmarked

Although victory commemorations were not institutionalised in the early post-war years, they did not fade away completely. They did, however, produce an ambivalent public response. In 1946, for example, a public holiday was granted to mark the first anniversary of VE Day; but the date was barely acknowledged. Instead, the significance of VE Day was incorporated into the official Victory Celebrations which took place all over Britain on 8 June 1946. Locally-organised parades paid homage to local regiments and gave thanks for peace,[30] and a veritable military

28 TNA: CAB 129/6/2, National Day of Remembrance, Thanksgiving and Dedication in Commemoration of the Fallen in the Wars of 1914–1918 and 1939–1945, Memorandum by the Home Secretary, 24.01.1946.

29 TNA: ADM 116/5583, Remembrance Day (Note by the Home Office), October 1945.

30 For local celebrations e.g. http://yorkshirefilmarchive.com/film/peace-day-1946-freedom-hull (accessed 04.05.2015).

extravaganza organised by the government took place in London. Here, all branches of the armed forces were showcased and tribute was paid to domestic, imperial and allied participants in the war; auxiliary and civilian organisations were likewise honoured amidst widespread public acclaim and participation.[31] Nevertheless, victory also began to show its thorny nature. From a political perspective, the Polish Armed Forces were controversially not invited to take part – the British government had come to recognize the Soviet-backed regime in Warsaw and did not honour their former ally so as not to upset the new political balance.[32] At the popular level, there was a strong undertone of disapproval that the celebratory pomp and circumstance masked the real costs of war, which were better measured by acknowledging the wounded and the bereaved.[33] This attitude was reflected outside London in major cities such as Birmingham, Brighton, Liverpool and Manchester, which chose not to stage their own official celebrations. Victory was therefore unevenly embraced. The appreciation of military might was tempered by humanitarian concerns associated with living victims and the fact that war-related suffering was ongoing in the civilian sphere: rationing was still in place, demobilisation had put pressure on housing and life was not yet looking up.[34]

Such ostentatious celebrations were only intended as a one-off, but on the fifth anniversary of VE Day the armed forces tried once again to reinvigorate feelings of pride in military victory through Victory Sunday parades in various parts of the UK. British public responses continued to be ambivalent. In York, for example, 2,000 service personnel marched through the city to a service at York Minster. This was not only intended to be a military pageant, the local newspaper approvingly described it as "something greater – a service of thanksgiving for all that the Services have done in the last two wars and for their victories".[35] Gratitude, therefore, still went hand in hand with

31 Victory Celebrations Tomorrow. In: *The Times*, 07.06.1946.

32 Laurence Rees: *World War Two. Behind Closed Doors. Hitler, Stalin and the West.* London: BBC 2008, pp. 390–391.

33 Haggith: Great Britain, p. 232.

34 For the ambivalent British response to the Victory Day celebrations see Haggith: Great Britain, pp. 230–231.

35 This World of Ours: York to Hold a Victory Sunday Parade. In: *The Yorkshire Post and Leeds Mercury*, 18.04.1950.

assertions of victorious military prowess. In London 3,000 service personnel marched through the city and Londoners crowded to watch. Newspaper commentary noted that "there can be little doubt of public approval for the recalling of VE Day by a military march past."[36] Yet the pragmatism behind these parades was also acknowledged as the report went on to note that they had been instigated by the War Office "primarily to give the Service a little publicity"[37] and to boost recruitment. The most extreme response came from the British Communist Party which used the military spectacle as a pretext for a peace parade. In contravention of the ban on political processions, Communist supporters attempted to march along Whitehall past the Prime Minister's residence in Downing Street – where they were barred by mounted police. Brawling and clashes ensued.[38] So whilst the martial overtones of VE Day still appealed to some of the British public, for a small minority it was an occasion to politicise debate. Ironically, the celebration of military power was more peaceful than the protests in aid of peace.

These occasional showpiece military celebrations did not provide an overall sense that the general public in Great Britain took much notice of VE Day though. In the early post-war years when no military parades took place, newspaper commentary suggested that public observance of VE Day was negligible. In 1947, for example, a columnist to the *Daily Mirror* noted how quickly the "normality" of peacetime conditions had taken hold; how things such as the cricket and the escape of 30,000 bees at East Croydon railway station absorbed the public's attention instead of that "tremendous martial anniversary".[39] By 1951 a commentator in the *Yorkshire Evening Post* recommended that people "may be forgiven if [they] have forgotten" VE Day; it had "never established itself in our national consciousness as did Armistice Day."[40] However, the writer refuted the idea that VE Day was "a disappointed hope, a neglected anniversary, an observance falling into desuetude."[41] Instead,

36 London's Victory Sunday. In: *The Yorkshire Post and Leeds Mercury*, 08.05.1950.

37 Ibid.

38 http://www.britishpathe.com/video/marchers-clash-with-police-70-arrested/query/marchers+clash+with+police (accessed 14.08.2014).

39 Cassandra: Temple of Mars. In: *Daily Mirror*, 13.05.1948, quoted in Haggith: Great Britain, p. 234.

40 VE Day. In: *Yorkshire Evening Post*, 08.05.1951.

41 Ibid.

they praised the great things that had been achieved in post-war times of peace and transmuted the meaning of VE Day into a message about peace and stability. Anniversaries might pass uncelebrated but "the spirit of VE Day" was not forgotten: "Each day that we continue to maintain the peace in Europe is in the truest sense a Victory in Europe day."[42] Victory was given an understated but lasting significance in the context of everyday life.

Yet in the absence of official forms of memorialisation and the sense of general quietude this instilled on VE Day anniversaries, VE Day retained a symbolic, if somewhat diffuse, resonance which ebbed and flowed in public discourse. In sporting contexts, for example, VE Day was used in the 1950s and 1960s to signify an awe-inspiring victory over European rivals.[43] However, it was in the commemorative sense that VE Day remained most relevant. In 1955, for example, there was a groundswell of public interest to mark the tenth anniversary of VE Day. The British Broadcasting Corporation (BBC) aired a series of radio programmes about the war,[44] and a special programme brought together wartime singers, comedians and broadcasters in the new medium of television.[45] A renewed interest was also evident at civic and associational levels – manifested in local church services and parades by military and ex-servicemen's associations.[46] The anniversary was likewise used to inaugurate war memorial projects of varying style and scope. The London borough of Finsbury, for example, opened a specially-designed, 38-acre sports facility for its residents some 12 miles north of London. Deemed an "interesting social experiment" in the way that it encouraged Londoners to "seek physical and spiritual refreshment" beyond the confines of the city, the "primary aim of the scheme" was a symbolic form of commemoration: "those who died for freedom in

42 Ibid.

43 E.g. VE Day For Britain's Athletic Heroes. In: *Daily Mail*, 28.08.1950; also, Another VE Day? In: *Daily Mail*, 30.08.1963.

44 VE Day Anniversary: War-scarred Europe Remembers Fallen. In: *Ottawa Citizen*, 07.05.1955. Https://news.google.com/newspapers?nid=2194&dat=19550507&id=vs0wAAAAIBAJ&sjid=-dwFAAAAIBAJ&pg=5567,1446699 (accessed 14.08.2014). See also light entertainment listings in the *Radio Times* of 8 May 2016 at http://genome.ch.bbc.co.uk/schedules/light/1955-05-08 (accessed 27.06.2016).

45 British Library Sound Archive, C1398/1293, C3, *Bless 'em all* (re-broadcast of a 1955 television programme, 04.08.1977).

46 See various notices in *The Times* of 02.05.1955 and 07.05.1955.

its widest sense can have no more fitting memorial than those green acres."[47] According to Nick Hewitt, this pragmatic approach reflected the attitude of a "sceptical generation" for whom memorialisation should not only be recorded in stone, but be useful and meaningful for posterity.[48] Ten years later, however, when political discussion was more animated by the VE Day anniversary (discussed in the next section), cultural manifestations were more sporadic. Reportage made no further reference to war memorials and television coverage was limited to a military programme on the BBC and a dated wartime drama on Britain's commercial network, which, so one reviewer speculated, was "perhaps [shown] as some sort of backhanded recognition of the anniversary of VE Day".[49]

In this context, one of the more consistent attempts to harness the memorial impetus of VE Day was to be seen at the Air Forces Memorial, at Runnymede in Surrey. This commemorated the 20,455 airmen and women from Britain, the Commonwealth, and Nazi-occupied countries who had operated out of the UK and North West Europe, and had no known grave.[50] The site had been donated to the Royal Air Force after the war and inadvertently picked up on some of the earliest memorial suggestions made by the government, for it was at Runnymede where King John had sealed the Magna Carta. In fact, in her inaugural speech, of 17 October 1953, the Queen clearly articulated the link between the Magna Carta and the memory of those who had fallen in the Second World War:

> It is very fitting that those who rest in nameless graves should be remembered in this place. For it was in those fields of Runnymede seven centuries ago that our forefathers first planted a seed of liberty which helped to spread across the earth the conviction that man should be free and not enslaved.[51]

47 Sports Ground as Memorial. In: *The Times*, 04.05.1955.

48 See Hewitt: War Memorials in Britain.

49 See: Weekender TV and Radio. In: *The Times*, 08.05.1965; A Revelation Too Long in Coming. In: *The Times*, 10.05.1965.

50 http://www.raf.mod.uk/rafcms/mediafiles/0000ce89_1143_ec82_2eee74a84008c4b4.pdf (accessed 23.12.2014); TNA: Air 2/12158, Services of Remembrance for R. A. F. Dead – Note by A. M. P., 04.01.1954.

51 www.wyrdlight.com/stories/AFM/popQueen.html (accessed 22.12.2014); see also http://www.britishpathe.com/video/queen-honours-air-force-dead/query/Runnymede+Memorial (accessed 25.12.2014).

Despite some concerns at the Air Ministry that the popular understanding of Runnymede ("symbolic of every Englishman who ever died in the cause of freedom in the last 800 years"[52]) rubbed against the more limited concept of their war memorial to commemorate air personnel, the Ministry set about instituting an annual memorial ceremony. This was on the proviso that it should be for a closed circle of mourners and the public should avoid congregating there en masse – it was feared that the Runnymede memorial was ill-equipped to host large numbers of people and such an event would also cause traffic disruption.[53] VE Day was chosen as a fitting occasion as it represented the end of the European war. However, this caused some mild dissent at the Air Ministry amongst those for whom VE Day represented a "victory" day; they lamented the fact that victory went unremarked and argued that it was "artificial" to impose remembrance upon it instead.[54] They were overruled. The second Tuesday in May was adopted as most relevant, poignant and practical – Tuesdays would cause no traffic problems in the local area and this particular day (rather than the date) reflected the fact that, in 1945, VE Day had been the second Tuesday in May.[55]

Over the 1950s and 1960s the yearly memorial ceremonies provided a modest pulse of VE commemoration for this branch of the armed forces, but they were not the basis for a wider social uptake of the anniversary. In fact, whilst visitors to the memorial were reported to be numerous on summer weekends, the number of participants at the annual remembrance ceremony quickly dwindled.[56] In terms of memorial meanings at Runnymede, freedom, as a subtext of victory, was crucial – the deaths of dispersed allied freedom fighters were unified in the place where Britons had trailblazed the struggle for freedom and democracy. Victory per se was only represented by one of three allegorical stone figures on the monument (Justice, Victory and Courage) and the surrogate VE Day on which the ceremony took place was as

52 TNA: AIR 2/12158, Minute 10, by Gordon Hyslop Chaplain-in-Chief, 27.11.1953.

53 Ibid.; Minute 11, signed R. C. Kent, Head of S4, 02.12.1953.

54 TNA: AIR 2/15734, P. S. to P. U. S., Note signed H. T. Smith (A. U. S), 19.01.1954.

55 TNA: AIR 2/12158, Minute 10, by Gordon Hyslop Chaplain-in-Chief, 27.11.1953; Minute 11, by R. C. Kent, Head of S4, 02.12.1953.

56 TNA: AIR 2/15734, Air Council Standing Committee, Runnymede Memorial Day – Note by A. M. P. and V. C. A. S., 25.05.1956.

much convenient as it was symbolic of victory.[57] In similar fashion to the British government, therefore, which had demonstrated that victory connotations were important to commemoration in principle, but ultimately not prized over mourning and practicality, so too did the Air Ministry conform to these values.

One public forum where the symbolic appeal of VE Day did persistently reverberate, and the outreach was perhaps greater than the sectional horizons of war memorials, was war-related charitable enterprises. Local and national organisations alike used the anniversary of VE Day to publicize their cause. In May 1954, for example, the Princess Louise Scottish Hospital at Erskine advertised for donations in the *Aberdeen Evening Express* to help fund its programmes of "special treatment, convalescence, training, rehabilitation or permanent residence" for "men whose bodies had been broken in playing their part towards the achievement of that very day [VE Day]".[58] At a national level, organisations such as the Not Forgotten Association used the twentieth anniversary of VE Day to petition for donations in *The Times*; in their case, to help disabled ex-servicemen and women through the provision of television sets, entertainment, coach trips and personal gifts.[59] Between 1962 and 1966 the British Legion also ran a national advertisement campaign in *The Times* entitled "The Aftermath". The advert appeared numerous times per year, appealing for donations to ensure continued funding for the Legion's welfare commitments to war veterans, as the proceeds from the annual Poppy Day collection were proving insufficient.[60] The advertisement used VE Day as the framing device for outlining the impact of war upon veterans: "Eighteen years after VE Day, some forty odd years since World War I, there are still more than half a million ex-servicemen disabled … still countless ex-servicemen, women and dependents distressed!"[61] The charitable causes also extended beyond Britain. In 1965 *The Guardian* reported one Mrs. Françoise Rigby as

57 For general information about Runnymede memorial see *The Air Forces Memorial, Runnymede, Surrey, England*. Maidenhead: Commonwealth War Graves Commission 1998.

58 Advertisers Announcement: 9th May. In: *Aberdeen Evening Express*, 17.05.1954.

59 The 'Not Forgotten' Association. In: *The Times*, 08.05.1965.

60 Poppy Day is the popular name for Remembrance Day, 11 November. In the weeks preceding this date the public are encouraged to make a donation to the British Legion and in return they receive a red poppy, which is worn as a mark of respect for those who have given their lives in war.

61 E.g. The Aftermath. In: *The Times*, 22.09.1962.

being a beacon of benevolence in Anglo-German relations. Mrs. Rigby had founded an organisation to help displaced persons living on city peripheries in Germany who were still finding it difficult to integrate into post-war life. She wanted "to use the symbol of VE Day" to "achieve the last £400,000 that would give homes to these forgotten ten thousand".[62] Her fundraising stunt was to map out the word 'Lifeline' through the route she and her fellow supporters would drive across Britain, drumming up support from the stops they made en route.[63] VE Day thus had resonance in welfare discourse as the means to contextualise and trigger empathy and charity for the plight of those who suffered the after-effects of war.

Britain in the Context of International 8 May Discourse

Although VE Day was not formally commemorated on home territory, the British government remained aware of, and implicated in, VE commemorations abroad. Indeed, it was through the prism of foreign relations that the politically awkward nature of 'Victory in Europe' became most apparent. In 1952, for example, the British Embassy in Brussels wrote to the British government, seeking guidance on whether to fly flags on 8 May, as was local custom, to mark the anniversary of "the capitulation of Germany". The British legation was concerned that:

> At a time when our policy is aimed at the integration of the Federal German Republic in the Western Community, it seems to [...] be rather out of place to continue to celebrate this anniversary in this particular way.[64]

The Foreign Office, however, was much less placatory and responded that

> the Belgians [...] should presumably show no less respect to German feelings than we. [...] why should we not join in celebrating the anniversary of the end of the war and the defeat of Nazism? We have no reason to be ashamed of it or to be diffident about it before the Germans.[65]

62 Lifeline to Shanty Towns. In: *The Guardian*, 10.05.1965.

63 Ibid.

64 TNA: FO 371/98027, Confidential letter from the Chancery, British Embassy, Brussels to Foreign Office Protocol Department, 13.05.1952.

65 TNA: FO 371/98027, Minutes from the Chancery, British Embassy, Brussels, to Protocol Department, 13.05.1952.

As 8 May was not a flag-flying day in Britain so the British legation was advised to follow Belgian practice.[66] Despite the sensitivity of British diplomats on the ground to the changing policies towards Germany, the Foreign Office displayed residual feelings of victor over vanquished and was adamant that it was not a matter of diplomatic sensibility.

> The Germans would be very foolish to resent your participation in celebrating the end of the war; and if they did, we should still not recommend that you should pander to their susceptibilities at the expense [...] of offending the Belgians.[67]

Yet for all Britain's bombast in encouraging its representatives to participate in native celebrations, this diplomatic exchange suggests that different discursive inflections about Germany were in operation. Continental discourse was still very much coloured by notions of 'German defeat' and although these were endorsed by the British response to flag-flying, the British government conceived of (in its own words) "the defeat of Nazism".

By 1955 the Cold War began to affect the way Britain related to VE Day rather more. In March 1955, the Americans notified the British Cabinet about a series of international meetings intended "to demonstrate the progress towards European unity, which had been made since the defeat of Hitler's Germany"[68]. In fact, the Americans wanted to use the tenth anniversary of VE Day to ratify the Paris Agreements which would give sovereignty to West Germany as well as entry into the European Union and NATO. Three years before, the British government had rebuffed ideas of German political sensitivity to this date. Now, in the wake of British diplomatic success at re-setting the agenda for German integration into Europe, they demonstrated a marked sympathy at the prospect of the Americans riding roughshod over the same issue and questioned "whether the Germans would appreciate the choice of the tenth anniversary of VE Day as the most suitable date for a ceremonial exchange of ratifications."[69] They emphasized the nuances of discursive inflection: "[t]o many Germans [VE Day] was the anniversary not

66 TNA: FO 371/98027, Minutes from the Chancery, British Embassy, Brussels, to Protocol Department, 13.05.1952.

67 TNA: FO 371/98027, Confidential letter from the Foreign Office to the Chancery, British Embassy, Brussels, 23.05.1952.

68 TNA: CAB 128/28/23, Conclusions of Cabinet Meeting, 14.03.1955, p. 2.

69 Ibid.

of Germany's defeat, but of Hitler's downfall."[70] Indeed, the British went so far as to suggest that Germany should be allowed to object to the emphasis on the VE anniversary.[71] Britain here showed a greater awareness of the contemporary political sensibilities of losers as well as victors and the implications they held for the "broader geostrategic canvass".[72] In the event, the ratifications were deposited on 6 May 1955 and VE Day references were not used to trumpet the occasion. However, the associated notions of freedom and peace were integral to positive messages about Western fraternity, democracy, the turnaround in Germany's fortunes, and the impact that this should have on ensuring future world peace and resolving East-West differences.[73] If the victory connotations of this VE Day context were not paramount, they nevertheless tallied with Britain's self-image as an important peacemaker and deal broker on the international stage.

The Cold War continued to shape the way Britain related to VE Day abroad and in the twentieth anniversary year, of 1965, the Foreign Office received a wealth of information from its representatives on how VE Day was marked.[74] Quite what the British government intended doing with this information is unclear, but it was certainly well-informed about the ways in which VE Day was treated as a landmark anniversary around the world. This manifest awareness of global celebrations coupled with reportage in the British press on the grandiose spectacles taking place in Moscow and Paris, for example, was in direct contrast to the British non-acknowledgement of the twentieth anniversary of VE Day.[75] Official non-commemoration at home, it would seem, had become normalised.

However, the occasion was used as a vehicle for political statements and reflection by both politicians and the press – albeit to different ends. On 6 May 1965, the British Foreign Secretary, Michael Stewart, sent a congratulatory message to West Germany to mark the ten year

70 Ibid., p. 3.

71 Ibid.

72 Keith Neilson / T. G. Otte: *The Permanent Under-Secretary for Foreign Affairs 1854–1946*. Routledge: Abingdon 2009, p. 61.

73 Landmark in History of Europe. In: *The Times*, 06.05.1955.

74 See TNA: FO 371/183181.

75 Paris Ready for Victory Celebrations. In: *The Guardian*, 07.05.1965; The Brezhnev Blaster. In: *Daily Mail*, 10.05.1965. In Britain "no celebrations had been arranged" (Wilson: German Peace Is Our Aim. In: *Daily Mail*, 08.05.1965).

anniversary of its sovereignty; he emphasized Britain's commitment to doing "all in its power to bring about the reunification of Germany in peace and freedom".[76] This message was reiterated by Prime Minister Harold Wilson in a public declaration on 7 May in which he underlined that the legacy of war – the division of Europe in Germany and Berlin – was a "focal point of tension"[77] between East and West. He called to mind Britain's shared responsibilities with the other allied governments for the future of Germany, pledging that Britain would work for a European settlement to "enable both allies and enemies [...] to co-operate in peace".[78] There was no triumphalism attached to this political pronouncement from Britain; the enduring reminders of victory were of fragile fraternal bonds that remained a work in progress. Yet European dialogue and co-operation were not the only preoccupation of the government and the public mind at this time. Indeed, the significance of the American President Lyndon Johnson's speech on 7 May, deemed to be a "major pronouncement on Atlantic affairs"[79] due to his affirmation of American commitments to Europe, was missed by the British government. Blaming bad public relations management by the Americans, they noted that the domestic "Steel Debate rather stole the headlines" instead.[80]

The British press also took it upon themselves to use VE Day as a vehicle for political commentary. In contrast to the British government's declarations on the future of international collaboration, the press provided biting political retrospectives on Britain's post-war trajectory. *The Guardian*, for example, critiqued the unsatisfactory record of all British governments since the end of the war, and the nation's loss of international standing. "It would not have occurred to any but the most pessimistic realists in 1945 that Britain twenty years later would have become, if hardly the sick man of Europe, certainly one of the problem nations of the West."[81] The author commended the post-war Labour government's introduction of social justice but bemoaned the fact that the reform programme dated back to the 1930s and the government

76 British Promise on German Unity. In: *The Times*, 07.05.1965.

77 Harold Wilson was cited in both German Peace Is Our Aim. In: *Daily Mail*, 08.05.1965, and Mr Wilson Firm on United Germany. In: *The Times*, 08.05.1965.

78 Ibid.

79 TNA: PREM 13/676, President Johnson's speech of 07.05.1965, p. 1.

80 Ibid.

81 Twenty Years After. In: *The Guardian*, 08.05.1965.

had been unable to deal with new problems of the post-war future. The subsequent Tory administration was condemned for not keeping up with the pace of change set by Europe and the rest of the world, which was identified as "the main cause of the disillusion of the 1960s".[82] The writer expressed residual cultural superiority and rancour that Britain was falling behind: "Had we [Britain] not led the world with radar, jet engines, the quality of our military aircraft, penicillin – and, it is fair to say, in political organisation?"[83] The author blamed a series of dysfunctional, factional government departments for "short-term improvisations masquerading as policy" and a lack of long-term strategy that would competitively propel Britain into the future.[84] *The Times* was likewise cutting. In similar fashion, it praised the dismantling of the British Empire and the implementation of a social "revolution by consent".[85] However, it pointedly critiqued the geopolitical failure then looming large: "Britain, which led the way in bringing Germany into the new Europe has so far failed to find a place there for herself."[86] At a crossroads in its destiny between former Empire, new Commonwealth and Europe, Britain was floundering and had still to find itself in the new balance of world power. In these political critiques, the VE message was not about liberation, freedom or victory – the unfulfilled promise of VE Day provided a spur for voicing the disappointments of post-war democratic achievement and concern at the existential crisis that was starting to gnaw away at Great Britain.

Conclusion

Unlike Germany, Britain did not finish her war in May 1945 in utter ruins and bereft of legitimacy. Likewise, Britain did not experience May 1945 as a deliverance from Nazi conquest and occupation as did much of continental Europe. The British were a liberating, military power who continued fighting in the Far East after the end of the war in Europe. To Britons, therefore, VE Day was a significant staging post en route to bringing freedom back to the rest of the world – it was a transcendent moment of partial victory that was marked by an outburst of joy and

82 Ibid.

83 Ibid.

84 Ibid.

85 Past and Future. In: *The Times*, 07.05.1965.

86 Ibid.

relief, but it was not an earth-shattering moment that caused Britain to revalue or recreate itself in the same way as continental Europe.[87]

As such, VE Day did not become a highly prized memorial moment after the end of the war. The overwhelming desire of the victory generation was to acknowledge the war through commemoration of the dead and in order to do so the nation, and Commonwealth, preserved and adapted the existing traditions of Remembrance Sunday (11 November). There was no supplementary acknowledgement of VE Day in an official capacity. At the popular level, permutations of martial, victory celebrations continued to take place on or near 8 May in the early post-war period, accompanied by expressions of thanks for peace. However, VE Day did not become a symbolic mustering ground for reserves of national pride and these forms of celebration eventually faded out. In the continued absence of official initiatives to mark the date, dispersed pockets of institutional, civic or individual effort came to the fore and VE Day was mobilised to enact understated forms of war commemoration, or to prick people's charitable consciences about the humanitarian legacy of the war. Overall, however, the public was ambivalent in its uptake of the anniversary.

Despite the domestic modesty of memorialising VE Day, it nevertheless continued to have discursive resonance as a shared point of European and transatlantic political reference. British governmental representation abroad was directly implicated in other nations' VE celebrations and, in the context of the Cold War, Britain was not insensible to the modulations of West European political and economic rapprochement. Here, VE Day provided fertile ground for allusions to freedom and it came to be used as a landmark date by both politicians and the press, respectively, to channel political hopes for future peace as well as critiques about Britain's place in the world.

If VE Day was not a significant memorial date in the first two decades after the Second World War, the explosion of memorial activity that became apparent in 1985 did not come from nowhere. The disparate and nuanced forums in which the symbolic appeal of the VE anniversary continued to pulse provided a cultural infrastructure upon which the 1985 anniversary boom could ultimately be grafted.

87 Keith Robbins: *Britain and Europe 1789–2005*. London: Hodder Arnold 2005, p. 240.

Vichy Resurgence in the Land of D-Day

A Case Study (Valognes)

Judith Lyon-Caen

It is commonly admitted within the French public discourse that the Vichy Regime remained for a long period "un passé qui ne passe pas"[1] – a past that couldn't be passed over. The public recognition of the French State's responsibility for the deportation of Jews from France by President Jacques Chirac in 1995, the Papon Trial in 1998, when the former Secrétaire general of the Préfecture de la Gironde, Maurice Papon, was convicted of crimes against humanity for his participation in the deportation of more than 1,600 Jews to Nazi concentration camps, as well as the whole set of remembrance public policies[2] in France from the beginning of the 1990s seem to have pushed away the haunting ghosts of the 'dark years'. So be it.

But what is a 'haunting past'? Public discourses and remembrance policies are just one side of the question. Local variations are another one,

1 Eric Conan / Henri Rousso: *Vichy: un passé qui ne passe pas.* Paris: Fayard 1994.

2 For a comprehensive and sociological approach of French remembrance public policies, see Sarah Genzburger: Réflexion sur la notion de 'politique de la mémoire'. In: Michel Offerlé / Henry Rousso (eds): *La Fabrique interdisciplinaire. Histoire et science politique.* Rennes: PUR 2008, pp. 133–147; ead.: *Les Justes de France. Politiques publiques de la mémoire.* Paris: Presses de Sciences Po 2010 (English translation forthcoming under the title *Governing Memory?* New York / Oxford: Berghahn 2016).

when public national events or acts meet local stories, underground continuities and solidarities. How can historians seize such ghosts? How can one explore those silent links between past and present and those troubled memories? *Mémoire trouble*, in French, has a double meaning: troubled and murky... What could be the proper method for investigating phenomena which do not fall within public acts or explicit representations but within the untold, the implicit? Despite its inherent complexity, I will nevertheless attempt to set out on such a quest in the following pages, by articulating a micro-historical investigation and a more literary exploration within a very specifically located case study. I strongly believe that when one is dealing with memorial issues, the study of delimited situations and their 'thick contextualization' (as cultural anthropologists speak of "thick description"[3]) is a useful and valuable method.[4]

If my inquiry regarding 'troubled memories' results from a confrontation between literary studies and historiography during the course of my research, the topic for this paper came about incidentally. I was doing a kind of 'literary' trip through the land of birth of a great 19th century French writer, Jules Barbey d'Aurevilly, while preparing a new edition of his novels.[5] Barbey's works deal to a great extent with the troubled memories of the revolutionary era in a land where Chouannerie – the counter-revolutionary movement – was once very deeply established. Barbey also wrote very strong words about his own memory of the post-revolutionary times in those little provincial, conservative, monarchist towns of western France. It just so happens that this land, the Cotentin, is also the land of Liberation, the stage of the battle of Normandy, of the D-Day landings and bombings.

3 Clifford Geertz: Thick Description. In: Id.: *The Interpretation of Cultures: Selected Essays*. New York: Basic 1973, pp. 3–30.

4 The original French version of this paper was written with Christian Jouhaud and published as La plaque. Mémoire de Valognes. In: *Penser/Rêver* 20 (2011), pp. 17–47. It was part of a collective project entitled "Le temps du trouble", where a group of historians, in dialogue with psychoanalysts, confronted themselves both with troubles of the past and with their own troubles in view of the past they investigate. I thank Christian Jouhaud for his help, advice, and constant support during the writing of the present paper.

5 Jules Barbey d'Aurevilly: *Romans*, édition préparée par Judith Lyon-Caen. Paris: Gallimard 2014.

Was there anything to behold in connection with 'Aurevillian' monarchist nostalgia in his birth town, Valognes, located in the very center of the Cotentin peninsula? Surprisingly, yes, but maybe for suspicious reasons. In front of an unexpected memorial plaque, the nostalgic remembrance of the monarchist past appeared to screen other shadows of the past, discreet shadows of the Vichy past, all the more discreet as the remembrance of D-Day is a resounding one in Cotentin.
Historians are usually not very comfortable with matters that are blurred. When they research memory and remembrance, they try to locate, describe and define troubles – be it oblivion or lies. What then if proper historical work cannot be done? When simple positivist historical questions cannot be addressed because they immediately cloud the limpidity of public speech? Public remembrance of D-Day can be seized and depicted, just as public denial or politics of oblivion. In Cotentin, however, beside the blaze of Liberation commemorations, Vichy continuities and memories of Nazi occupation are buried within silent, local bounds; which sometimes result in strange side-effects concerning the latter.

Nostalgia and Traces of the Past in the "Petite Versailles" of Cotentin

Now a small city of 7,000 inhabitants, not more than in 1820, Valognes experienced a long decline during the 20th century due to a rural exodus. Its old elegant mansions (*hôtels*), the many gardens of the former convents, and the name of the main street, Rue des religieuses, convey the image of a small conservative and Catholic town. But Valognes was also severely damaged by the Allied bombings during the 1944 battle of Normandy: half of the church was destroyed, as were two thirds of the aristocratic *hôtels*. Despite this damage, local cultural and tourist organizations offer tours of the medieval and pre-modern heritage, as well as literary walks in the footsteps of Jules Barbey d'Aurevilly (who spent almost all his days leading a sometimes dissolute life in Paris between 1830 and 1880…). Until recently, one could sleep in the so-called "Jules Barbey d'Aurevilly room" in the Grand Hôtel du Louvre, the traditional inn on the street in the town center – formerly the coaching inn –, and then, when wandering through the Rue des religieuses, one would notice a plaque above the main entrance of the Catholic private school, l'École Sainte-Marie.

Fig. 1: Courtyard of the Sainte-Marie School, Hôtel du Mesnildot, rue des Religieuses, Valognes, October 2010.

> In this house, former Hotel du Mesnildot / His Majesty King Charles X / After giving Algiers to France / And before going into exile / Stayed from the 13th to the 16th August 1830 / The Royalist committee of the Manche / Wished to commemorate the centenary / 1830–1930

This plaque is unexpected, and perhaps unsettling. Several boxes of the past seem enclosed one inside the other: the first, from 1930, refers to a time when the monarchist nostalgia could justify the evocation of another past, the monarchist past of 1830. But in the story of French monarchy, 1830 signifies a time when the monarchy was about to disappear, as in 1830, Charles X, the last of the Bourbons, was on his way to exile. Thus, the 1930 plaque commemorates not only Charles X's stay but also the ending of a long and lamented past – the Ancien Régime. However, the plaque also contains a 'modern' colonial touch, through the allusion to the colonization of Algeria ("who gave Algiers to France"), which was certainly more valued in 1930 than in 1830: the colonial allusion is the real signature of 1930 on the plaque, a time when the French Empire was, symbolically at least, at its peak, and when conservative political movements could meld together colonialist and monarchist feelings. The old Valognes suffered a lot during the bombing of the battle of Normandy, and additionally, the landscape of moors and *bocage* was destroyed by the agricultural modernization during the twentieth-century. Yet, something of the remote past remains in the Mesnildot Mansion's courtyard: a nostalgic and monarchist resurgence with a whiff of colonial perfume, which may seem slightly out of touch to the stroller…

In 1996, the Sainte-Marie School published a short historical booklet, *Souvenir du Centième anniversaire de l'installation des Ecoles catholiques dans l'Hôtel du Mesnildot de la Grille à Valognes (1896–1996)*, in order to commemorate its centenary: another centenary, marking the establishment of a Catholic school in the Hôtel du Mesnildot, in 1896, while the battle between the new republican secular regime and the French church was raging. In the booklet, one can read the following lines:

> In 1935, Miss Jumet organized 149 girls divided into six classes. But in 1940 the arrival of German occupying troops was to destroy this efficient organization. Arriving during the summer vacations, they found empty premises and took possession of them. The 3rd Panzer Jorgen Abteilung of the 216th Division settled in. They built a barrack in the entrance courtyard in order to use it as a prison: there they accommodated French Résistants or just suspects; but mainly prisoners destined to supply the Organization TOD [*sic*] with a labor force for the building of the Atlantic Wall. Among those were German Jews coming from various concentration camps. This barrack was situated along the wall following Pelouze Street.

A cautious reading of the text indicates that ten years after the unveiling of the colonial and monarchist plaque, the Mesnildot courtyard was the stage for another event, the building of a barrack where prisoners could be "accommodated" ("logés" in French, – the writer of the booklet chose a fairly euphemistic form): among them "Résistants", "suspects" and even "German Jews"… Unfortunately, as almost all the administrative documents from that time were destroyed during the 1944 bombings, it seems impossible to find traces of those barracks in the local département archives in Saint-Lô.

Two different types of ghosts, then, may wander through the aristocratic courtyard of the Hôtel du Mesnildot: a simple shadow, the trace of a former nostalgia; and a more disturbing specter, the ghost nobody wishes to see, who comes to haunt the present, deprived of any kind of grave (a commemorative plaque?), coming from a past that has left almost no traces (in the archives, in the public discourse), except in the booklet. This points to trouble. The 1930 plaque with its golden letters seems more than out of touch: one may wonder if it is not here – as a presentable ghost – to hide an absent and more distressing one. But what can the historian do when confronted by silence and absence – absence of documents, silence in the archives? Perhaps recall some literary reading, and especially Jules Barbey d'Aurevilly's sentences about "Valognes' specters" in the last decades of the 19th century:

> La ville que j'habite en ces contrées de l'Ouest, – veuve de tout ce qui la fit si brillante dans ma prime jeunesse, mais vide et triste maintenant comme un sarcophage abandonné, – je l'ai, depuis bien longtemps, appelée : « la ville de mes specters ». [...] Pour moi, fatalement obsédants, ces spectres reviennent, même de jour, même jusqu'en ces rues dont la clarté ne les chasse pas, et ils s'y dressent à côté de moi par les plus étincelantes journées comme s'ils étaient dans la nuit [...].[6]

These obsessive specters which the novelist was the only one to see, even in daylight, were Barbey's personal recollections of a dead past. However, it is possible that this idiosyncratic representation of troubling presences of the past in a micro-provincial society might be of a great heuristic help here to the historian deprived of any archival material, especially if the ghosts haunt the same place throughout time.

Modern ghosts haunt the internet day and night: wandering through the web in search of explanations, I finally got in touch with a retired high-school teacher in Valognes, Jean-Pierre Ponthus, who published posts on a blog created during the Papon Trial. In 2002, Ponthus posted a fictional and ironical "letter to Maurice Papon", from Valognes, "a charming little town of the Cotentin".[7] At this time, Papon had been let out on early release from prison because of his bad health. Mr. Ponthus fictively invited the former Secrétaire géneral de la Préfecture de la Gironde to a commemoration – another one – a ceremony given in honor of the former Député of the Manche, Pierre Godefroy, who died 10 years before, in 1992. A strange ceremony indeed, which

6 "The city where I live in those western lands, deprived of all that made it so brilliant in my young age, but now empty and sad like a deserted sarcophagus, *I have called it, for a long time, the 'city of my specters'.* [...] Inevitable and obsessive, those specters, they haunt me even by day, even in those streets where the light doesn't chase them away, and they stand up beside me by the most twinkling days as if they were in the night" (Jules Barbey d'Aurevilly: Une page d'histoire (1882). In: Id.: *Romans*, pp. 1107–1015, here p. 1107, transl. J. L.-C.).

7 Jean-Pierre Ponthus: Puissez-vous de Valognes, cher Maurice Papon. http://www.matisson.com/affaire-papon/contributions/dossier13.htm (accessed 03.08.2015).

took place in the church of Valognes (rather surprisingly, for a public commemoration), where Godefroy, who used to be Député of the Manche from 1958 to 1988 and a major character of local political life, was celebrated by the performance of a musical piece inspired by a poem he himself had written: *Laudes à Saint Michel du Péril* whose stanzas evoke the eternal Christian Normandy and its various victories against the devil.

In his bitter and ironical letter to Papon, Ponthus conjured up recollections and figures. In that year 2002, the municipality decided to rename the former rue des Halles (Market Street) rue Pierre Godefroy. Following a very characteristic 'lateral' (though very instructive, if not straightly academic) way of thinking, Ponthus took the opportunity of this name change to inform his readers that during the war the rue des Halles was also the location of the dental practice of a Jewish doctor, Jacques Wiesner, which was 'aryanized'. Ponthus had done research on the procedure: the Vichy administration had to find a buyer, a good and reliable buyer, not a front man who wished to help Wiesner. Jean-Pierre Ponthus discovered in the local archives a letter from the sous-préfet of Cherbourg to the mayor of Valognes, Henri Cornat, inquiring about this issue. Cornat answered that, indeed, the buyer seemed perfectly reliable and independent from Wiesner. Starting off with Godefroy and a street name, Ponthus ultimately found his real target, Henri Cornat, the mayor appointed by Vichy in 1941: a ghost Jean-Pierre Ponthus has been fighting with for sixteen years: a somewhat painful battle, with a specter and a few living persons.

Specters of the Vichy Past

Henri Cornat, a former engineer, was appointed mayor of Valognes by the Vichy government in 1941. Destitute in 1944, he was nonetheless appointed as a *commissaire départemental* and the president of the Conseil géneral de la Manche (the local assembly) in 1946, then elected as a *sénateur* and mayor again in 1952, until his death in 1968. One should stress that there is nothing surprising or strange about such a career profile, which illustrates, among many, local political continuity in a rather conservative land, Henri Cornat being a member of the Républicains Indépendants group, a conservative and rural political movement.

In 1969, the new municipality suggested to the Valognes public high school council that the Lycée de Valognes be renamed Lycée Henri

Cornat. The council – mainly composed of teachers – proved to be hesitant. However, the municipality bypassed the negative vote. In the local newspaper *La Presse de la Manche* (printed in the chief-town of the département, Cherbourg), Henri Cornat's former first deputy mayor, Ernest Ingouf, denounced those teachers who, according to a "philosophical and political ideology", abused the memory of the modernist mayor of Valognes.[8] Nothing was publically said or written about the Vichy past of the mayor, which probably explained the reservations on the part of the high-school teachers.

In 1977, Jean-Pierre Ponthus was appointed as a professor of *lettres classiques* (French, Latin and ancient Greek) at the Lycée Henri Cornat. Then came 1981, the historic victory of the socialist party, the election of president François Mitterrand, and a change of atmosphere for 'leftist' teachers in provincial towns, who could probably breathe a little easier. At the end of 1984, a young national weekly newspaper, *L'Événement du Jeudi*, related some events that occurred in Valognes in an article subtitled "Memory and Oblivion in Conflict"[9]. The article was about Professor Ponthus, who had displayed on his classroom walls old press cuttings from the time of the Occupation in Valognes. The headmaster of the Lycée had them removed. Mr. Ponthus received a visit by the regional school inspector, and explained to him that he just intended to "encourage students to reflect about the Second World War from the local context", exactly as suggested by the National Department of Education.[10] The article also mentioned the Vichy mayor Cornat and the Wiesner case: Ponthus had sent documents to the Parisian journalist.

After the publication of this article, what could have been the "Cornat case" quickly became the Ponthus case, a troubled and troubling case. A few days after the article appeared in *L'Événement du Jeudi*, an anonymous and violent piece was published in *La Presse de la Manche*, attacking a "tiny man", "industrious, relentless, haunting libraries in search of forty years old press archive": "From time to time, he extracts slanders and other ramblings" against a man he never met, "a man of great stature and quality who ran our city once upon a time and died, too early,

8 Conseil municipal. In: *La Presse de la Manche*, 20.02.1969.

9 Pascal Krop: Un lycée au nom sulfureux. In: *L'Événement du Jeudi*, 27.12.1984.

10 Ibid.

highly respected".[11] Needless to say, Ponthus was the "tiny man" – who had had the bad taste to contact a Parisian journalist – and Cornat "the man of great stature".

A month later, *La Presse de la Manche* published a signed letter by Ernest Ingouf, the former deputy mayor, and addressed to the director of *L'Événement du Jeudi*, Jean-François Kahn, about the "awful" article in January.[12] Mr. Ingouf recalled the memory of Valognais killed by American bombs, and despite this "the generous reception" given to the American liberators in Valognes. Mr. Ingouf also underlined that Cornat served as "mayor under the Occupation by the will of the people of Valognes". Finally, he went back over the "Wiesner case" in – let's say – awkward terms: "The Jews of Valognes would have suffered from the mayor's attitude. First and pathetic news. I personally knew the 'Wiesner practice'. He was a dentist who had friendly relationships with Henry Cornat". And the letter goes on, very similar in its form to the previous anonymous piece, about the "chimeras and deliriums of a young paranoiac and mythomaniac professor".[13]

That is all it takes to arouse the curiosity of Parisian journalists. At that time, Ponthus aimed at reconstituting the links of solidarity between local notables, rooted in the time of Occupation. It was a historical program, be it doable or not, be it relevant or not, but this project provoked collective trouble, and a spate of calumnies, denunciations, and libels. The present mayor, Anne Heinis (the daughter of a former assistant of Henri Cornat during and after the war) publically called Jean-Pierre Ponthus a "sick man" and a "coward".[14] The municipality finally took legal action against him for having annotated two books of the local public library – on the basis of article 257 of the French Penal Code, condemning "damage to the integrity of any object or document maintained in a municipal library"[15]: those books were a *Mémento du*

11 Lettre du Vieux Moulin. In: *La Presse de la Manche*, 11.01.1985.

12 La mémoire d'Henri Cornat. Une lettre de Me Ingouf conseiller municipal à Jean-François Kahn. In: *La Presse de la Manche*, 15.02.1985.

13 Ibid. See also the survey by Philippe Cohen in the national newspaper *Libération*: Un Don Quichotte dans la Manche. In: *Libération*, 01.04.1985.

14 Lettre circulaire de Mme le Maire de Valognes (Anne Heinis), 11.01.1985. See also La mémoire du president Cornat. In: *La Presse de la Manche,* 14.02.1985; Le Conseil municipal règle ses comptes. In: *Ouest-France*, 13.02.1985.

15 Procès verbal de constat, 07.02.1985, transmitted to the Public Prosecutor by the Maire of Valognes, 02.04.1985.

Département de la Manche and *Cherbourg sous l'Occupation*, a work by a former journalist of *Cherbourg Éclair*, the collaborationist newspaper during the war.

Jean-Pierre Ponthus was taken to court, and the judge appointed two experts in psychiatry to examine his mental stability. Then Ponthus alerted the main national newspaper *Le Monde*, and shortly afterwards an article made the questions asked of Ponthus by the experts known to the public: "Why are you interested in a time when you weren't born?", "Do you feel mythomaniac or paranoiac?".[16] At this point, French public TV arrived in Valognes and covered the story for the TV program *Counter Investigation* (*Contre-Enquête*). By that time an 'Association of the Friends of Henri Cornat' had been established in the city. Ernest Ingouf continued with his articles against Ponthus in *La Presse de la Manche*, while, as a lawyer, he served as the counsel for the plaintiff, the city of Valognes, against the book annotator. In *La Presse de la Manche*, he eventually accused Ponthus of having "persecuted Jew syndrome"[17], because of the links Ponthus made between Valognes, Cornat, Vichy and the Holocaust through the Wiesner case.

Let's stop the narrative here. The problems with these writings and acts, their feverishness, their excess, is precisely that they made impossible a proper historical investigation, they rendered it impossible to separate what happened in Valognes during the time of the war (maybe nothing different from anywhere else) from what was going in the 1980s. Nobody in Valognes seemed able, at that time, to engage in historical discourse about the role of the Vichy mayor Henri Cornat. Jean-Pierre Ponthus wanted to, but was immediately attacked for lack of respect toward a local key figure or for dubious relationships with Parisian scribblers. Nobody seemed to be ready for historical, possibly polemical discussions. Instead of critical discourse a closed commemorative speech about the past was the result, a violent and troubled speech, providing no clarity about the past, keeping silent about it, and thereby evoking it as a disturbing presence.

16 Philippe Boucher: Hôtes. In: *Le Monde*, 22.02.1986.

17 Une mise au point de Me Ingouf. In: *La Presse de la Manche*, 08.04.1986.

Troubled memories and local solidarities rooted in time of the war gathered together in the association of the 'Friends of Henri Cornat'.

Epilogue: Dubious Acquaintances

In 2002, Valognes thus commemorated Henri Cornat's successor, Pierre Godefroy, in the Saint-Malo Church, with a musical performance, a musical representation of *Laudes à Saint-Michel du Péril.* This long historical poem written in French, old Norman and Latin by Pierre Godefroy in 1981 propounded a mix of regionalism and medievalizing Catholicism. Pierre Godefroy founded a regionalist party, le Mouvement Normand, at the end of the 1960s, and was a champion of the *normannité*, along with Jean Mabire, a figure on the extreme right, who celebrated the Viking origins of Normandy, and fought ardently in Algeria in 1958. Heimdal, the publishing house of Godefroy's Laudes, has specialized in two fields: medieval history, Viking history especially, and military history of the Second World War. In its online catalogue, one can find today numerous studies on the Waffen-SS, some of them only published in German (with the designation "Nur auf Deutsch!", like Rüdiger Warnick and Stephan Cazenave's *Tiger! Von schwere Kompanie / SS-Pz.Rgt.2 – bis s.SS-Panzerabteilung 102/502*). In parallel, Jean Mabire, who died in 2006, wrote many books about French involvement in the SS divisions (the 'Frankreich Brigade' and the 'Charlemagne Division'), about "glorious" battles of SS divisions (such as the Hitlerjugend SS-Division in Normandy), or about some key figures of French *collaborationnisme* with the Nazi Regime (like Robert Brasillach).

The nostalgic, colonial and monarchist plaque of the Sainte-Marie School does indeed cover a set of untold stories of the Valognais past, just as, on a more regional level, the D-Day narrative recovers the history of Normandy under Nazi occupation. The partial destruction of the administrative documents and archives by the 1944 Allied bombings makes historical investigation difficult and maintains a form of troubled silence. I would like to finish this story by stressing that it is sometimes useful, even for historians, when researching traces and memories of the Vichy period, to follow less palpable figures or defined tracks, and to question ghosts and specters when they happen to pop up in daylight. In this way, a 'spectral' and interdisciplinary historiography of memorial troubles could be possible, articulating historical positive investigation and a more literary questioning in precisely situated, localized contexts.[18]

18 A non-spectral note needs to be added. In 2015, the University of Leicester led a research programme called "The Viking DNA project" aiming to look at the proportion of Viking ancestry in different parts of the North of England and Northern Europe. Part of the project concerned the Cotentin Peninsula, once a place of Viking landing. In June 2015, one could read in the Cotentin local press that the historical association of Pays d'art et d'histoire du Cotentin in Valognes working in association with the University of Leicester, was looking for volunteers to participate in this scientific project, people with a name of Scandinavian origin or people whose four grandparents were born and lived within a 50 km periphery. After several weeks, the local section of the MRAP (Mouvement contre le racisme et pour l'amitié entre les peuples), expressed its surprise and anxiety towards a project which could nurture feelings of ethnic differences and superiority among the population. Even so, and despite the very restrictive French legislation on genetic fingerprints, the operation proved to be highly popular: kits for saliva sampling were sold-out within a few days.
Many thanks to Jean-Pierre Ponthus who constantly kept me informed about this case, among others, and who assisted Christian Jouhaud and myself during our investigation in Valognes in 2010 by generously opening up his files and documents.

II.
Mediale Vermittlung

Das Kriegsende in Gedenkmuseen in Polen, Deutschland und Israel

Ljiljana Radonić

Vergleicht man, wie das Ende des Zweiten Weltkriegs in Gedenkmuseen so unterschiedlicher Länder wie Polen, Deutschland und Israel dargestellt wird, könnte man erwarten, dass sich die Ausstellungen vor allem durch die jeweilige nationale Perspektive voneinander abheben. Doch ist diese Annahme wirklich haltbar oder überwiegen die Gemeinsamkeiten bzw. sind andere Faktoren für die Erklärung von Spezifika der jeweiligen Institution relevanter? In diesem Beitrag wird die These vertreten, dass neben dem jeweiligen nationalen Narrativ vor allem die Frage entscheidend ist, wessen Perspektive – jene der TäterInnen, der Opfer oder der Alliierten – im Fokus des Museums liegt. Ebenfalls muss danach gefragt werden, ob der Blickwinkel der Opfer im Sinne einer Individualisierung der Erinnerung oder aber als Teil einer kollektiven Opfererzählung Eingang findet. Schließlich wird nach Gemeinsamkeiten post-sozialistischer Gedenkmuseen in Polen und dem Gebiet der ehemaligen DDR gefragt. Auf Gedächtnis- und Museumstheorie aufbauend werden neun Dauerausstellungen (bzw. ihre begleitenden Publikationen) in Museen unterschiedlicher Art untersucht: die KZ-Gedenkstätten Majdanek (Polen), Buchenwald und Dachau (beide in Deutschland), Hauptstadtmuseen wie die Topographie des Terrors (Berlin), das Museum des Warschauer Aufstands, das

Museum für die Geschichte der polnischen Juden (ebenfalls Warschau) und die israelische Holocaust-Gedenkstätte Yad Vashem (Jerusalem)[1] sowie das Oscar-Schindler-Museum in Krakau. Ausgewählt wurden also möglichst bekannte Institutionen,[2] die jedoch unterschiedliche Schwerpunkte haben, sowie eine Mischung aus KZ-Gedenkstätten und anderen Gedenkmuseen in den Metropolen.

Der Begriff des *memorial museum* wurde zunächst für Museen verwendet, die nicht *in situ*, an den historischen Orten, sondern etwa in den USA oder in Israel eröffnet wurden. Wenn hier im Folgenden von ‚Gedenkmuseen' die Rede ist, so sind Institutionen gemeint, die Gedenkelemente wie eine ‚ewige Flamme' oder Tafeln mit den Namen aller Opfer mit historischer Information kombinieren. Ein ‚Gedenkmuseum' scheint dabei ein Widerspruch in sich zu sein:

> A memorial is seen to be, if not apolitical, at least safe in the refuse of history. [...] A history museum, by contrast, is presumed to be concerned with interpretation, contextualization, and critique. The coalescing of the two suggests that there is an increasing desire to add both a moral framework to the narration of terrible historical events and more in-depth contextual explanations to commemorative acts. That so many recent memorial museums [...] find themselves instantly politicized itself reflects the uneasy conceptual coexistence of reverent remembrance and critical interpretation.[3]

Diese Museen sind an der Produktion von Wissen und Geschichte beteiligt. Sie stellen aus, wie eine Gesellschaft ihre Vergangenheit interpretiert, sind aber

> keineswegs neutrale Räume der Wissensvermittlung und -popularisierung, die zeigen, wie „es" früher war. Vielmehr manifestieren sich im Gezeigten kulturelle Muster, Ein- und Ausschlussmechanismen und – sozialwissenschaftlich gesprochen – soziale, ethnische oder religiöse In- und Outgroups.[4]

1 Leider war es nicht möglich, die Ausstellung im Ghettokämpfer-Kibbuz Beit Lohamei Hagetaot einzubeziehen, da dort keine Publikation erhältlich ist und das Fotografieren nicht erlaubt war.

2 Die Gedenkstätte Auschwitz-Birkenau wurde aufgrund ihres transnationalen Charakters und der von gegenwärtig neun Ländern gestalteten Ausstellungen ausgelassen, da sie nur schwer mit der Fragestellung vereinbar wäre.

3 Paul Williams: *Memorial Museums. The Global Rush to Commemorate Atrocities*. Oxford: Berg 2007, S. 8.

4 Monika Sommer-Sieghart: Historische Ausstellungen als „contested space". In: Johannes Feichtinger (Hrsg.): *Schauplatz Kultur – Zentraleuropa*. Innsbruck: Studienverlag 2006, S. 159–166, hier S. 159.

Die Diskussion über die Rolle von Museen als Repräsentanten und Vermittlungsinstanzen nationaler Identität geht mit einem Perspektivwechsel einher. Was vor 15 Jahren noch als Desiderat formuliert wurde, ist heute selbstverständlich: Der Fokus auf die Opferperspektive hat im Wesentlichen Helden-, Märtyrer- und Widerstandsnarrative abgelöst.[5] Hierbei muss man jedoch unterscheiden zwischen einem individualisierten Zugang, der das Leben ‚davor' mit einbezieht und Empathie ohne distanzlose Identifikation[6] erlaubt, und einem kollektiven Verständnis von Opfern als emotionalisierendem Symbol für nationales Leid. Der Fokus auf das individuelle Opfer muss dabei weder die TäterInnenseite noch den sozialen Kontext ausblenden, da die Erinnerung die Frage nach der Art der und den Gründen für das Verbrechen impliziert. Der kollektive Zugang hingegen geht vielfach mit einer Externalisierung der Verantwortung einher, die zu einem „Europa der Opfer"[7] führt.

Gemeinsamkeiten und Unterschiede

Vor einer Untersuchung der Darstellung des Kriegsendes in Gedenkmuseen sei zunächst darauf hingewiesen, dass in den meisten Ausstellungen nicht der 8. bzw. 9 Mai 1945 im Vordergrund steht, sondern das Datum, an dem die Alliierten das jeweilige Lager befreit oder eine Stadt eingenommen haben. So wurde das Konzentrationslager Majdanek in Lublin im Juli 1944 befreit, und im November desselben Jahres eröffnete man dort bereits eine Gedenkstätte und Ausstellung über die im Lager begangenen Verbrechen. In Warschau und Krakau marschierte die Rote Armee im Januar 1945 ein, Dachau und Buchenwald wurden im April befreit. Einzig für die Berliner Museen und Yad Vashem spielt also das gemeinhin mit dem Kriegsende verbundene Datum der Kapitulation NS-Deutschlands eine größere Rolle.

5 Henry Rousso: History of Memory, Policies of the Past: What For? In: Konrad H. Jarausch / Thomas Lindenberger (Hrsg.): *Conflicted Memories. Europeanizing Contemporary Histories.* New York: Berghahn 2011, S. 23–38, hier S. 32.

6 Im Unterschied zu einer Identifikation, die keine Distanz zu ihrem Opfer mehr erlaubt, bleibt einem selbst im Falle der Empathie klar, dass man nicht identisch ist.

7 Ulrike Jureit: Olympioniken der Betroffenheit. Normierungstendenzen einer opferidentifizierten Erinnerungskultur. In: Katrin Hammerstein / Ulrich Mählert / Julie Trappe / Edgar Wolfrum (Hrsg.): *Aufarbeitung der Diktatur – Diktat der Aufarbeitung? Normierungsprozesse beim Umgang mit diktatorischer Vergangenheit.* Göttingen: Wallstein 2009, S. 108–119, hier S. 203.

Unabhängig vom unterschiedlichen Zeitpunkt des Kriegsendes werden im Wesentlichen in allen hier untersuchten Museen einige Themen beinahe wortgleich abgehandelt. Die Todesmärsche werden ebenso häufig thematisiert wie die in den letzten Kriegswochen erfolgten Exekutionen von politischen Gefangenen sowie Opfern ‚rassischer Verfolgung'. Naheliegend ist auch der Schwerpunkt auf Kriegsverbrecherprozesse, allen voran jene in Nürnberg. Interessanterweise wird in den meisten Ausstellungskatalogen an diesem Punkt durchgehend konstatiert, dass viele Nationalsozialisten früh begnadigt wurden bzw. das Interesse an einer systematischen Ahndung der Verbrechen aufgrund des Kalten Kriegs rasch abebbte. Darüber hinaus erweisen sich vor allem zwei weit verbreitete Themen als besonders ergiebig: das Auseinanderklaffen der Wahrnehmung des Kriegsendes von Seiten der Überlebenden einerseits und der Mehrheitsgesellschaft andererseits sowie die Unmöglichkeit einer Rückkehr jüdischer Überlebender nach Polen und der dort grassierende Antisemitismus. So heißt es im Katalog zur Dauerausstellung in Yad Vashem in Bezug auf den ersten Punkt:

> In den Hauptstädten der besetzten Länder wurden die Sieger mit Jubel begrüßt. Juden hingegen hatten keinen Grund, sich zu freuen. Die wenigen Überlebenden wussten, dass sie keinen Ort hatten, an den sie hätten zurückkehren können.[8]

Sowie:

> Viele Juden, die aus den Lagern, Wäldern und Verstecken hervor kamen oder unter dem Repatriierungsabkommen aus der Sowjetunion zurückkehrten, wurden wütend und feindselig empfangen. Oft fürchtete die Lokalbevölkerung, dass die Juden das Eigentum, das ihnen gestohlen worden war, zurückfordern würden.[9]

Dies wird jedoch nicht nur in Bezug auf jüdische Überlebende diagnostiziert, sondern in der Topographie des Terrors auch für nicht-jüdische KZ-Überlebende. Hinsichtlich der deutschen Bevölkerung heißt es, für sie sei

> die unmittelbare Nachkriegszeit angesichts von Kriegszerstörungen und materieller Not, von Bombenkrieg, Kriegsgefangenschaft und Vertreibung geprägt vom Rückzug in die Privatheit und von Bemühungen um die eigene Existenzsicherung. Anders als die Verfolgten des NS-Regimes hatte das Gros der Deutschen

8 Bella Gutterman / Avner Shalev (Hrsg.): *Zeugnisse des Holocaust. Gedenken in Yad Vashem*, aus d. Hebr. v. Maurice Tszorf. Jerusalem: Yad Vashem 2005, S. 252.

9 Ebd., S. 262.

> das Kriegsende nicht als Befreiung, sondern als Niederlage erlebt. Auch war die Neigung weit verbreitet, sich den Status von politisch „Verführten" zuzubilligen und sich selbst als Opfer zu fühlen. Die ehemalige „Volksgemeinschaft" des „Dritten Reiches" fand denn auch rasch in einer gemeinsamen Opferhaltung wieder zusammen. Unter den Massen, die dem „Führer" zugejubelt hatten, waren am Ende des Krieges tatsächlich viele auch zu Opfern geworden. Mit den Überlebenden von politischer Verfolgung, Holocaust und Zwangsarbeit konkurrierten sie gewissermaßen um den Opferstatus.[10]

Bemerkenswert ist, dass die Autorin hier den ‚wir sind alle Opfer'-Gestus kritisiert und die Opferkonkurrenzen scharfsinnig benennt, zugleich aber mit der Formulierung, dass „tatsächlich viele auch zu Opfern geworden" seien, selbst einen nivellierenden Opferbegriff reproduziert.

Ein weiteres durchgängiges Thema ist die Unmöglichkeit einer Rückkehr osteuropäischer, insbesondere polnischer Jüdinnen und Juden in ihr Heimatland. „Die jüdischen Überlebenden vor allem aus Osteuropa, deren Familien ermordet und deren Besitz gestohlen worden waren, wollten zumeist nicht in ihre frühere Heimat zurückkehren",[11] „auf den mit jüdischem Blut und jüdischer Asche getränkten Boden."[12] Und in dem Abschnitt über antisemitische Gewalt und das Pogrom im polnischen Kielce im Juli 1946 wird in Yad Vashem ausgeführt:

> Aufgrund ihrer feindlichen Umgebung wandten sich viele Überlebende dem Westen zu. Sie siedelten sich provisorisch nahe der polnisch-deutschen Grenze an und gründeten Gemeinde-Institutionen, ein Auge immer nach Palästina gerichtet.[13]

So wenig es erstaunt, dass im Museum der Geschichte der polnischen Juden in Warschau das Nachkriegsschicksal der Überlebenden aus ebendiesem Land im Vordergrund steht,[14] so interessant ist es, dass

10 Sybille Steinbacher: Strafverfolgung, Schonung, Reintegration. Vom Nach- und Überleben der Täter von SS und RSHA in den deutschen Nachkriegsgesellschaften. In: Stiftung Topographie des Terrors (Hrsg.): *Topographie des Terrors. Gestapo, SS und Reichssicherheitshauptamt in der Wilhelm- und Prinz-Albrecht-Straße. Eine Dokumentation*. Berlin: Selbstverlag 2010, S. 406–417, hier S. 407–408.

11 Barbara Distel: Das Konzentrationslager Dachau nach der Befreiung. In: Comité International de Dachau / Barbara Distel / KZ-Gedenkstätte Dachau (Hrsg.): *Katalog zur Ausstellung „Konzentrationslager Dachau 1933 bis 1945"*. München: Lipp 2005, S. 25–29, hier S. 25.

12 Gutterman / Shalev (Hrsg.): *Zeugnisse des Holocaust*, S. 257.

13 Ebd., S. 262.

14 Barbara Kirshenblatt-Gimblett / Antony Polonsky (Hrsg.): *Polin. 1000 Year History of Polish Jews*. Warschau: Argraf 2014, S. 353, 361.

auch in den deutschen Gedenkmuseen als einziges Land in diesem Zusammenhang Polen thematisiert wird, wenn es etwa im Begleitband zur (2014 abgebauten) ständigen Ausstellung in Buchenwald heißt: „Für viele der überlebenden polnischen Juden gab es keinen Weg zurück. Ihre Welt war ausgelöscht worden, ihre Bekannten und Verwandten ermordet.“[15] Im Ort der Information unter dem Stelenfeld des Denkmals für die ermordeten Juden Europas in Berlin findet sich dasselbe Narrativ – dem Ansatz der Individualisierung der Opfererinnerung entsprechend – in der Geschichte von Ruschka Grossman, die für kurze Zeit nach Łódź zurückkehrte, nachdem sie als einzige aus ihrer Familie überlebt hatte:

> Wie sie handelten die meisten der etwa 330.000 polnischen Juden, die dem Völkermord entkommen waren. Oft hatten die christlichen Nachbarn Wohnungen und Häuser in Besitz genommen und begegneten den Rückkehrenden mit offener Feindseligkeit, die nicht selten in Gewalt umschlug.[16]

Wird bei der Erwähnung von Gewalt und Pogromen der Nachkriegszeit ein bestimmtes Land erwähnt, so ist es im gewählten Sample immer Polen – teilweise in fast wortgleichen Formulierungen. Die Pogrome in Ungarn[17] oder die Frage etwa der Rückkehr nach Litauen finden keine Erwähnung. Der Fokus auf Polen hat sicherlich mit der Größe der jüdischen Gemeinde in Vorkriegspolen zu tun. Sosehr dieser eingeschränkte Blickwinkel ferner im Falle der Gedenkstätten an den Orten der ehemaligen Konzentrationslager durch die Herkunft der Mehrzahl der jüdischen Häftlinge im jeweiligen Lager erklärt werden könnte, so sicher ist auch, dass es nach 1945 Antisemitismus nicht nur in Polen gab – und auch nicht nur in ‚Osteuropa‘.

Die Perspektive: TäterInnen – Opfer – Alliierte

Eine typische Darstellung des Kriegsendes lässt sich für die deutschen Gedenkmuseen im gewählten Sample nicht ausmachen – vielmehr unterscheiden sich die Inhalte je nach Ort und Fokus der Ausstellung

15 Gedenkstätte Buchenwald (Hrsg.): *Konzentrationslager Buchenwald 1937–1945. Begleitband zur ständigen historischen Ausstellung.* Göttingen: Wallstein 2014, S. 256.

16 Stiftung Denkmal für die ermordeten Juden Europas (Hrsg.): *Materialien zum Denkmal für die ermordeten Juden Europas.* Berlin: Nicolai 2007, S. 121.

17 Vgl. Regina Fritz: *Nach Krieg und Judenmord. Ungarns Geschichtspolitik seit 1944.* Göttingen: Wallstein 2012, S. 209–228.

stark voneinander. So kommen in der Buchenwald-Publikation im Kapitel „Befreiung von außen und innen" vor allem die Häftlinge selbst zu Wort sowie jene Soldaten der US-Armee, die das Lager als erste erreichten. Nur kurze Überleitungen finden sich zwischen seitenlangen Zitaten aus Tagebüchern, Briefen und Memoiren. Ein (deutsches) Ausstellungsnarrativ lässt sich hier nicht ausmachen; die einzige Botschaft, die den Band durchzieht, lautet – in den Worten des Leiters der Gedenkstätte, Volkhard Knigge: „Der heutige Besucher erhält solche preiswerten Sicherheiten, die von jeder Eigenverantwortung entheben, nicht. Er kann sie nicht erhalten. Was einmal möglich gewesen ist, kann sich wiederholen, ganz, oder teilweise oder so ähnlich."[18]

Auch in der Gedenkstätte Dachau wird die Befreiung aus der Perspektive der Alliierten beleuchtet:

> Das erste, was wir fanden, als wir uns dem Lager näherten, waren Gleise, die herausführten. Auf ihnen standen viele offene Güterwagen. Als wir die Schienen überquerten und zurück in die Wagen schauten, bot sich uns das schrecklichste Bild, das ich jemals gesehen hatte. Die Wagen waren voll mit Leichen. Die meisten waren nackt, alle bestanden nur aus Haut und Knochen. [...] Viele hatten Schusslöcher im Hinterkopf. Uns wurde speiübel, wir konnten daher nichts tun als unsere Fäuste zu ballen.[19]

Diese Zeilen schrieb Lt. Bill Cowling über den „Todeszug" aus Buchenwald an seine Familie. Doch wie aus dem Ausstellungskatalog hervorgeht und auch anhand einer Fotografie von der Erschießung visuell eindrucksvoll belegt wird, waren einige amerikanische Soldaten

> durch den Anblick des Todeszugs so außer sich geraten, daß sie eigenmächtig begannen, gefangengenommene SS-Leute hinzurichten. Als der Bataillonskommandeur, Felix L. Sparks, beobachtete, was vor sich ging, stoppte er die Exekution sofort. Insgesamt wurden etwa 50 SS-Angehörige während der Befreiung getötet.[20]

Die Ausstellung der Topographie des Terrors auf dem Gelände der ehemaligen Gestapo- und SS-Hauptquartiere beleuchtet das Kriegsende hingegen aus der Perspektive der Täter. Neben dem schon erwähnten Fokus auf Kriegsverbrecherprozesse und der Anwerbung von

18 Volkhard Knigge: Statt eines Vorworts: Vorgeschichten einer Ausstellung. In: Gedenkstätte Buchenwald (Hrsg.): *Konzentrationslager Buchenwald*, S. 14.

19 Comité International de Dachau / Distel / KZ-Gedenkstätte Dachau (Hrsg.): *Katalog zur Ausstellung*, S. 201.

20 Ebd., S. 202.

Nationalsozialisten durch CIA, MI 6, KGB und das deutsche BKA im Zuge des Kalten Kriegs,[21] geht es vor allem um Kontinuitäten nach 1945: einschlägige Richter und Mediziner etwa, die ihre Ämter wieder ausüben durften.[22] Visuell fallen in dieser auf die TäterInnenperspektive ausgerichteten Ausstellung und Publikation vor allem Aufnahmen der deutschen Lokalbevölkerung auf, die von der US-Armee gezwungen wurde, die Lager nach deren Befreiung zu ‚besichtigen' und die Leichen zu begraben.

Die Opfer:
Individualisiert oder Teil des kollektiven Opfernarrativs

Die Bilder anonymer Leichenberge aus den Tagen nach der Befreiung der Lager waren lange Zeit die dominierende Darstellungsweise von KZ-Opfern. Mittlerweile setzen die meisten mit diesen Verbrechen befassten Museen auf eine individualisierende Darstellung anhand von Biographien, wie dies oben bereits anhand der – für den im Ort der Information vorherrschenden Zugang typischen – Geschichte von Ruschka Grossman aus Łódź angedeutet wurde. In diesem Sinne wird im Katalog von Yad Vashem Eugen Kogon mit den eindringlichen Worten zitiert:

> Wenn du dich mit der Geschichte der Gegenwart beschäftigst, und du drehst und wendest und betrachtest die Stapel von Leichen, halte einen kurzen Moment inne. Stell dir vor, diese Überreste von Fleisch und Knochen seien dein Vater, deine Kinder, deine Frau, jemand, den du geliebt hast. Stelle dir dich selbst vor und die, die dir nahe stehen, denen du in deinem Herzen und in deiner Seele zugeneigt bist, nackt auf diesen Haufen geworfen, gequält, sterbend, ermordet.[23]

Im Gegensatz dazu stehen Narrative, in denen ein Kollektiv, ein Land oder – wie im Falle des vom späteren polnischen Präsidenten Lech Kacziński noch in seiner Funktion als Warschauer Bürgermeister 2004 eröffneten Museums des Warschauer Aufstands – eine Stadt als Opfer dargestellt werden. Über die Zeit nach der Niederschlagung des Aufstands durch die NationalsozialistInnen im September 1944 heißt es:

21 Stiftung Topographie des Terrors (Hrsg.): *Topographie des Terrors*, S. 400–401.
22 Ebd., S. 379.
23 Gutterman / Shalev (Hrsg.): *Zeugnisse des Holocaust*, S. 251.

Abb. 1: Der Abschnitt „Tod der Stadt“ im Museum des Warschauer Aufstands, November 2014.

> The city slowly died. Even the autumn rains and the severe winter that followed could not extinguish the smouldering ruins. The Germans achieved their objective – not only to destroy Polish culture, but also to erase all its traces. The Soviet troops, stationed on the other side of the river, did not take any action to stop the Germans. Once again, the aims of Hitler and Stalin, deadly enemies, turned out to coincide, as far as policy towards Poland was concerned. It was very convenient for the Soviet dictator that the 'bourgeois' elite of the nation be destroyed and no trace of prewar Warsaw remain.[24]

Hier werden „die Stadt“, „Polen“ und die „polnische Kultur“ als das größte Opfer „der Deutschen“ dargestellt. Wie unterscheidet sich nun dieser Rückgriff auf das Kollektiv je nach Land, in dem das jeweilige Museum angesiedelt ist?

24 Lena Dąbkowska-Cichocka / Grzegorz Jasiński / Paweł Ukielski (Hrsg.): *Guidebook to the Warsaw Rising Museum*. Warschau: Muzeum Powstania Warszawskiego 2007, S. 165.

Nationale Spezifika

Im Museumskatalog von Yad Vashem finden sich zwei verschiedene Narrative über das Kriegsende, ein zukunftsgewandtes, das den jüdischen Widerstand, den Kampf der Überlebenden um Auswanderung nach Israel und deren Rolle im neugegründeten israelischen Staat betont, sowie eines über den Schmerz der Überlebenden und die gefühlte Sinnlosigkeit des Weiterlebens. Vor allem im Vorwort der HerausgeberInnen überwiegt der erste Erzählstrang deutlich. Darin geht es um „geistige und soziale Infrastruktur",

> die es den Belagerten ermöglichte, ihre seelischen Kräfte zu sammeln und sich gegen die Nationalsozialisten zu erheben. Nach ihrer Befreiung schlossen sich einige der Überlebenden unmittelbar den Armeen an, die den Krieg gegen das nationalsozialistische Deutschland fortsetzten. [...] Einige von ihnen begannen den entschlossenen Kampf um die Einreise in das britische Mandatsgebiet Palästina, um dort ihre Heimat aufzubauen. Überlebende des Holocaust zählten zu den Kämpfern im Unabhängigkeitskrieg und leisteten einen entscheidenden Beitrag zur jüdischen Ausprägung des Landes. Yad Vashem widmet dieses Buch den Überlebenden und würdigt damit ihre Kraft und ihr Engagement.[25]

Ganz anderes liest man über das Grauen im Kapitel „Rückkehr ins Leben":

> Juden [...] hatten keinen Grund, sich zu freuen. Die wenigen Überlebenden wussten, dass sie keinen Ort hatten, an den sie hätten zurückkehren können. Der Anblick, der die Befreier, die die Lager betraten, schockierte, die tiefen Gruben, angefüllt mit Leichen, waren zu lang ein Teil des Alltagslebens der Gefangenen. Diese starren Leichen waren ihre Eltern, Kinder, Geschwister und Freunde gewesen.[26]

Dem Ansatz der Individualisierung der Erinnerung folgend, wird das Kriegsende aus der Perspektive der Überlebenden geschildert, etwa wenn hier Herta Goldmann zu Wort kommt:

> Und langsam, langsam sagten sie mir, dass sie alle weg sind, du hast niemanden mehr. Ich habe ganz allein überlebt. Die ganze Hoffnung, dass ich eine Familie haben würde, jemanden, zu dem ich zurückkehren könnte, mein ganzes Leben, all diese Jahre hatte ich gebetet, dass ich nicht allein übrig bleiben würde in der Welt. Das war es. Die Hoffnung verschwand und dann kam die Verzweiflung.[27]

25 Gutterman / Shalev (Hrsg.): *Zeugnisse des Holocaust*, S. 8.
26 Ebd., S. 252.
27 Ebd.

Abb. 2: Die historische Ausstellung in Yad Vashem endet mit dem Blick auf Jerusalem, Februar 2014.

Letztere, jüdische Perspektive findet sich mittlerweile auch in Gedenkmuseen außerhalb Israels, doch inwieweit die erstere, die Verknüpfung von Holocaust und Israel, Eingang in die Ausstellungen findet, erweist sich tatsächlich als länderspezifisch unterschiedlich. Neben Yad Vashem findet sich eine positive Bezugnahme auf den Zionismus im gewählten Sample im Museum der Geschichte der polnischen Juden, in dessen Katalog es etwa heißt:

> After the experience of the Holocaust, Zionism seemed more reasonable even to those who had opposed the movement before the war. Left and center Zionists, religious Zionists (Mizrachi) – indeed nearly all Jews – passionately followed developments in Palestine and staked their hopes on the emergence of a Jewish state.[28]

Außerhalb der hier untersuchten Institutionen erfolgt so eine positive Bezugnahme wie selbstverständlich etwa im Ghetto-Museum der Gedenkstätte Theresienstadt oder in US-Museen wie dem Jewish Heritage Museum in New York. Sie findet sich jedoch nicht in den für

28 Kirshenblatt-Gimblett / Polonsky (Hrsg.): *Polin*, S. 365.

Abb. 3: Abschnitt über das Kriegsende im Oscar-Schindler-Museum in Krakau, Juni 2010.

diesen Beitrag analysierten deutschen Katalogen. Ebenso ist es unter deutschsprachigen ExpertInnen üblich, sich in Gesprächen äußerst kritisch darüber zu äußern, dass sich das 2005 eingeweihte Museum zur Geschichte des Holocaust in Yad Vashem am Ende mit Blick auf Jerusalem öffnet; die enge Verknüpfung des Holocaust mit dem Staat Israel wird als unzulässige Instrumentalisierung begriffen. An dieser Stelle stößt die diesen Beitrag bisher durchziehende Gegenüberstellung von individueller Opfererinnerung und kollektivem Opfernarrativ an ihre Grenze. Denn selbstverständlich enthält auch der Zionismus nach 1945 eine kollektive Opfererzählung – die jedoch anders als die anderen ‚nationalen Narrative' unmittelbar auf die historische Realität der Shoah und des Antisemitismus verweist, und damit darauf, was den ‚Zivilisationsbruch' ausmacht. Das Fehlen von etwas, in diesem Fall des Bezugs auf Israel als lebenswichtige Perspektive für unzählige Shoah-Überlebende, lässt sich gemeinhin nur schwer präzise interpretieren, hat jedoch im Falle der deutschen Gedenkmuseen sicherlich mit dem Erbe der NS-Zeit und dem weit verbreiteten Antizionismus in deutschsprachigen Ländern im Allgemeinen und der Linken im Besonderen zu tun.

Mit viel Empathie wird in den Publikationen aus den Gedenkstätten Buchenwald und Dachau vermittelt, dass das Sterben nach der Befreiung der Lager noch lange nicht aufhörte und dass die letzten Überlebenden Dachau etwa erst drei Monate nach der Befreiung verlassen konnten.[29] Beide Institutionen gehen auch auf die Internierungslager für Deutsche nach Kriegsende ein. Doch während hinsichtlich des von der US-Armee ab 1945 verwalteten Dachau betont wird, dass „die Verpflegung der Internierten [...] ab 1946 meist besser als die der Zivilbevölkerung" war, thematisiert die Ausstellung über das sowjetische Internierungslager in Buchenwald die hohe Sterblichkeitsrate explizit als Gegensatz zur Lage in von den Westalliierten betriebenen Lagern. Beide Institutionen setzen sich ferner mit der jahrzehntelang kolportieren Selbstbefreiung der Insassen des jeweiligen Lagers auseinander. Im Falle der Gedenkstätte Buchenwald nimmt Volkhard Knigge in der Einleitung diesen Mythos zum Anlass, um sich ausführlich mit der „politischen Instrumentalisierung der Geschichte des KZ",[30] der kommunistischen Faschismusdeutung unter „systematischer Unterbelichtung"[31] des Massenmords an Jüdinnen, Juden, Sinti und Roma auseinanderzusetzen und um sachlich auf den aktuellen Forschungsstand zu verweisen.

Ebenfalls mit kommunistischen Mythen setzt sich das 2010 als Zweigstelle des Krakauer Historischen Museums eröffnete Museum auf dem Gelände der ehemaligen Fabrik Oscar Schindlers auseinander. Zur Überleitung zu der Zeit nach der NS-Besatzung heißt es: „After 5 years, 4 months and 12 days, the German occupation was over. Kraków was about to enter a new and extremely difficult period in its history." Im folgenden Raum wird dem kommunistischen „Mythos" von der Bewahrung der Stadt durch die Rote Armee die post-sozialistische „Wahrheit" entgegengesetzt:

> The myth: Marschall Ivan Konev planned and executed a special flanking manoeuvre, intended to prevent Kraków from ruin.
> The truth: Kraków was to be captured like any other city, i.e. by a flanking manoeuvre – a frequent tactic of the Red Army during the war.

29 Comité International de Dachau / Distel / KZ-Gedenkstätte Dachau (Hrsg.): *Katalog zur Ausstellung*, S. 25.

30 Gedenkstätte Buchenwald (Hrsg.): *Konzentrationslager Buchenwald*, S. 9.

31 Ebd., S. 10.

> The myth: During the storming of the city, Marshall Ivan Konev prohibited the use of artillery with a view to preserving Krakóws historical objects.
> The truth: Marshall Ivan Konev assigned additional special breakthrough artillery units to the storming operation. The Soviet units storming Kraków were using artillery if necessary. Soviet air force bombed selected objects in the city. If the German resistance had been stiff, the artillery units would have been used.

Man kann wohl davon ausgehen, dass Krakau in der Tat schwerer zerstört worden wäre, wenn die NS-Besatzer nicht kampflos abgezogen wären – bemerkenswert sind jedoch die Emotionalität und die Methoden, mit denen ein 2010 eröffnetes Museum den ‚kommunistischen Mythos' bekämpft.

Handelt es sich bei dieser – auf unterschiedliche Arten geführten – Auseinandersetzung mit der sozialistischen Geschichtsschreibung und Gedenkkultur also um eine post-sozialistische Spezifik, die allen untersuchten Museen dieser Gruppe gemein ist? Ein Blick in die Publikation zum 70. Jahrestag des Bestehens der Gedenkstätte Majdanek in Lublin zeigt etwas anderes. Darin wird die Instrumentalisierung der Geschichte vor 1989 nur mit einem Satz erwähnt: „For a long time, the political situation in the country and the exploitation of the history of the place for propaganda purposes had a major influence on its work." Sofort schließt jedoch ein die Kontinuität des Opfergedenkens betonender Satz an: „The Museum continues to face numerous challenges, but its mission of cultivating the remembrance of the place and the people who suffered there remains unchanged after 70 years."[32]

Während in Buchenwald der Geschichte der Gedenkstätte und den unterschiedlichsten Ausstellungsnarrativen seit ihrer Gründung eine eigene Ausstellung gewidmet ist, erweist sich Majdanek als keine ‚postsozialistische' Gedenkstätte in diesem Sinne.[33]

32 Danuta Olesiuk / Anna Wójcik (Hrsg.): *70 Years of the State Museum at Majdanek*. Lublin: Państwowe Muzeum na Majdanku 2014, S. 87.

33 Eine Publikation von 2002 erwähnt ferner ohne jeglichen Kontext, dass noch während der Kämpfe um Lublin „sowjetische Invaliden in stalinistische Lager des Gulag gebracht" wurden und dass ein Teil des Lagers vom „NKWD besetzt und Mitte August in ein Internierungslager für Polen umgewandelt [wurde]. Es wurden hier Offiziere und Fähnriche der Landesarmee AK und der Bauernbataillone gefangen gehalten, die zu Gegnern der neuen politischen Wirklichkeit erklärt worden waren." (Anna Wiśniewska / Czesław Rajca: *Majdanek. Das Lubliner Konzentrationslager*. Lublin: Petit 2002, S. 62–63.)

Abb. 4: Ausstellung zur Geschichte der Gedenkstätte Buchenwald, Juli 2015.

Für viele post-sozialistische Museen typisch[34] ist hingegen die Gleichsetzung der Opfer von NS und Kommunismus, wie sie sich im Schindler-Museum findet:

> The door of a freight car symbolizes on the one hand the post-war returns of the people of Kraków: concentration camp inmates, exiles, and forced labour, while on the other it is harbinger of the transports sent by Communist authorities from Kraków to Siberia, and composed of soldiers of the Home Army, *Volksdeutsche*, and German prisoners of war mixed together.[35]

34 Vgl. Ljiljana Radonić: Postsozialistische Gedenkmuseen zwischen Opfernarrativen und der ‚Europäisierung der Erinnerung'. In: *Jahrbuch für Politik und Geschichte* 5 (2014), S. 85–106.

35 Anna Marszałek / Monika Bednarek (Hrsg.): *Oscar Schindler's Enamel Factory. Guidebook*. Krakau: Muzeum Historyczne Miasta Krakowa 2010, S. 39–40.

Ein und derselbe Güterwaggon steht hier also sowohl für die Shoah-Überlebenden und andere NS-Opfer als auch für SoldatInnen der polnischen Heimatarmee und Deutsche. Im Sinne der Totalitarismustheorie werden sie hier alle als Opfer von Diktaturen eingemeindet. Auch im Museum des Warschauer Aufstands scheint es wichtig, Worte für die Verfolgung von PolInnen zu verwenden, die gemeinhin mit der Verfolgung von Jüdinnen und Juden assoziiert werden:

> The mass exodus of the civilian population of Warsaw took place during the first few days of October 1944. The Germans directed them to the so-called transit camps. [...] A stay in the camp did not usually last longer than a week. During that time the Germans carried out a 'selection' procedure, which decided the fate of the detainees – deportation to the territory of the General Government or to the Third Reich to forced labour, and in the worst case scenario – to concentration camps.[36]

Dem „Exodus" folgte also eine „Selektion" – das unermessliche Leiden von Hundertausenden PolInnen scheint hier in einem Wettbewerb darum zu stehen, als genauso grausam anerkannt zu werden wie der Holocaust – im Zuge dessen jedoch nach der ‚Selektion' auf der Rampe des Vernichtungslagers unmittelbar die Vergasung folgte.

Die bereits zu Beginn zitierte „kämpfende Stadt", ‚unsere' Opfer stehen also eindeutig im Vordergrund dieses Aufstandsmuseums, wobei die Zivilbevölkerung als quasi ‚naturgemäß' bedingungslose Unterstützerin des Aufstands dargestellt wird. Es wird aber auch ganz konkret auf die wenig bekannte Verfolgung der ehemaligen Aufständischen in der Volksrepublik Polen eingegangen, nach 1945 betrachtet als „‚the spit-drenched dwarves of reaction' and enemies of the ‚people's homeland'. The fact that they had fought for Poland and for Warsaw, and had been ready to sacrifice their lives, was now considered a crime."[37] In der Formulierung, sie hätten „für Polen und für Warschau" gekämpft – nicht etwa gegen die NS-Barbarei oder für die Demokratie[38] –, zeigt sich die Ausrichtung des Museums auf nationale Opfernarrative. Man erfährt aber eben auch von der sozialistischen Scheinjustiz – 16 Anführer des früheren polnischen Untergrundstaats wurden in einem Schauprozess vor Gericht gestellt – und in einzelnen individualisierenden Teilen der Ausstellung von den genauen Schicksalen der Aufständischen:

36 Dąbkowska-Cichocka / Jasiński / Ukielski (Hrsg.): *Guidebook to the Warsaw Rising Museum*, S. 168.

37 Ebd., S. 176.

38 Vgl. Karol Sauerland: *Polen und Juden. Jedwabne und die Folgen*. Wien: Philo 2004, S. 85–86.

> LT. JAN RODOWICZ, pseudonym ANODA
> [...] In 1943 appointed vice commander of the IIIrd platoon of the 1st company of the "Zośka" Battalion. [...] In the Rising he fought in Wola. Seriously wounded on August 9 [...]. On August 31 he passed through the sewers from the Old Town to the City Center. Then he fought in Czerniaków. On the night of September 17 evacuated to the right bank of Wista. On September 19, 1945 he surrendered himself to the Home Army Liquidation Committee. He studied architecture. The Security Service [UB] arrested him, as a first "Zośka" soldier, on December 24, 1948. On January 7, 1949 tortured to death during inquiry. The Prosecution Office and UB published information about his suicide.[39]

Mehrere solcher Kurzbiographien ermöglichen Empathie mit den Verfolgten – der durch die Ausstellung ausgelösten Überwältigung und Kritik in vielerlei Hinsicht zum Trotz.
In eine völlig andere Kerbe schlägt die andere große, neue Warschauer Institution. 2014 wurde die ständige Ausstellung im Museum für die Geschichte der polnischen Juden POLIN gegenüber dem 1948 eingeweihten Denkmal für die Ghettokämpfer eröffnet, also an dem Ort, an dem im April 1943 der Warschauer Ghettoaufstand ausbrach. Als einziges der hier untersuchten Museen durchbricht es das zu Beginn vorgestellte, weit verbreitete Narrativ von den polnischen Jüdinnen und Juden, die nach dem Krieg mehrheitlich das Land verließen:

> By the war's end, 90 percent of Poland's Jews had perished. Of the almost 3.3 million Jews living in Poland in 1939, about 300.000 survived, most of them in the Soviet Union. But this is not the end of the story. The main question for those who survived and were in Poland after the war was whether to stay or to leave. The two options confront each other on opposing walls that line the Postwar Years gallery. Most Jews in Poland eventually left. [...] However, the biggest surprise for many visitors may well be the story of those who stayed, not only those who identified themselves as Jews, but also those who did not, during the 70 years of Poland's tumultuous postwar history.[40]

Das Museum vermittelt die Bandbreite der Einstellungen von Überlebenden:

> Others left because they claimed Poland was the land of the graves of their loved ones. I felt otherwise. Since Poland is where the graves of my loved ones are, it is my land, and that's why I never wanted to leave it.[41]

Das soll jedoch nicht heißen, dass die Situation in Nachkriegspolen in der Ausstellung verharmlost wird – im Gegenteil, der Antisemitismus

39 Ebd., S. 178.
40 Kirshenblatt-Gimblett / Polonsky (Hrsg.): *Polin*, S. 29–30.
41 Ebd., S. 353.

Abb. 5: Abschnitt über jüdisches Leben nach 1945 im Museum zur Geschichte der Polnischen Juden, November 2014.

im Allgemeinen und die Identifikation von Juden mit Kommunisten werden genau beleuchtet:

> Dispersed units of the anti-communist underground attacked not only officials of the government apparatus, but also Jews, whom they considered 'Commie Jews', based on a common perception dating back to the early twentieth century. In addition, Jews wanting to return to their hometowns looked to the new authorities, and initially to the Soviet army, as their only guarantee of safety. This, too, contributed to the identification of Jews and communism, as did the prominence of individuals of Jewish origin in the highest echelons of the communist regime. Countless leaflets identified Jews with the communists.[42]

Als jüdisches Museum[43] identifiziert die Einrichtung diese Gleichsetzung als Problem und bemüht sich in Folge darum, in einem

42 Kirshenblatt-Gimblett / Polonsky (Hrsg.): *Polin*, S. 361.

43 Die Ausstellung wurde vom Jüdischen Historischen Institut finanziert, das Gebäude hingegen vom polnischen Staat und der Stadt Warschau. Dies hatte zur Folge, dass die Ausstellung dem polnischen Präsidenten präsentiert sowie den Forderungen der Ausstellungsrezensenten angepasst wurde. Letztere verlangten etwa, dass im Nachkriegsteil der prozentuale Anteil von Juden im Machtapparat des neuen Systems

post-sozialistischen Land, in dem 1944/45 vielfach nicht als Befreiung, sondern als neue Besatzung erlebt wird, zu erklären, warum sich die Lage für Jüdinnen und Juden anders darstellte:

> Those Jews who stayed in Poland were hopeful that communism would deliver a more just society and bring an end to antisemitism. On 22 July, 1944, the Polish Committee of National Liberation, Poland's new Soviet-imposed government, proclaimed its manifesto in Lublin: 'We guarantee that Jews, who were being exterminated by the occupier in a bestial fashion, will be able to rebuild their lives, and will have full equality, in law and in fact.' For Jews, these were words of hope and reason for Jewish organizations to support the new regime.[44]

POLIN ist dasjenige Museum im ausgewählten Sample, das dem Kriegsende und der unmittelbaren Nachkriegszeit bei weitem den meisten Raum einräumt und dem nicht zuletzt deshalb ein differenziertes Bild gelingt.

Fazit

Kommen wir zur Ausgangsfrage zurück, ob sich sinnvoll von einer deutschen, israelischen oder polnischen Perspektive in Bezug auf Gedenkmuseen sprechen lässt. Der Prominenz der Gedenkstätte Buchenwald in der deutschen Erinnerungslandschaft zum Trotz gibt der Katalog zur Dauerausstellung nicht die ‚deutsche' Sicht auf die Befreiung in dem Sinne wieder, dass er als Spiegel der deutschen Debatten über die Vergangenheit verstanden werden kann. Denn es sind vor allem die Überlebenden und die Alliierten, die in dem Kapitel über die Befreiung zu Wort kommen.

Die jüdische Perspektive ist mittlerweile in vielen Ausstellungen vertreten, also keinesfalls auf israelische und jüdische Museen beschränkt. Auch der für Yad Vashem zentrale positive Bezug auf den Zionismus findet sich in post-sozialistischen Gedenkmuseen wieder, nicht jedoch im deutschsprachigen Kontext. Es handelt sich dabei insofern um ein Spezifikum der Nachfolgegesellschaften des ‚Dritten Reiches'.

Dort wird aber sehr wohl das deutsche Narrativ zum Gegenstand einer kritischen diachronen Analyse, *über* das das Museum spricht. Die

gezeigt werde. Vgl. Helena Datner o MHŻP [Helena Datner über POLIN], 29.12.2014. http://www.jewish.org.pl/index.php/pl/opinie-komentarze-mainmenu-62/6803-helena-datner-o-mhp.html (Zugriff am 26.04.2016). Ich danke Katrin Stoll für diesen Hinweis.

44 Ebd.

Buchenwald-Ausstellung über das Internierungslager ist sehr ausführlich, steht aber schon alleine räumlich nicht in Konkurrenz zu den Opfernarrativen aus der KZ-Zeit. Im Rahmen dieser Ausstellung wird sachlich konstatiert, dass die meisten Inhaftierten auf die eine oder andere Weise Mitverantwortung für die NS-Verbrechen trugen, aber auch, dass die Sterblichkeitsrate im sowjetischen Internierungslager sehr hoch war und bei einer erheblichen Zahl an Inhaftierten nicht klar sei, aus welchen Gründen sie dorthin gekommen seien. Im Gegensatz zu den öffentlichen Debatten scheint es sich hier im Museum um eine (gesamtdeutsche) ‚kalte' Erinnerung zu handeln, eine, die durch Distanz, Reflexion und Sachlichkeit gekennzeichnet ist und bei der Emotionen und Schilderungen der Barbarei den ZeitzeugInnenberichten vorbehalten sind.

Ganz anders verhält es sich mit der ‚heißen' Erinnerung an die sozialistische Ära in den post-sozialistischen Ländern, die explizit die neue „Wahrheit" dem alten „Mythos" entgegensetzen – wobei auch dieses Bild durch die ausdifferenzierte Museumslandschaft in Polen relativiert wird und sich bei der Analyse eine Pluralität im Umgang mit der Vergangenheit zeigt, die man etwa im heutigen Ungarn vergeblich sucht. Es wird sich zeigen, inwieweit Jaroslaw Kaczyński und seine Partei Recht und Gerechtigkeit sich nach der Erlangung der absoluten Mehrheit bei den Wahlen im Oktober 2015 an Viktor Orbán ein Vorbild nehmen und an die autoritäre „Geschichtspolitik"[45] der polnischen „Vierten Republik" 2005–2007 anschließen werden.

45 Katrin Steffen: Ambivalenzen des affirmativen Patriotismus. Geschichtspolitik in Polen. In: *Osteuropa* 11–12 (2006), S. 219–233.

Was wir feiern sollen und woran sich erinnert wird

Erinnerungspolitik und Erinnerungskultur in Russland am Beispiel der Ritualisierung des Siegestages und der Entwicklung von Kriegsdenkmälern

Tatiana Timofeeva

In Russland feierte man am 9. Mai 2015 mit Pomp, Stolz und auch Trauer das 70. Jubiläum des Sieges im ‚Großen Vaterländischen Krieg'. Zwei Jahre zuvor hatte Wladimir Putin einen speziellen Erlass zu diesem Jubiläum herausgegeben, 2014 die Regierung das durchzuführende Programm bewilligt. Pünktlich um 10 Uhr am 9. Mai fand in Moskau die größte Militärparade der Nachkriegszeit statt und um 22 Uhr beobachteten die Einwohner von Moskau, Sankt Petersburg und anderen Großstädten den pompösen festlichen Salut. Der Gedanke, dass diese Art, den Tag zu begehen, statt Einigkeit mit Europa eine noch weitere Entfremdung zur Folge haben könnte, schien den Menschen dabei entweder überhaupt nicht in den Kopf zu kommen oder sie nicht zu stören, im Gegenteil, sie eher mit noch mehr Stolz zu erfüllen. Im Folgenden soll der Frage nachgegangen werden, was man in Russland am „Tag des Sieges" offiziell feiern wollte und woran sich die Menschen dabei heute erinnern.

Die Verordnung des Präsidiums des Obersten Sowjets der UdSSR, die den 9. Mai zum staatlichen Feiertag mit der Bezeichnung ‚Tag des Sieges' erklärte, wurde von dem zu dieser Zeit berühmten Radiomoderator Jurij Lewitan am 9. Mai 1945 um 6 Uhr vorgelesen. Ein arbeitsfreier Tag blieb dieses Datum jedoch nur in den ersten drei Nachkriegsjahren. 1948 wurde der 9. Mai unter dem Vorwand der „Anforderungen des schnellen Wiederaufbaus der Volkswirtschaft" wieder ein Arbeitstag. Dies blieb er bis zum 20. Jubiläum im Jahr 1965, dann wurden an diesem neuerlichen offiziellen Feiertag, in einer Zeit des Generationswechsels, auch wieder Siegesparaden, Massendemonstrationen, Feuerwerke und Veteranenehrungen eingeführt. Diese sowjetische Tradition wurde mit dem Zerfall des Landes 1992 für kurze Zeit unterbrochen, 1995 aber erneut aufgenommen. Seit 2008 rollen wieder Panzer über den Roten Platz in Moskau. Im Jahr 2015 wollten 91 % (im Vergleich zu 83 % im Jahre 2010) der russischen Bürger und Bürgerinnen die Militärparade im Fernsehen ansehen, zumeist mit der ganzen Familie inklusive der Kinder; 18 % beabsichtigten, an den Paraden und Massendemonstrationen persönlich teilzunehmen und auf diese Weise die Tradition zu unterstützen.[1] Um das Gefühl von Macht zu begreifen, das dieses alljährliche Ereignis den Menschen aus ihrer Geschichte heraus verspricht, sollte man sich zunächst die von Wladimir Putin am Roten Platz verkündete Interpretation vergegenwärtigen: „Der 9. Mai ist ein Tag des Triumphes, des Stolzes unseres Volkes, der Tag der höchsten Ehre der Generation der Sieger".[2] Nach offiziellen Angaben unterstützten im November 2015 mehr als 80 % der Bevölkerung Russlands Putin bedingungslos.[3]

Der zitierte Satz könnte auch von Nikita Chruschtschow oder Leonid Breschnew stammen. Mit derartigen Worten, Sichtweisen und Positionen wuchsen ausnahmslos alle Nachkriegsgenerationen in der UdSSR bzw. in Russland auf. Ich möchte hier keinesfalls die Bedeutung des Kriegs in Frage stellen. Es scheint aber, dass die Gesellschaft nicht gewillt ist, eine Betrachtung zuzulassen, die differenzierter als Putins Diktum ist. „Lasst uns unseren größten Sieg aller Zeiten feiern", schien

1 Opros rossijskich grashdan w 46 regionach Rossii w aprele 2015 [Befragung der Bürger in 46 Regionen Russlands im April 2015]. http://ria.ru/victory70/20150423/1060406154.html (Zugriff am 12.05.2015).

2 Is priwetstwennoj retschi Putina 9 Maja 2015 na Krasnoj Ploschtschadi w Moskwe [Aus Putins Begrüßungsrede am 9. Mai 2015 auf dem Roten Platz, Moskau]. http://izvestia.ru/news/570560 (Zugriff am 12.05.2015).

3 Odobrenie dejatelnosti Putina [Anerkennung von Putins Tätigkeit]. http://www.levada.ru/ (Zugriff am 18.11.2015).

2015 die öffentliche Meinung zu lauten. Der Zweite Weltkrieg ist für russische Bürger und Bürgerinnen als der ‚Große Vaterländische Krieg' definiert worden und zahlreichen Umfragen zufolge das wichtigste Ereignis des 20. Jahrhunderts. Er führte – unter nahezu unvorstellbaren Opfern auf sowjetischer Seite – zum größten Sieg nicht nur in der Geschichte des Landes, sondern weltweit. Nach einer offiziellen Befragung des Gesamtrussischen Zentrums für Untersuchungen der öffentlichen Meinung (WCIOM) in 42 Regionen Russlands wussten 2010 nur 22 % der Befragten, dass der Zweite Weltkrieg bereits 1939 angefangen hatte. 58 % behaupteten, dies sei erst im Jahr 1941 geschehen, 5 % nannten gänzlich andere Daten. Weitere 8 % konnten die Frage gar nicht beantworten.[4] 88 % wussten, dass Adolf Hitler den Krieg begonnen hatte, etwa 4 % nannten die Sowjetunion als Urheberin.

Der ‚Große Vaterländische Krieg' ist ein Symbol für die gesamte russische Bevölkerung, heute vielleicht das einzige, mit Sicherheit aber das wichtigste für die nationale Integration. Damit wird die Deutung des Kriegs zu einer pseudo-sakralen ‚Treueprobe' in der Frage des nationalen Bewusstseins, der nationalen Identität und der nationalen Einheit. Der Sieg als Grundlage der kollektiven Selbstbehauptung wurde einerseits von der Politik gezielt vorgegeben, andererseits aber von der Bevölkerung freiwillig angenommen bzw. eingefordert. Im Jahr 2000 waren 78 % der Meinung, der Krieg und der Sieg seien die wichtigsten Ereignisse in der Geschichte Russlands im 20. Jahrhundert gewesen. In den letzten Jahren steigerte sich diese Zahl bis zu 87 %.[5] Solche Deutungen der Vergangenheit sind für die Staatsmacht von großer Bedeutung. Sie nutzt sie in hohem Maße zu einer Einigung des heutigen Russlands, indem sie den Verweis auf Geduld und Opferbereitschaft als einen ständigen Mobilisierungsfaktor benutzt und als Verhaltensmuster für alle Zeiten ausgibt. Dahinter steht die Absicht, eine bedingungslose Unterstützung der Außen- und Militärpolitik der Regierung zu erreichen. Die Notwendigkeit solcher Unterstützung seitens der Bevölkerung hat sich in den letzten Jahren der Geschichte des „auferstandenen Russlands" verstärkt. Zur Verdeutlichung dieser Entwicklung sei noch einmal die Statistik bemüht: 68,5 % der Befragten waren 2010 der

4 WCIOM. Presswypusk № 1483 [WCIOM. Pressemitteilung Nr. 1483]. http://wciom.ru/index.php?id=236&uid=13446 (Zugriff am 23.04.2015).

5 Ebd.

Meinung, dass „es sich lohnte, so einen schweren Preis für den Sieg zu bezahlen". 67 % behaupteten, die UdSSR konnte alleine im Krieg siegen, 93 % denken, dass die Welt ohne die Sowjetunion Hitler nicht hätte besiegen können; nur 8 % meinten, der 8./9. Mai sei ein internationaler Feiertag, 57 % forderten, er solle national bleiben.[6]

„Die UdSSR hat mit dem Sieg über den unmenschlichen deutschen Faschismus die europäischen Völker erneut vor der drohenden Vernichtung verteidigt"[7] – diese Aussage Putins war am 9. Mai 2015 eine der Hauptlosungen, die die eigene Bevölkerung und die ganze Welt von der ewigen Missionsrolle Russlands überzeugen sollte. Anders als bei der Abwehr der Hunnen oder der Tartaren, zwei ebenfalls im kollektiven Gedächtnis verankerte militärische Heldentaten Russlands, auf die Putin sich mit der Formulierung „erneut" wohl bezieht, kam die Vernichtungsdrohung in diesem Fall aus dem Westen. Damit gilt dieser Sieg in russisch-nationaler Lesart nicht als der Sieg über den unmenschlichen Faschismus allein, sondern als ein Sieg über den gesamten Westen. Viele Menschen in Russland sind in erster Linie stolz darauf, dass ihr Land die enorme Kriegslast über lange Zeit allein getragen hatte, erst an zweiter Stelle, und auch nicht bei allen, ist das Gefühl des Stolzes darauf ausgerichtet, ein Teil der westlichen Anti-Hitlerkoalition gewesen zu sein.

Die Mehrheit der russischen Bürger und Bürgerinnen (70 %) ist außerdem ohne Einschränkung davon überzeugt, die Rote Armee habe die Bevölkerung Osteuropas von der fremden Besatzung befreit und ihnen die Möglichkeit zu leben und zu einer freien Entwicklung gegeben. Nur 9 % stimmten der Aussage zu, dass die UdSSR dort kommunistische Regime gewaltsam durchgesetzt habe. In Moskau und Sankt Petersburg lag dieser Wert bei 16 %.[8] Die scharfen Proteste, die russische Politiker gegen einen Vergleich des Stalinismus mit dem Nationalsozialismus äußern, wirken wie Bannsprüche.[9] Die ewige Heldentat

6 Lewada-Zentr. Presswypusk 01.04.2010 [Levada-Zentrum. Pressemitteilung am 01.04.2010]. http://www.levada.ru/press/2010040102.html (Zugriff am 23.04.2015).

7 Aus Putins Begrüßungsrede am 9. Mai 2015 auf dem Roten Platz, Moskau.

8 Lewada-Zentr. Presswypusk 01.04.2010 [Levada-Zentrum. Pressemitteilung am 01.04.2010]. http://www.levada.ru/press/2010040102.html (Zugriff am 23.04.2015).

9 Parlamentskaja assambleja OBSE urawnjala w resoluzii SSSR i faschistskuju Germaniju [Die parlamentarische Versammlung der OSZE hat in einer Resolution die UdSSR mit dem faschistischen Deutschland gleichgestellt]. http://www.newsru.com/world/03jul2009/rezoluciapaobse.html (Zugriff am 25.05.2016).

Russlands sei in ihrer Weltsicht immer von Verfälschung und Unverständnis bedroht: Jedes Jahr wiederholen sich die Versuche der Volksdeputierten, die Leugnung oder Verfälschung des Sieges der UdSSR im ‚Großen Vaterländischen Krieg' als Straftatbestand einzuführen[10].
Zu Anfang des neuen Millenniums schien es noch, als sei eine Veränderung des nationalen Narrativs zu spüren. Das lebendige Gedenken der Familiengeschichte und die neu aufgegriffenen internationalen Traditionen des Gedenkens, in denen die Trauer und die Opfer im Vordergrund stehen, machten den menschlichen Preis des Kriegs deutlich, den Schrecken und die beschwerlichen Seiten seines Alltags. Dabei vollzog sich teilweise ein Wandel der Festpraxis des 9. Mai von der nationalen Siegesfeier zu einer Möglichkeit der Trauer, die dabei auch die internationale Dimension des Ereignisses beachtete. Der Diskurs der nationalen Einmaligkeit und Monopolisierung des Kriegs schien sich behutsam zu verändern. Im Jahr 2014, gekennzeichnet durch die sogenannte Krim-Wiedervereinigung, versiegten diese Tendenzen allerdings nachhaltig, und zwar sowohl auf der Ebene der Staatspolitik als auch im Bewusstsein der Menschen. Die russische Gesellschaft hat den Krieg, der drei Generationen zurückliegt, immer noch nicht historisiert. Stattdessen dient er erneut als Interpretationsfolie für die aktuelle politische Lage: Wieder erscheint Russland als von Nachbarn eingekesselt, nicht respektiert und in seiner Stärke unterschätzt. Mit diesen Deutungen sollen und werden die Bevölkerung mobilisiert und patriotische Gefühle geweckt. Wer an dieser Sicht zweifelt oder sie ablehnt, wird dieser Logik folgend als ein Landesverräter wahrgenommen. Derzeit feiern Ost und West den gemeinsamen Sieg gegen den Nationalsozialismus getrennt. In Russland bedeutet dieser Tag offiziell weiterhin ausschließlich den Sieg. Wenn die Trauer um die Opfer berücksichtigt wird, dann in erster Linie in Bezug auf die eigenen Opfer und nicht auf die gemeinsamen.
Eine besondere Rolle in der Herausbildung des historischen Gedenkens spielen Kriegsgedenkstätten und -denkmäler. Seit Mitte der 1940er Jahre, fast noch im Krieg, wurden in Städten und Dörfern einfache

10 Siehe z.B. die Materialien in *Rossijskaja Gaseta*, die offizielle Parlamentszeitung Russlands: Pobediteli sudjat. Sa diskreditaziju Rossii wwedut ugolownuju otwetstwennost' [Die Sieger werden Gericht halten. Für die Diskreditierung Russlands wird eine Gerichtsstrafe eingeführt]. http://rg.ru/2009/02/26/shoigy.html (Zugriff am 25.05.2016).

Abb. 1: Ein typisches Dorfdenkmal mit den Namen der gefallenen Nachbarn, Mai 2009.

und kostengünstige Stelen-Kenotaphe mit den Namen der Gefallenen errichtet. Sie waren pyramidenförmig oder rechteckig, mit einem roten Stern an der Spitze und wurden am Rand des örtlichen Friedhofs oder im Zentrum in der Nähe des Kulturhauses platziert. Oft haben sogar die ärmsten Einwohner und Einwohnerinnen dafür Geld gespendet, da sie die Gefallenen aus der Nachbarschaft persönlich kannten. In den Städten und größeren Siedlungen wurde Anfang der 1950er Jahre gewöhnlich eine Soldatenfigur mit einem Gewehr und Umhang und/oder eine Frauenfigur aufgestellt. Die Skulpturen sollten eine tiefe Trauer zum Ausdruck bringen. Alle Mitglieder der Gesellschaft konnten sich unmittelbar an den Krieg erinnern und verbanden ihn viel mehr mit Tränen als mit Stolz.

In den 1960er Jahren setzte ein Generationswechsel ein. An die Stelle der Kriegsteilnehmer traten Jüngere, die den Krieg zwar auch erlebt hatten, aber als Kinder oder Jugendliche. Im Mittelpunkt der Erinnerung standen nun an Stelle der beteiligten Menschen die Ereignisse. Eine Ausnahme bildeten dabei nur bedeutende Feldherren, denen

Abb. 2
Denkmal in der Siedlung Kljasma, nahe Moskau, Februar 2013.

weiterhin namentlich gedacht wurde. Der Krieg wurde seitdem als schwerer, aber ununterbrochener Weg zum Sieg dargestellt.
Gefühle des Sieges nahmen zudem eine wichtige Funktion vor dem Hintergrund des Kalten Kriegs ein und wurden dabei zum dominierenden, allgemein akzeptierten Deutungsmuster. Jeder sowjetische Soldat wurde in der offiziellen Ideologie zu einem Kämpfer für den Weltfrieden erklärt. In dieser Lesart mussten die Soldaten nahezu ausnahmslos moralisch und heldenhaft sein. Schrittweise transformierte sich die Erinnerung an die unmittelbare schwere Kriegserfahrung und wurde in der Folge zweifellos mythologisiert. Ende der 1950er/Anfang der 1960er Jahre begann man dann, monumentale Denkmäler zu erbauen. Bei ihnen handelte es sich um massive graue Betonkonstruktionen mit architektonischen Elementen wie Stelen, drei- oder rechteckigen Granitblöcken und figürlichen Skulpturen. Letztere stellten dieselben Soldaten und Frauen dar wie die Denkmäler der vorangegangenen Dekade, nur waren sie nun von gigantischer Gestalt. Sogar in kleineren Siedlungen und Dörfern erbaute man großzügige, repräsentative Komplexe, in strategisch wichtigen Städten des Kriegs entstanden

Abb. 3: Mutter Heimat in Wolgograd (Stalingrad), o. D.

monumentale Anlagen. Seit Mitte der 1960er Jahre gibt es derartige Memorials unter anderem in Leningrad (heute St. Petersburg), Wolgograd, Brest, und Dubossekowo bei Moskau. In dieser Zeit wurde zudem die als besonders bedeutungsvoll und heilig angesehene ‚Ewige Flamme' zum festen Bestandteil der Kompositionen (beispielsweise 1967, am Grab der Unbekannten Soldaten in der Nähe des Kreml). Parallel dazu bildete sich die offizielle sowjetische Sinngebung des ‚Großen Vaterländischen Kriegs' und des Sieges heraus, die bestimmte Rituale, Symbole, Interpretationen und Tradierungsweisen umfasste. Die offizielle Erinnerungspolitik beinhaltete verschiedene Motive, die immer wieder aufgerufen wurden. Sehr wichtig waren die Rechtfertigung der Massenopfer und das Postulat der Heiligkeit des Sieges, vor allem im Zusammenhang mit der weiteren friedlichen Entwicklung der ganzen Welt, die dadurch erst ermöglicht würde. Der sowjetische Soldat wurde zu einer Art übermenschlichen Idealfigur – ein uneigennütziger Befreier, der den Frieden und die Kinder über alles liebt, aber im Krieg gerecht und machtvoll ist. Diese quasi-religiöse Überhöhung verband Massenheroismus, Opferbereitschaft und die Idee eines gerechten Sieges zu

Abb. 4: Ewige Flamme am Grab der Unbekannten Soldaten in der Nähe des Kreml, Mai 2009.

einer sowjetischen Ideologie, die bis in die 1980er Jahre das konstante politische und gesellschaftliche Narrativ blieb.[11]

In der Zeit der ‚Perestrojka' in den 1990er Jahren begann eine Phase, in der einerseits neue Denkmäler errichtet wurden, während andererseits die bestehenden zu verfallen drohten. Trotz aller Bemühungen der Staatsmacht verloren die Kriegserinnerungen angesichts der politischen Wende an Emotionalität und an Nähe: Sie wurden entweder allgemein ruhmreich und unpersönlich oder zu rational und kritisch. Während der ‚Perestrojka' hatte der Staat kaum finanzielle Mittel – und die Bevölkerung noch weniger. So blieben die Denkmäler, genauso wie vieles andere, in einem maroden Zustand und kaum jemand, mit Ausnahme der Veteranen, war darüber besorgt.

Mitte der 1990er Jahre begann langsam die russische „Auferstehung" und dies zeigte sich auch in der Erinnerungspolitik. Eine Tendenz zur wiederaufgenommenen Verehrung „des ewigen Sieges des sowjetischen Volkes" und damit der Fortsetzung der patriotischen Erziehung

11 Geroi Welikoj Otetschestwennoj Wojny [Die Helden des Großen Vaterländischen Kriegs]. http://www.otvoyna.ru/geroy.htm (Zugriff am 25.05.2016).

Abb. 5
Denkmal für die ausgebombte Zivilbevölkerung in Wolgograd (Stalingrad), September 2010.

zeichnete sich ab. Die neuen Denkmäler wurden dabei nicht nur kleiner im Maßstab, sondern näherten sich auch in der Gestaltung realen Personen an: Sie bekamen ein menschliches Antlitz. Daneben erhielten Denkmäler, die 20 Jahre früher errichtet worden waren, neue Elemente. Hier sieht man deutlich den Kampf gegen Standard oder Statik. Es entstanden neue Figuren von Müttern mit Kindern oder Soldaten, in dynamischen Posen. So werden beispielsweise sterbende Soldaten in der Schlacht gezeigt – voller Expression, Schmerz, Dramatik und Hass. Sie sind nicht mehr monumental und unbeweglich wie früher. Man errichtete sogar Denkmäler für die Zivilbevölkerung und Motive wie Mutter und Kind wurden wieder aufgenommen.

Seit Mitte der 1990er Jahre wurden sowohl in der Presse als auch von Seiten der Geschichtswissenschaft in Bezug auf den Krieg neue Fragen gestellt, zum Beispiel nach den Kriegskosten, den Verlusten der anderen Kriegsteilnehmern, sogar nach den Feinden.[12] Neu schien weiten

12 Na Kurskoj duge otkryli kladbischtsche nemezkich soldat [In Kurskaja Duga wurde ein Friedhof der deutschen Wehrmachtsoldaten eröffnet]. http://www.sgvavia.ru/forum/206-2486-1 (Zugriff am 25.05.2016).

Abb. 6: Denkmal für alle Gefallenen, Poklonnaja-Hügel (Moskau), o. D.

Teilen der russischen Gesellschaft die Tatsache zu sein, dass in Russland auch Friedhöfe für deutsche Soldaten existieren, die gepflegt werden müssen. Dagegen gab es zunächst in der Öffentlichkeit Widerstände und Diskussionen darüber, ob unter den Toten nicht auch SS-Leute seien, die Massenmörder waren.[13] Besonders für die Veteranen war es schwierig, sich um Versöhnung zu bemühen. Dafür aber wurden erste Treffen noch lebender Kriegsteilnehmer beider Seiten organisiert und von deutscher Seite finanziert.[14] Es entstand schrittweise eine Bereitschaft zur Offenheit, Teile der russischen Gesellschaft wollten zu dieser Zeit die komplizierte Vergangenheit einer differenzierteren Bewertung unterziehen. Sogar gewöhnliche Bürger, nicht nur Wissenschaftler, schrieben Leserbriefe und diskutierten in den Familien, was in der bisherigen offiziellen Kriegsdarstellung stimme und was nicht. Eine breite

13 Samoe krupnoe kladbischtsche nemezkich soldat w Rossii [Der größte Friedhof von deutschen Soldaten in Russland]. http://fishki.net/1266939-samoe-krupnoe-kladbiwe-dlja-nemeckih-soldat-v-rossii.html (Zugriff am 25.05.2016).

14 Z. B. noch 2006. Siehe: Wstretscha na Sejme [Treffen an der Sejm]. http://rg.ru/2006/06/29/veterany.html (Zugriff am 25.05.2016).

Diskussion entstand nach dem Erscheinen der Bücher von Viktor Suworow (*Der Eisbrecher* u. a., erste Ausgabe auf Russisch 1987; siehe auch die Bücher von Mark Solonin[15]), in denen er behauptete, dass Stalin eine Präventivoffensive gegen Hitler vorbereitet habe. Auch die künstlerischen Ausdrucksweisen im Memorialbau veränderten sich erneut, die Kompositionen wurden vielfältiger, das sinngebende Zentrum, das früher obligatorisch war, existierte nicht mehr. Ausdruck dieser Tendenzen sind die zentrale Gedenkstätte und der Siegespark in Moskau auf dem Poklonnaja-Hügel, die 1995 eröffnet wurden. Zu der Gedenkstätte gehören das Denkmal des Sieges, 142 Meter hoch, und das Zentralmuseum des Großen Vaterländischen Kriegs. Das Gelände des Parks umfasst eine Fläche von 132 Hektar, auf der sich zudem die Heiliger-Georgij-Siegesträger-Kirche, eine Moschee, eine Synagoge, Ausstellungen mit Kriegs- und Marinetechnik und ein Trauersaal befinden, welcher allen Opfern des Kriegs gewidmet ist. Daneben wurden Denkmäler „allen Verteidigern der Russischen Erde“ und „allen Gefallenen“ errichtet. Letzteres scheint der Gestaltung nach jedoch eher den KZ-Opfern und dem Leid der zivilen Bevölkerung gewidmet zu sein.

Auch nach 70 Jahren ist der ‚Tag des Sieges‘ in Russland kein ausschließlicher Trauertag geworden. Er bleibt vielmehr der Tag des Triumphs der heldenhaften Sowjetischen Armee über den deutschen Faschismus, der Tag der Erinnerung an die Opfer der sowjetischen Völker. Zudem dominiert die Behauptung, es gebe eine Kontinuität des Kämpfens: Wir haben damals gesiegt, wir müssen und werden auch heute siegen. Wie lange wird mein Land in Bezug auf die Menschlichkeit zwischen den „Seinigen“ und „Fremden“ unterscheiden? Das Kriegserlebnis war zweifellos traumatisch. Doch heute herrscht das schmerzhaftes Gefühl eines aggressiven Patriotismus vor; jenes intuitive Verständnis, dass Russland noch weit davon entfernt ist, eine Demokratie zu sein, mischt sich mit der Überzeugung, dass das Land mächtig sein soll. Der Glaube an die Gleichung Sieg = Macht = Gerechtigkeit stärkt aktuell die symbolische Bedeutung des militärischen Sieges in der russischen Gesellschaft. Er wird eingesetzt, um den Anspruch zu rechtfertigen, anderen Ländern moralisch überlegen zu sein. Dies findet eine breite Zustimmung in der Bevölkerung. Der Sieg scheint die einzige, nicht zu hinterfragende Erinnerung in Bezug auf den Zweiten Weltkrieg zu sein – eine tiefergehende Auseinandersetzung ist offiziell nicht erwünscht.

15 http://www.solonin.org/books (Zugriff am 25.05.2016).

Mahnen, Erinnern, Gedenken, Verdrängen, Ausblenden

Denkmale, Erinnerungszeichen und historische Orte im Landkreis Spree-Neiße

Alexandra Klei

Besitzt der 8. Mai einen materiellen Erinnerungsort? Ist ihm in Deutschland ein Denkmal gesetzt worden? Lässt man die bekannten Denkmale und Erinnerungsstätten vor dem inneren Auge vorbeiziehen, wird schnell deutlich, dass es keinen solchen Ort gibt. Bestenfalls das Deutsch-Russische Museum in Berlin-Karlshorst – das Alliiertenmuseum in Berlin-Dahlem wird schon weniger Menschen einfallen – und das Sowjetische Ehrenmal im Treptower Park (Berlin) verknüpft man mit dem Ende des Zweiten Weltkriegs. Weitaus präsenter sind die Tage, an denen die großen Konzentrationslager befreit wurden; überhaupt kommen den Gedenkstätten an diesen Orten zahlreiche Aufgaben zu, nicht zuletzt jene, über alle Aspekte nationalsozialistischer Verfolgungs- und Vernichtungspolitik innerhalb eines klar definierten und infolge der zugeschriebenen Bedeutungen aus der Umgebung herausgelösten Bereichs zu informieren und an die Opfer zu erinnern. Gesellschaftliche Debatten und die sie führenden Akteur/innen entscheiden, woran erinnert werden soll, was in Form materieller Erinnerungsträger in ein kulturelles Gedächtnis übertragen und welche Bedeutung den Erinnerungszeichen in der jeweiligen Gegenwart beigemessen wird. Dabei stehen Denkmale, erinnerte und nichterinnerte historische Orte in einem Verhältnis zueinander, sie bilden – bestenfalls – eine materiell hergestellte Erinnerungslandschaft in einer Stadt oder einer Region. Welches Bild, welche Vorstellung von der Geschichte ergeben sich, wenn man alle Denkmale zur Erinnerung an die Zeit des Nationalsozialismus in einer Region betrachtet, die während der vergangenen 70 Jahre entstanden sind? Welche als gedenkwürdig erachteten Aspekte werden offenbar und welche fehlen auf dieser Ebene der Darstellung? Welche Allgemeinplätze zum Nationalsozialismus, Zweiten Weltkrieg und seinem Ende werden erinnert, wo und zu welchen Themen werden auf die konkrete lokale Geschichte bezogene Erinnerungszeichen etabliert? Welche Veränderungen in der Erinnerungskultur lassen sich ablesen? In welchem Verhältnis stehen Geschichte, Ort und Erinnerung? Ist es auf dieser Basis möglich, Aussagen darüber zu treffen, welchen Stellenwert der 8. Mai 1945 im lokalen Gedächtnis einnimmt?

Diesen Fragen soll im Folgenden auf der Grundlage einer Dokumentation nachgegangen werden, die 103 (fehlende) Erinnerungszeichen an die Zeit und Geschehnisse zwischen 1933 und 1945 im Landkreis Spree-Neiße umfasst.[1] Er liegt im Südosten Brandenburgs, an der Grenze zu Polen, und ist wie andere Regionen in Ostdeutschland von der massenhaften Abwanderung der Bevölkerung, aber auch von einer großflächigen Braunkohlenförderung geprägt. Besonders in den drei vormaligen Kreisstädten Guben, Forst und Spremberg ist nach wie vor die einstige wirtschaftliche Bedeutung sichtbar; verfallene Industrielandschaften prägen hier ganze Areale.

Der Text wird keine der Debatten darstellen und untersuchen, die zur Etablierung der Gedenkzeichen geführt haben, ebenso wenig ihre Baugeschichte rekonstruieren, sondern den konkreten materiellen Ort in seiner Sichtbarkeit, seinen in den Texten und in der Gestaltung vermittelten Inhalten befragen. Diese Vorgehensweise geht zurück auf die Überlegung, dass Denkmale zwar auch Zeugnis dafür sind, was zu

1 Sie ist veröffentlicht als: werkraum bild und sinn e. V. (Hrsg.): *Überall Geschichte. Nationalsozialismus und Kriegsende 1945 – Denkmale, Erinnerungszeichen und historische Orte im Landkreis Spree-Neiße*. Berlin: Selbstverlag 2015, online einsehbar unter: http://werkraumbildundsinn.de/buch_ueberall_geschichte.html (Zugriff am 28.12.2015). Eine Auswahl von 49 Orten ist zudem als Wanderausstellung konzipiert, die ein erstes Mal im August 2015 in den damaligen Projekträumen des werkraum bild und sinn e. V. präsentiert wurde. Ich war innerhalb dieses Projektes sowohl für die Recherche der Orte als auch die Erstellung der Texte verantwortlich, Christian Herrnbeck für die Fotografien.

einem bestimmten Zeitpunkt als erinnerungswürdig und -möglich galt; gleichzeitig vermitteln diese materiellen Erinnerungsträger aber nach wie vor Informationen zur Geschichte in die Gegenwart und werden als solche von den jeweiligen Betrachter/innen gelesen, verstanden und ggf. auch für Erinnerungszeremonien und -rituale in Dienst genommen. Zudem verweisen ihre Sichtbarkeit ebenso wie der Zustand ihrer Bausubstanz neben etwaigen Änderungen, die seit ihrer Errichtung vorgenommen wurden, auf die Bedeutung, die dem erinnerten Ereignis oder den erinnerten Personen in der Gegenwart gegeben werden.

Die Vergangenheit in der Vergangenheit erinnern. Sowjetische Ehrenmale und Gedenkorte für die Opfer des Faschismus

Auf der Basis der vorgefundenen Orte und mit Blick auf die Geschichte der Region bzw. allgemein des Nationalsozialismus wurden für die 103 Erinnerungszeichen zehn Kategorien festgelegt: 1. Sowjetische Ehrenfriedhöfe und -gräber, 2. Denkmale für die Opfer des Faschismus, 3. Denkmale für Deserteure und Kriegsgegner, 4. Erinnerung an KZ-Außen-, Zwangs- und Kriegsgefangenenarbeitslager, Todesmärsche und Deportationen, 5. Erinnerung an Zwangsarbeiter/innen, 6. jüdische Friedhöfe, 7. Erinnerung an die lokale jüdische Bevölkerung, 8. Deutsche Kriegsgräberstätten, 9. Gedenken an die Opfer von Krieg und Gewalt und schließlich 10. das Gedenken an Einzelpersonen. Auffällig ist – so viel sei an dieser Stelle vorweggenommen –, dass es kein Mahnmal gibt, das dem 8. Mai 1945 als Datum und Ereignis gedenkt. Grundlegend könnte man gegen diese Feststellung einwenden, dass sich alle Denkmale mehr oder weniger direkt auf das Ende des Zweiten Weltkriegs/des Nationalsozialismus beziehen – dies bereits aus dem Umstand heraus, dass ihre Etablierung nur möglich war, weil die Ereignisse selbst der Vergangenheit angehören. Festzustellen bleibt trotzdem, dass auf der Ebene einer materiellen Erinnerungskultur diese entscheidende Zäsur der deutschen und der europäischen Geschichte vollständig fehlt. Lediglich das Ehrenmal zum 30. Jahrestag der Befreiung vom Faschismus,[2] das in der Gemeinde Burg auf einem kleinen, von Wohnbauten umgebenen Platz steht, thematisiert das Kriegsende

2 Vgl. Ehrenmal zum 30. Jahrestag der Befreiung vom Faschismus. https://www.lkspn.de/tourismus/denkmaeler/tduebersicht/4560-ehrenmal-zum-30-jahrestag-der-befreiung-vom-faschismus.html (Zugriff am 28.04.2016).

Abb. 1: Ehrenmal zum 30. Jahrestag der Befreiung vom Faschismus in Burg, Herbst 2015.

mit Blick auf die eigene lokale Geschichte: Die mittlere von drei unterschiedlich hohen und versetzt zueinander stehenden Stelen trägt die Inschrift:

> NIE- / MAND / WIRD / VER-/ GESSEN / NIEMAND DARF VERGESSEN / UND / NIEMAND / HAT DAS / RECHT / ZU / VERGESSEN / DEN TAG / UNSERER / BEFREIUNG / VOM / JOCH / DES / FASCHISMUS / UM DES LEBENS / UM DES MENSCHSEINS / WILLEN.

Auf der rechten Stele sind die Daten 27.4.1945 und 27.4.1975 notiert. Auf diese Weise wird sowohl das historische Ereignis der „Befreiung" der Stadt Burg im öffentlichen Raum verankert als auch der Zeitpunkt und Anlass der Einrichtung des Gedenkorts. Ein roter Stern auf der linken Stele verweist auf die Rote Armee, der die „Befreiung" zu verdanken ist.

Abb. 2: Sowjetisches Ehrenmal im Wald bei Kerkwitz, Herbst 2015.

Dies führt zur quantitativ größten Gruppe der Denkmale: den mindestens 31 Sowjetischen Ehrenfriedhöfen für gefallene Soldaten und Offiziere der Roten Armee, die für den Landkreis recherchiert werden konnten. Ihre hohe Zahl zeugt von der Schwere der Kämpfe, die zwischen ihr und den deutschen Wehrmachts- und SS-Einheiten im Frühjahr 1945 in der Region stattfanden. Ein Überblick der Gedenkorte – der hier nicht annähernd dargestellt werden kann – zeigt die gestalterische Vielfalt an, die trotz der Festlegung auf einen festgelegten Formenkanon aus Obelisken, Quadern, Grabsteinen, roten Sternen und Zäunen entstand. Neben den Ehrenfriedhöfen existiert heute noch ein in den 1950er Jahren errichtetes sowjetisches Ehrenmal in Kerkwitz (Schenkendöbern), das für sowjetische Kriegsgefangene und

Zwangsarbeiter errichtet wurde. Es befindet sich auf einer kleinen Lichtung im Wald, nördlich der Ortschaft selbst, kein Hinweisschild weist auf seine Existenz hin. In der ausgeführten Gestaltung gleicht es den Ehrenfriedhöfen für gefallene Soldaten – eine schmale Pyramide mit dreieckiger Grundfläche, die einen Sowjetstern auf ihrer Spitze trägt und auf einem ebenfalls dreieckigen steinernen Sockel mit zwei in kyrillisch gehaltenen Inschriftentafeln auf der dem Platz zugewandten Seite steht. Die polierte Granittafel gedenkt der unbekannten Helden, die zwischen 1941 und 1945 für die Unabhängigkeit der Heimat gefallen sind,[3] eine kleinere, nachträglich angebrachte schwarze Tafel erinnert an eine Einzelperson, die im Februar 1945 starb. Dieses Todesdatum ist der einzige sichtbare Hinweis darauf, dass hier sowjetische Kriegsgefangene und Zwangsarbeiter begraben sind, die sowohl in Rüstungsbetrieben der Umgebung als auch beim Bau der Bahnstrecke Berlin–Frankfurt/Oder–Cottbus arbeiten mussten. Weder für ein in diesem Kontext existierendes Kriegsgefangenenlager noch für die zahlreichen, oft im Wald verscharrten Toten[4] existieren Erinnerungszeichen; das sowjetische Ehrenmal ist somit der einzige, allerdings nicht als solcher lesbare Hinweis auf diese Geschichte des Orts.

Auffallend ist insgesamt, dass keiner der Ehrenfriedhöfe später mit Hilfe von Tafeln oder Inschriften erläuternd ergänzt wurde. Zwar wird anhand des Erhaltungszustandes deutlich, dass einige von ihnen in der Gegenwart wahrgenommen werden und es ein Bestreben gibt, sie zu pflegen und zu erhalten. Allerdings sind sie in ihrer inhaltlichen und historischen Bedeutung für Menschen, die nicht in der Lage sind, kyrillische Inschriften zu entziffern, nicht lesbar. Tafeln, die neben Übersetzungen auch das historische Geschehen darstellen könnten, fehlen vollständig. Auch wenn aufgrund der verwendeten Symbolik und einem Wissen um den – ggf. vage überlieferten – Entstehungskontext

3 Ich bin Juliane Grossmann für ihre Hilfe bei der Übersetzung der Inschriften zu großem Dank verpflichtet.

4 Vgl. Bundeszentrale für politische Bildung (Hrsg.): *Gedenkstätten für die Opfer des Nationalsozialismus. Eine Dokumentation*, Bd. 2: Bundesländer Berlin, Brandenburg, Mecklenburg-Vorpommern, Sachsen-Anhalt, Sachsen, Thüringen. Bonn: Selbstverlag 1999, S. 294; Regina Scheer: *Der Umgang mit den Denkmälern. Eine Recherche in Brandenburg*. Potsdam: Brandenburgische Landeszentrale für politische Bildung 2003, S. 97. Scheer gibt die Zahl der in Kerkwitz beerdigten Toten mit 57 an. Der ursprüngliche Name der Gedenkanlage lautete „Ehrenmal für eine unbekannte Zahl sowjetischer Kriegsgefangener aus dem II. Weltkrieg“; heute ist die Bezeichnung lediglich „Sowjetischer Ehrenfriedhof“. Vgl. Sowjetischer Ehrenfriedhof. https://www.lkspn.de/tourismus/denkmaeler/tduebersicht/4757-sowjetischer-ehrenfriedhof.html (Zugriff am 28.04.2016).

Abb. 3: Sowjetischer Ehrenfriedhof in Reuthen, Herbst 2015.

die Funktion der Orte bekannt ist, zeigt sich hierin eine Distanz der Bewohner/innen zum erinnerten historischen Gegenstand und den dabei zu erinnernden – zum Teil namentlich genannten – Personen. Die Orte sind trotz ihrer offensichtlichen Präsenz nicht in eine lokale Erinnerungskultur einbezogen; sie werden als Fremdkörper ohne Bezug tradiert. Dass sie für die Nachkommen der Soldaten allerdings eine Bedeutung und Funktion haben können, beweist ein Grabstein auf dem Sowjetischen Ehrenfriedhof in Reuthen, der für 63 Soldaten und Offiziere, die im Ort und in der Umgebung im Frühjahr 1945 gefallen waren, eingerichtet wurde.[5] Ursprünglich bestand er aus acht

5 Institut für Denkmalpflege der DDR (Hrsg.): *Gedenkstätten. Arbeiterbewegung. Antifaschistischer Widerstand. Aufbau des Sozialismus.* Leipzig / Jena / Berlin: Selbstverlag 1974, S. 224.

Grabflächen mit Gedenksteinen für unbekannte Soldaten und einer hohen schlichten Betonstele mit einer kyrillischen Inschrift. Einer der Steine war in einem unbekannten Zeitraum sowohl durch eine Tafel mit einem Namen – Mihail Tkatschik – als auch durch die Porträtaufnahme eines jungen Mannes ergänzt worden; dies sind beides Elemente, die auf eine Individualisierung des Gedenkens abzielen und das Grab zu einer privaten Erinnerungsstätte machen. Der ursprünglich seitens der sowjetischen Behörden eingerichtete Friedhof, der einem kollektiven und nationalen Gedenken gewidmet ist, ermöglicht es Angehörigen, an einen Ort zur persönlichen Trauer zu kommen und diesen zudem für diesen Zweck öffentlich sichtbar zu machen und zu nutzen.

Einige sowjetische Gedenkstätten wurden in Folge von Umbettungen aufgelöst; vor Ort erinnert heute nichts mehr an ihre vormalige Existenz, und die historischen Ereignisse selbst spielen hier im öffentlichen Raum einer materiellen Erinnerung keine Rolle mehr, sondern werden, bestenfalls, in der persönlichen Erinnerung einiger Bewohner/innen weitergegeben.[6]

Ähnlich losgelöst von der Gegenwart sind Denkmale, die in der DDR für die *Opfer des Faschismus* errichtet wurden. Neben der bereits genannten Anlage in Burg existieren noch zehn Denkmale, die in diese Kategorie eingeordnet werden können. Bei ihnen handelt es sich zum einen um explizit als Gedenkstätten für die Opfer des Faschismus ausgewiesene Orte, wie zum Beispiel in Forst auf dem zentral gelegenen Platz des Friedens. Das hier situierte Denkmal der Vereinigung der Verfolgten des Naziregimes wurde 1950 eingeweiht[7] und besteht aus zwei

6 Exemplarisch sei hier auf einen sowjetischen Ehrenfriedhof für 31 Zwangsarbeiter hingewiesen, der sich bis 1974 in der Kuckuckssaue in Kaltenborn (Guben) befand. Die Menschen starben infolge von Entbehrungen und Misshandlungen bei der Zwangsarbeit für die Rheinmetall Borsig AG. Vgl. werkraum bild und sinn (Hrsg.): *Überall Geschichte*, S. 130. Daneben können weitere Orte hier lediglich aufgezählt werden: Sowjetisches Ehrenmal zum Gedenken an die Soldaten und Offiziere der I. Ukrainischen Front der Sowjetarmee in der Amtstraße in Forst (1971 errichtet, 1990 abgebaut, vgl. ebd., S. 26), sowjetischer Ehrenfriedhof für 32 Soldaten und Offiziere der Roten Armee auf dem Friedrichsplatz in Forst (zu einem unbekannten Zeitpunkt auf den sowjetischen Ehrenfriedhof des Hauptfriedhofs Forst umgebettet, vgl. ebd., S. 28, 30), ein sowjetischer Ehrenfriedhof für 58 im Frühjahr 1945 gefallene Soldaten und Offiziere neben einer Schule in Kochsdorf (ebd., S. 70) und eine Grabanlage für acht Soldaten der Roten Armee auf dem Friedhof in Taubendorf (ebd., S. 72).

7 Vgl. Bundeszentrale für politische Bildung (Hrsg.): *Gedenkstätten für die Opfer des Nationalsozialismus*, Bd. 2, S. 267–268.

Säulen mit Flammenschalen, die die Jahreszahlen „1933“ und „1945“ tragen, sowie einer roten Porphyrmauer auf einer vierstufigen Plattform. Auf der Mauer sind mehrere Inschriften zu lesen: oben „VERGESST ES NIE!“, darunter in einem Dreieck die Abkürzung „KZ“, links und rechts daneben die Namen von 14 großen Konzentrationslagern sowie den Gefängnissen in Brandenburg-Görden und Plötzensee. Weiterführende Informationen zu der Anlage finden sich hier ebenfalls nicht, und so erinnert der Gedenkort in einer deutlich der frühen DDR-Formsprache zuzuordnenden Weise allgemein an die Opfer der Konzentrationslager, ohne lokale Bezüge aufzuzeigen. In diesem Aspekt wiederum unterscheiden sich die anderen zu dieser Kategorie zählende Anlagen. Sie zeigen die Beziehungen zu ihren Standorten einerseits über die Erinnerung an Einzelpersonen sowohl auf Friedhöfen[8] als auch im (halb-)öffentlichen Raum[9] auf oder erinnern an spezifische lokale Ereignisse.[10]

Neben dem Umstand, dass diese Orte ebenso wie die sowjetischen Ehrenmale nach wie vor im öffentlichen Raum wahrnehmbar sind, verbindet die beiden Kategorien zudem ihre offensichtliche Zuordenbarkeit zu einer anderen historischen Epoche und den mit ihr verbundenen Inhalten und gestalterischen Gedenkformen. Beide befinden sich damit in einem Spannungsverhältnis: Sie stehen zum einen dafür, wie in der DDR an die Geschichte des Nationalsozialismus erinnert wurde, zum anderen aber nach wie vor dafür, Informationen zu historischen Geschehnissen in die Gegenwart zu vermitteln. Und sie sind so die einzigen, die zum Beispiel an die gefallenen sowjetischen Soldaten

8 So zum Beispiel mit der 1980/81 eingeweihten Ehrengrabanlage für verstorbene antifaschistische Widerstandskämpfer auf dem Hauptfriedhof in Forst. Vgl. werkraum bild und sinn (Hrsg.): *Überall Geschichte*, S. 28.

9 So die Gedenkstätte für die Opfer des Faschismus auf dem Georgenberg in Spremberg, in die u. a. Namen von 17 umgekommenen Angehörigen des Widerstands aus Spremberg und der Umgebung integriert sind. Vgl. Bundeszentrale für politische Bildung (Hrsg.): *Gedenkstätten für die Opfer des Nationalsozialismus*, Bd. 2, S. 350–351; Daniel Krüger: *Das Gedächtnis einer Kleinstadt. Geschichtspolitik und öffentliche Erinnerung an Nationalsozialismus und das Kriegsende 1945 in der Stadt Spremberg*. Humboldt-Universität zu Berlin, unveröffentlichte Magisterarbeit, 2010, S. 79–81, 91–92. Verwiesen sei hier aber auch auf die im lokalen Kontext relevante Erinnerung an Alfred Scholz u. a. in Welzow. Vgl. Bundeszentrale für politische Bildung (Hrsg.): *Gedenkstätten für die Opfer des Nationalsozialismus*, Bd. 2, S. 363.

10 Dies trifft insbesondere für die drei Denkmale zur Erinnerung an Deserteure und Kriegsgegner zu, die sich auf dem Hauptfriedhof und an einer Straßenkreuzung in Forst sowie auf dem Friedhof in Peitz befinden.

und den kommunistisch begründeten Widerstand einzelner Personen erinnern oder daran, dass zumindest Einzelpersonen sich mit der absehbaren Niederlage der Deutschen weigerten, weiterhin im Dienste der Wehrmacht zu agieren.

Das Gedenken pluralisieren. Jüdische Geschichte, Vertriebene und alle Opfer von Krieg und Gewalt

Befragt man die Dokumentation auf die wesentlichen Veränderungen, welche mit den gesellschaftlichen Umbrüchen nach 1989/90 in der materiellen Gedenkkultur zu erkennen sind, lässt sich eine Erweiterung der erinnerten Themen und Personen(kreise) feststellen. Dies korrespondiert ganz allgemein mit den Entwicklungen, die in der bundesrepublikanischen Gedenklandschaft seit 1990 zu beobachten sind. Auffällig ist allerdings, dass etwas, das als eine ‚Wiederentdeckung der Orte der ehemaligen Lager' zu bezeichnen wäre – also die umfangreiche Einbeziehung der Areale ehemaliger Konzentrationslager in die Ausstellungskonzeptionen bestehender KZ-Gedenkstätten sowie die Kennzeichnung vormaliger Außen- oder Zwangsarbeiterlager durch die Forschungen lokaler Initiativen –, im Raum Spree-Neiße bisher keine Rolle spielte. Zwei Erweiterungen lassen sich festhalten: das Gedenken an unterschiedliche deutsche Opfer(-gruppen) sowie die Erinnerung an die vormals in Guben und Forst lebende jüdische Bevölkerung. Das Gedenken an letztgenannte setzte in der DDR spätestens 1988 ein und war unter anderem im Kontext des Gedenkens an den 50. Jahrestag der sogenannten Reichspogromnacht auch im öffentlichen Raum wahrnehmbar. So forderte in Forst seit 1988 an einem Haus in der Cottbuser Straße 8, in unmittelbarer Nähe zum ehemaligen Standort der Synagoge, eine Tafel ein „Ehrendes Gedenken der jüdischen und aller Opfer des Faschismus unserer Stadt anläßlich des 50. Jahrestages der faschistischen Pogromnacht" ein. Sie wurde vor 1998 im Zuge von Sanierungsarbeiten entfernt und anschließend nicht wieder angebracht.[11] In allen drei größeren Städten des Landkreises lebten vor 1933 Juden/Jüdinnen – 210 in Forst,[12] 202 in Guben[13] und

11 Dirk Wilking/Jürgen Meissner: *Zur Geschichte der Juden in Forst*. Forst: Museumsverein der Stadt Forst (Lausitz) e. V. 1998, S. 101.

12 Vgl. Stadtkreis Forst. http://www.verwaltungsgeschichte.de/forst.html (Zugriff am 28.12.2015).

13 Vgl. Guben (Brandenburg). http://www.jüdische-gemeinden.de/index.php/gemeinden/e-g/797-guben-brandenburg (Zugriff am 28.12.2015).

18 in Spremberg.[14] Sowohl in Forst als auch in Guben gab es zentral gelegene kleine Synagogen und Friedhöfe. Für diese beiden Städte existieren seit dem Ende der 1990er Jahre kleine Publikationen über die Gemeinden, die im Rahmen von Ausstellungsprojekten entstanden,[15] für Spremberg stehen derartige Forschungen auch in ihren Anfängen noch aus. Auffällig ist an den Veröffentlichungen, dass sie sich auf die Geschichte der Juden/Jüdinnen jeweils bis 1938 beschränken, das anschließende Überleben und die Ermordung der vormaligen Stadtbewohner/innen spielen nur in Ausnahmen eine Rolle. In allen drei Städten waren jüdische Familien in hohem Maße in die dortige, ausgesprochen erfolgreiche Textilindustrie einbezogen. Keiner der vormaligen Fabrikstandorte wird heute öffentlich sichtbar markiert und damit erinnert; das Brandenburgische Textilmuseum in Forst verfügt über keine Auflistung ehemaliger jüdischer Tuchfabrikanten und der in den 1930er Jahren stattgefundenen Arisierungen.[16]

Während es in Spremberg keine Erinnerungsorte für die vormalige jüdische Bevölkerung gibt, konzentrieren sie sich ansonsten auf zwei Aspekte: in Guben/Gubin[17] und Forst/Zasieki[18] mit den markierten Standorten der Synagogen und Friedhöfe[19] auf das rituelle Leben der Gemeinde und in Guben zusätzlich mit Stolpersteinen auf das Schicksal

14 Vgl. Landkreis Spremberg. http://www.verwaltungsgeschichte.de/spremberg.html (Zugriff am 28.12.2015).

15 Meissner / Wilking: *Zur Geschichte der Juden in Forst*; Andreas Peter: *Nachbarn von einst. Bilder und Dokumente jüdischen Lebens in Guben*. Guben: Selbstverlag 1999. Für Spremberg gibt die unveröffentlichte Magisterarbeit von Krüger: *Das Gedächtnis einer Kleinstadt*, einige erste Anhaltspunkte.

16 Diese Auskunft verdanke ich einer Email von Michaela Zuber (Museumsverein Forst) vom 9. Dezember 2014.

17 Während der jüdische Friedhof in Guben gelegen ist, befindet sich der Standort der vormaligen Synagoge östlich der Neiße, in der polnischen Stadt Gubin. Vgl. u.a. werkraum bild und sinn (Hrsg.): *Überall Geschichte*, S. 156; Peter: *Nachbarn von einst*, S. 21–24 (Kap. „Der Jüdische Friedhof"); Jüdischer Friedhof mit Trauerhalle und Kriegerdenkmal. https://www.lkspn.de/tourismus/denkmaeler/tduebersicht/4713-judischer-friedhof-mit-trauerhalle-und-kriegerdenkmal.html (Zugriff am 28.04.2016).

18 Der vormalige Friedhof der Gemeinde Forst liegt östlich des polnischen Dorfs Zasieki. Vgl. werkraum bild und sinn (Hrsg.): *Überall Geschichte*, S. 160; Meissner / Wilking: *Zur Geschichte der Juden in Forst*, S. 33, 60–67.

19 Zudem existiert in Staakow (Schenkendöbern) ein dritter jüdischer Friedhof im Landkreis. Vgl. werkraum bild und sinn (Hrsg.): *Überall Geschichte*, S. 158; Andreas Weigelt: Jamlitz. In: Wolfgang Benz / Barbara Distel (Hrsg.): *Der Ort des Terrors. Geschichte der nationalsozialistischen Konzentrationslager*, Bd. 3: Sachsenhausen, Buchenwald, Flossenbürg. München: Beck 2006, S. 225–229.

Abb. 4: Gedenkstein am Standort der Synagoge in Forst, Herbst 2015.

ausgewählter Einzelpersonen. Dabei ist der Erinnerungsort für die Synagoge in Forst lediglich ein großer, an der rechten Seite gebrochener Feldstein mit der Aufschrift „SYNAGOGE / FORST" unter einem Davidstern, der hinter einem Wohnblock in der Uferstraße steht und so den Standort der vormaligen Synagoge markieren soll. Das 1939 von der Stadt arisierte Gebäude, in dem sich auch Wohnungen und Werkstätten befanden, wurde während der Bombardierung der Stadt beschädigt, nach 1945 als Stadtbibliothek genutzt und 1976 abgerissen. Informationen zur jüdischen Geschichte der Stadt werden weder an dieser noch an anderer Stelle im öffentlichen Raum gegeben.[20] Der

20 Bundeszentrale für politische Bildung (Hrsg.): *Gedenkstätten für die Opfer des Nationalsozialismus*, S. 268; Meissner / Wilking: Zur *Geschichte der Juden in Forst*, S. 33, 100–103.

1998 eingerichtete Erinnerungsort für die Synagoge der Gemeinde Guben an der Ulica Dąbrowskiego ist dagegen vergleichsweise komplex: In einer mittels Kieselsteinen definierten Anlage liegen ein Findling, in den ein Davidstern eingearbeitet ist, sowie drei flache Steine, auf denen kleine Inschriftentafeln in hebräischer, polnischer und deutscher Sprache angebracht sind:

> An dieser Stelle / befand sich / die Gubener Synagoge. / Erbaut 1878, / verwüstet / am 9. November 1938. / Die Juden wurden / von den Nazis / aus der Stadt vertrieben, / verschleppt, / ermordet.

Zudem gibt es eine Informationstafel, die in deutscher Sprache einige Angaben zur Geschichte der Gubener Juden/Jüdinnen macht.[21]
Über die Arisierungen wird an keiner Stelle öffentlich informiert; an die Deportationen der jüdischen Bewohner/innen wird nur in Guben und hier lediglich mit Stolpersteinen, die nur einer Auswahl von Personen gewidmet sind, erinnert. Die Existenz von sogenannten Judenhäusern oder eines Barackenlagers an der heutigen Forster Straße, in dem als sozial deklassiert angesehene Personen, unter ihnen auch Juden/Jüdinnen, denen es nicht gelungen war, die Stadt rechtzeitig zu verlassen,[22] ziehen mussten, wird nicht thematisiert.
Weitaus differenzierter werden dagegen seit den 1990er Jahren Aspekte erinnert, welche die Geschichte nichtjüdischer Deutscher während und nach dem Zweiten Weltkrieg betreffen. Zunächst einmal existieren in zahlreichen Ortschaften zentral gelegene Denkmale, die sowohl der Toten des Ersten als auch – häufig als ergänzende Tafel angebracht – des Zweiten Weltkriegs gedenken, sowie Grabstätten für gefallene Soldaten, die in Folge ihrer jeweils einheitlichen Gestaltung als Anlagen auf den Friedhöfen zu finden sind. Eine Ausnahme bildet der zentrale Umbettungsfriedhof für deutsche Soldaten in der Region Südbrandenburg, der sich auf dem Georgenberg in Spremberg befindet. Er ist nicht

21 Zur Geschichte der Gemeinde vgl. Guben/Gubin. http://www.uni-potsdam.de/synagogen-in-brandenburg/orte/guben.php (Zugriff am 28.04.2016); Peter: *Nachbarn von einst*, S. 12–20.

22 Gerhard Gunia: „Der Judenstern ist sichtbar zu tragen". In: *Lausitzer Rundschau*, 14.10.2006. http://www.lr-online.de/regionen/spree-neisse/guben/laquo-Der-Judenstern-ist-sichtbar-zu-tragen-raquo;art1051,1410501 (Zugriff am 28.04.2016); Peter: *Nachbarn von einst*, S. 106; Almuth Püschel: *„... der Angeklagte ist Jude". Die Auswirkungen der antisemitischen Gesetzgebung auf Bürger der Provinz Brandenburg 1933–1945*. Potsdam: Brandenburgische Landeszentrale für politische Bildung 1998, S. 77, 82–83, 85.

in den lokalen Bestattungsort integriert, sondern Bestandteil eines Areals, das als zusammenfassender Erinnerungsort für unterschiedliche Gruppen – sowjetische Soldaten, deutsche Antifaschist/innen, ermordete KZ-Gefangene, Opfer von Krieg und Gewalt – dienen soll. Auf dem Friedhof für die deutschen Soldaten gab es Anfang der 1990er Jahre 174 Gräber, die zunächst mit Steinkreuzen markiert und um eine Gedenktafel mit den Namen der hier Bestatteten ergänzt worden waren. Ab 1995 wurde das Areal sukzessive erweitert. Dabei wurden die sterblichen Überresten von Soldaten hierher umgebettet, die von Friedhöfen stammten, welche infolge der Braunkohleförderung abgebaggert wurden oder die bei der Suche nach Blindgängern auf dem Gelände des späteren Tagebaus Welzow-Süd gefunden wurden. Das Gelände ist in mehrere Felder unterteilt, die schlichten Kreuze sind gleichförmig aufgereiht und tragen – soweit diese bekannt sind – Namen und Lebensdaten der Toten. Bei ihnen handelt es sich – ohne dass dies in der Anlage oder Gestaltung unterschieden wird – sowohl um Angehörige der Wehrmacht als auch um Angehörige der SS-Panzerdivision Frundsberg. Ergänzt wird die Anlage um ein Lateinisches Kreuz als zentrales Denkmal, vor das im Boden ein Eisernes Kreuz eingelassen ist.[23]

Zwei weitere Erweiterungen des Gedenkens lassen sich feststellen: die Erinnerung an Opfergruppen und an Orte, die bis 1990 als vernachlässigt bzw. ausgeblendet gelten, sowie die Etablierung von Denkmalen, die allgemein einer Erinnerung an die Opfer von Krieg und Gewalt dienen sollen. Die erstgenannte Erweiterung führte zum Beispiel dazu, dass nunmehr mit der Region in Verbindung stehende Aspekte von ‚Flucht und Vertreibung' in den öffentlichen Erinnerungsraum einbezogen sind. So gibt es in Cantdorf (Spremberg) auf dem Waldfriedhof eine kleine Anlage, auf deren Tafel zu lesen ist:

> 61 KINDER / HABEN AN DIESER STELLE / DES WALDFRIEDHOFES / IHRE LETZTE RUHESTÄTTE GEFUNDEN / SIE KONNTEN 1945 UND 1946 / VON DEN DURCH SPREMBERG / KOMMENDEN FLÜCHTLINGSZÜGEN / AUS DEM OSTEN DEUTSCHLANDS / NUR NOCH TOT GEBORGEN WERDEN.

23 Scheer: *Der Umgang mit den Denkmälern*, S. 15; Krüger: *Das Gedächtnis einer Kleinstadt*, bes. S. 88–90.

Nähere Informationen zu den historischen Zusammenhängen oder der Geschichte der Anlage sind nicht hinzugefügt; lediglich Zustand und die Art der Gestaltung lassen den Schluss zu, dass sie neueren Ursprungs ist. Ob es an dieser Stelle zuvor bereits ein Erinnerungszeichen – vielleicht auch in individueller Form – gab, ist nicht ersichtlich. Irritierend ist die Aussage „aus dem Osten Deutschlands" vor dem Hintergrund, dass das Gebiet östlich der Oder/Neiße mit dem Ende des Zweiten Weltkriegs zur Volksrepublik Polen gehörte und Spremberg selbst in Deutschlands Osten liegt. Ein zweites Beispiel findet sich in unmittelbarer Nähe zu der Ortschaft Werben (Burg-Spreewald), wo in den 1950er Jahren ein Friedhof für 402 Tote eines Aufnahmelagers für deutsche Flüchtlinge aus Osteuropa eingerichtet wurde. Neben einem Findling, der den Ort und seine Entstehung auf einer kleinen Tafel erläutert, stehen auf der eingezäunten Wiese ca. 30 Steinkreuze sowie ein hohes Holzkreuz, vor dem vier Tafeln mit den Namen der hier Bestatteten liegen. Nachdem der Ort in den ersten zwei Jahrzehnten seiner Entstehung von Angehörigen sowie Dorfbewohner/innen gepflegt worden war, verwahrloste er anschließend. Erst nach 1990 begannen der „Vertriebenenverband", das Amt Brandenburg, die Gemeinde Werben, der Volksbund deutscher Kriegsgräberfürsorge und die Bundeswehr die Anlage wiederherzurichten;[24] zum Volkstrauertag 1998 konnte sie neu eingeweiht werden.[25]

Zudem verknüpfen zwei Tafeln in der Region Gebäude mit ihrer Geschichte nach 1945. So wurde 1995 an der Außenfassade der Polizeiwache Bahnhofsstraße in Forst eine Tafel angebracht, auf der zu lesen ist: „Dem Gedenken / der / Opfer des Stalinismus / In diesem Gebäude befand sich / der Sitz des NKWD in Forst / 1945".[26] An einem Wohnhaus in der Mittelstraße 12 in Guben erinnert eine 1997 angebrachte Tafel:

> Den Opfern des Stalinismus! / In diesem Gebäude befand sich nach dem 2. Weltkrieg / bis 1950 die Kommandantur der sowjetischen Geheimpolizei. / Hier begann auch für viele Unschuldige – oft nach / Mißhandlungen ein leidvoller Weg in sowjetische / Lager, der nicht wenigen das Leben kostete.

24 Die Aufzählung der beteiligten Akteure ist der Gedenktafel entnommen.

25 Vgl. Scheer: *Der Umgang mit den Denkmälern*, S. 147, sowie die Inschrift im Eingangsbereich der Gedenkstätte.

26 Annette Kaminisky (Hrsg.): *Orte des Erinnerns: Gedenkstätten, Gedenkzeichen und Museen zur Diktatur in SBZ und DDR*. Berlin: Links 2007, S. 165.

Diese Beispiele stehen in einer ostdeutschlandweit zu verzeichnenden Entwicklung, bei der nach 1990 die Orte ehemaliger Lager des sowjetischen NKWD (Volkskommissariat für innere Angelegenheiten) in den Fokus rückten und die Frage nach einer Erinnerung an deren Insassen zum Teil zu teilweise heftigen Debatten führte.[27]
Über die konkrete Markierung von Orten und ihrer Geschichte hinaus gehen Denkmale, die als Erinnerungsstätten für die Opfer von Krieg und Gewaltherrschaft historische Unterschiede nivellieren und so die konkreten Ereignisse sowie die Taten und die Verantwortung der Deutschen ausklammern. Prominentestes Beispiel in der Region ist das Denkmal „Hürden überwinden“ auf dem Georgenberg in Spremberg, das als Ergebnis jahrelanger Auseinandersetzungen im November 2009 eingeweiht wurde.[28]

Die eigene Beteiligung tilgen. Die fehlende Erinnerung an die Zwangsarbeit in der Region, an ihre Opfer und die Profiteure

Ein allgemeines Wissen über die Geschichte des Nationalsozialismus, eine akribische Suche auf Friedhöfen und die Fähigkeit, vage, euphemistisch formulierte Inschriften in Frage zu stellen, sind notwendig, um sich der größten Leerstelle der Erinnerung in der Region Spree-Neiße anzunähern. Auf dem Friedhof in Klein Döbbern (Neuhausen/Spree) ist auf einem Stein „Hier ruhen / polnische Bürger / † Mai 1945“ zu lesen. Unklar bleibt mit der Inschrift, wie viele Menschen hier bestattet sind und um wen es sich handelt. Allerdings verweist die Bezeichnung „Bürger“ auf gleichberechtigte, freie Einwohner des Orts. Erst mit der bewussten Verknüpfung von polnisch, Mai 1945 und dem Wissen um das System der Ausbeutung von Millionen von Zwangsarbeiter/innen kann der Gedanke aufkommen, das hier die Grabstätte von mindestens zwei Zwangsarbeitern gekennzeichnet ist.[29] Ähnliche Grabstätten finden sich, neben dem bereits genannten Sowjetischen Ehrenmal in

27 Besonders sei hier auf die Debatte um die Etablierung eines Gedenkorts für das Speziallager Nr. 2 erinnert, das sich zwischen 1945 und 1950 auf einem Teil des Geländes des vormaligen Konzentrationslagers Buchenwald befand. Vgl. hierzu u. a. Hasko Zimmer (Hrsg.): *Der Buchenwald-Konflikt. Zum Streit um Geschichte und Erinnerung im Kontext der deutschen Vereinigung*. Münster: Agenda 1999.

28 Denkmalanlage „Hürden überwinden“. In: *Wikipedia*. https://de.wikipedia.org/wiki/Spremberg#Denkmalanlage_.E2.80.9EH.C3.BCrden_.C3.BCberwinden.E2.80.9C (Zugriff am 28.12.2015); Krüger: *Das Gedächtnis einer Kleinstadt*, S. 92–93.

29 Regina Scheer zufolge wurden auf dem Friedhof zwei polnische Zwangsarbeiter beigesetzt. Vgl. Scheer: *Der Umgang mit den Denkmälern*, S. 96.

Abb. 5: Grabstein auf dem Friedhof in Klein Döbbern, Herbst 2015.

Kerkwitz, auf den Friedhöfen in Bohrau, Guben und Welzow. Einzig auf einer 2004 auf dem Hauptfriedhof in Forst eingeweihten Stele[30] wird der Begriff „Zwangsarbeiter" verwendet und mit Namen sowie Lebensdaten verknüpft. Allerdings wird die Erinnerung an diese Opfer und ihr Leiden relativiert, in dem es einerseits unter der Überschrift „ZUM GEDENKEN / AN DIE OPFER / DES KRIEGES / 1939–1945" gefasst wird und zudem eine zweite, nebenstehende Stele dem Gedenken an „DEUTSCHE SOLDATEN / GEFALLEN IM / 2. WELTKRIEG / 1939–1945" gewidmet ist. Die Inschriften ordnen somit die

30 Auf dem Hauptfriedhof wurden zwischen 1940 und 1945 in zwei Reihengrabfeldern rund 200 Zwangsarbeiter/innen bestattet, unter ihnen auch in Deutschland geborene Kinder. Die Gräber wurden auch nach 1945 nicht gekennzeichnet. Vgl. Scheer: *Der Umgang mit den Denkmälern*, S. 95–96.

nach Deutschland verschleppten und in Forst zur Arbeit gezwungenen Männer, Frauen und Kinder ebenso wie die gefallenen deutschen Soldaten, die in einer verbrecherischen Armee kämpften, als Opfer des Kriegs ein, stellen eine Symmetrie zwischen ihnen und den Opfern der deutschen Verfolgungs- und Vernichtungspolitik her. Informationen, die diese Gleichsetzung aufheben könnten und das Thema Zwangsarbeit im öffentlichen Raum thematisieren, gibt es weder hier noch an anderer, öffentlich wahrnehmbarer Stelle. Mit diesen Grabstätten ist die einzige diesen Menschen im öffentlichen Raum zugestandene Erinnerung vorgestellt: als (zum Teil namenlose) Tote auf deutschen Friedhöfen – bestenfalls subsumiert unter allgemeine Formeln von Krieg und Gewalt.

Einst existierende Grabstätten in Döbern, Grano, Pulsberg und Spremberg-Cantdorf sind heute nicht mehr aufzufinden, damit ist auch dieser letzte Hinweis auf die Existenz und das Sterben dieser Menschen in der Region getilgt.

Zwangsarbeit in der deutschen Industrie und Landwirtschaft gehörte zu den wesentlichen Charakteristika des NS-Systems, nahezu alle nach 1939 produzierenden Betriebe nahmen sie in Anspruch und profitierten von ihr. Dabei lässt sich nach wie vor bezogen auf die Landwirtschaft die Haltung in der deutschen Gesellschaft finden, die hier zur Arbeit verpflichteten Personen seien behandelt worden „wie Familienangehörige",[31] eine Sichtweise, die nicht nur den Zwangscharakter und das daraus resultierende Machtverhältnis ausblendet, sondern zudem Hilfsleistungen Einzelner zur allgemeinen Haltung der Deutschen stilisiert.

Weder einer der zahlreichen Standorte von KZ-Außen-, Zwangsarbeiter/innen- oder Kriegsgefangenenlager noch eine der Einrichtungen, die sie ausbeuteten, sind in der Erinnerung im öffentlichen Raum markiert. Auch die Forschungen zu diesem Themenbereich – eine der Voraussetzungen, Orte in ihrer Geschichte im öffentlichen Raum zu kennzeichnen – sind nach wie vor sehr fragmentarisch. Lediglich für Forst liegt eine umfangreichere Arbeit vor,[32] die Einblick in ein

31 So zum Beispiel ein im Kontext des Gedenkens an die jüdische Bevölkerung in Forst engagierter Akteur in einer Email an die Autorin vom 12.11.2014.

32 Jürgen Scholz: *Konzeption, Analyse und Erstellung eines journalistischen Produktes zum Thema: Ausländereinsatz in Forst (Lausitz) 1939–1945*. Freie Universität Berlin, Abschlussarbeit im weiterbildenden Studium Journalisten-Weiterbildung am Fachbereich Politik- und Sozialwissenschaften, März 2004 (Archiv der Stadt Forst).

Abb. 6: Gasthof Sacro, Herbst 2015.

vielfältiges Netz von unterschiedlichen Lagern gibt: So existierte ein Lager für sogenannte Ostarbeiter/innen an der Triebeler Straße 200 im Ortsteil Keune, daneben gab es Lager für ‚Ost- und Westarbeiter/innen', in denen oft auch Familien mit ihren Kindern leben mussten, an der Pförtner Straße und der Muskauer Straße sowie in der Turnhalle Noßdorf. Die Firmen Hammler & Haebler, Rumsch & Hammer, der Bahnmeisterei sowie von Speer und Windhoff unterhielten sogenannte Betriebslager.[33] Daneben waren im ehemaligen Gasthaus Woitke im Ortsteil Sacro in einem unbekannten Zeitraum zwischen 27 und 65 Polen des Kriegsgefangenenkommandos 438 untergebracht, weitere Lager für Kriegsgefangene bestanden in Simmersdorf, in Forst bei der

33 Ebd., S. 30–38.

Firma Mix & Genest und in den Nebenräumen der Hänselhalle, auf dem Gut Noßdorf und in Forst-Domsdorf.[34] Für die anderen Städte und Ortschaften bleiben die Forschungsergebnisse noch fragmentarischer: So beschäftigte ein Zweigwerk der Rheinmetall Borsig AG bei Guben mehr als 2.000 Zwangsarbeiter/innen und Kriegsgefangene vermutlich aus Frankreich, Holland, Polen und der Sowjetunion, die in einem Lager am Schlagsdorfer Weg und in einem zweiten an der heutigen Damaschkestraße leben mussten.[35]

Ein Lager für Jüdinnen aus Ungarn und Polen existierte ab Ende Juli 1944 östlich der Neiße auf dem Gelände des Fußballclubs ‚Spielvereinigung', daneben gab es ein Lager für italienische Militärinternierte. Die Frauen mussten in der mehrere Kilometer entfernten Fabrik Lorenz AG an der Uferstraße arbeiten.[36] Dieses Gebäude war ab 1888 von der Berlin-Gubener-Hutfabrik AG (BGH) genutzt worden. Sie wurde 1938 arisiert, das Haus ab Frühjahr 1943 von der C. Lorenz AG zur Waffenproduktion verwendet, ab 1948 von der Stadtverwaltung und seit Sommer 2006 als Plastinationsfabrik von Gunther von Hagens. Eine am 7. Mai 1997 eingeweihte Tafel mit dem Text „Gewidmet den Gründern der BGH / Apelius Cohn 1839–1906 / Hermann Lewin 1854–1920 / sowie den jüdischen / Zwangsarbeiterinnen in Guben" befindet sich in der Verwaltung im ersten Obergeschoss und ist für die Öffentlichkeit nicht zugänglich. Zwangsarbeiter/innen und Kriegsgefangene waren zudem unter anderem in der vormaligen H. Römmler AG an der heutigen Hoyerswerda Straße in Spremberg[37] beschäftigt und

34 Scholz: *Konzeption, Analyse und Erstellung*, S. 27–30.

35 Vgl. Manfred Augustyniak: Rheinmetall-Borsig in Guben. Eine Rüstungsschmiede. In: *Gubener Heimatkalender* 50 (2006), S. 81–87.

36 Vgl. Andreas Peter: Guben. In: Wolfgang Benz / Barbara Distel (Hrsg.): *Der Ort des Terrors*, Bd. 6: Natzweiler, Groß-Rosen, Stutthof. München: Beck 2007, S. 333–337, sowie die Pläne von Herta Hammerbacher / Ludwig Spreitzer: Grünflächen am Barackenlager am Königspark der Guben Lorenz AG, Guben. http://architekturmuseum.ub.tu-berlin.de/index.php?set=1&p=51&sid=995675413&z=1 (Zugriff am 28.12.2015).

37 Vgl. Außenkommando des Frauenzuchthaus Cottbus in Spremberg bei der H. Römmler AG. In: *Haftstättenverzeichnis der Stiftung Erinnerung Verantwortung Zukunft*. http://www.bundesarchiv.de/zwangsarbeit/haftstaetten/index.php?action=2.2&id=100001170, (Zugriff am 28.12.2015); Wolfgang Hachtel: *Als Wessi in der DDR. Reisen und Begegnungen zwischen 1977 und 1990, Erinnerungen 20 Jahre nach dem Ende der DDR*. Norderstedt: BoD 2011, S. 175–176; Brandenburgisches Landeshauptarchiv, Rep. 75: Chemische Werke Hermann Römmler AG, Spremberg. Das Areal ist seit den 1970er Jahren mit einer Wohnsiedlung überbaut.

wurden beim Bau des Hochdruckkraftwerks in Trattendorf (Spremberg) eingesetzt.[38]

Die fehlende Erinnerung

Auch wenn grundsätzlich davon ausgegangen werden kann, dass die Erinnerung an einzelne mit dem Nationalsozialismus und dem Zweiten Weltkrieg in Verbindung stehende Ereignisse sich in den kommenden Jahren weiter verändern kann, ist – von den Stolpersteinen in Guben abgesehen – derzeit offenbar ein Stillstand in der Etablierung von neuen Gedenkzeichen eingetreten. Nach wie vor sind die Leerstellen im kulturell und materiell hergestellten Gedächtnis größer als die Aspekte des Nationalsozialismus/des Zweiten Weltkriegs, an die erinnert wird. Auffallend ist zum Beispiel im Kontext der (Nicht-)Erinnerung an die lokale Judenverfolgung, dass auf etablierte Formulierungen in den Texten und auf anderenorts etablierte Erinnerungszeichen zurückgegriffen wird. Das zeigt, dass die ‚großen Themen' der bundesdeutschen Erinnerungslandschaft und -debatte wenigstens zum Teil in die lokalen Räume zurückwirken, aber auch, dass Aspekte von Arisierung, Zwangsarbeit, Mitwirkung bei der Judenverfolgung im öffentlichen Raum ausgeblendet bleiben und eine Suche nach möglichen, lokal eigenständigen Formen materieller Erinnerungsträger nicht stattfindet. Lösungen wie die den Opfern von Krieg und Gewaltherrschaft gewidmeten Anlagen scheinen hier eine Möglichkeit für die Akteur/innen zu sein, da sich unter sie jedes Thema subsumieren lässt, jeder Verweis auf Leerstellen und fehlende Debatten mit dem Blick auf sie abgewehrt werden können. Ihre Aufgabe ist es so nicht nur, die Komplexität der Geschichte zu verschleiern und die Auseinandersetzung mit dem

38 Vgl. Statistiken. Kriegsgefangenen-Arbeitskommandos des Stalag IIIB. In: Axel Drieschner / Barbara Schulz (Hrsg.): *Stalag III B Fürstenberg (Oder). Kriegsgefangene im Osten Brandenburgs 1939–1945*. Berlin: Metropol 2006, S. 196–202, hier S. 201; Arieh J. Kochavi: *Confronting Captivity. Britain and the United States and Their POWs in Nazi Germany*. Chapel Hill: University of North Carolina Press 2005, S. 76–81. Auf dem Gelände des Hochdruckkraftwerkes befindet sich seit 2010 ein Solarpark. In Trattendorf existierten zwei weitere Kommandos des Stalag III B: Nr. 88 (1942) und Nr. 199 (1943), daneben gab es sechs Arbeitskommandos an anderen Einsatzorten im heutigen Stadtgebiet: drei in Spremberg (Nr. 40, 1943/44, Italien; Nr. 136, 1942, Sowjetunion; Nr. 256, 1944, Frankreich). Letztgenannte waren im Lazarett eingesetzt, eins in Roitz (Nr. 7, 1944, 18 US-amerikanische Gefangene, Landwirtschaft), eins in Stradow (Nr. 688/689, 1944, 47 französische Gefangene, Hanf- und Leinenfabrik) und eins in Wolkenberg (Nr. 88, 1943, Italien).

Handeln der Täter/innen und den Folgen für die Opfer zu verhindern, sondern auch, die Erinnerungskultur zu befrieden. In der Konsequenz sind die damaligen Opfer der rassistisch und antisemitisch bestimmten Handlungen in der Erinnerung den deutschen Interessen und der Weigerung, Verantwortung wenigstens im Gedenken zu übernehmen, nachgeordnet. Augenfällig zeugen die Denkmale davon, dass Hinweise auf eine Beteiligung der deutschen Bevölkerung am Nationalsozialismus und seinen Verbrechen keinen Platz in der Erinnerungslandschaft bekommen.

Dem 8. Mai 1945 als Ende des Zweiten Weltkriegs kann, nicht zuletzt ob der diffusen Bedeutung, die dem Datum und damit dem Ereignis in der deutschen Erinnerungskultur zukommt, vor diesem Hintergrund auch kein Mahnmal gesetzt werden. Bestenfalls scheint es möglich, sich diesem Datum in der Gegenwart von zwei Seiten anzunähern: Mit der Zeit davor, der in der Aneinanderreihung von befreiten Lagern, aber auch in Form gefallener und desertierter Wehrmachtsangehöriger gedacht wird, und der Zeit danach, die mit dem Elend von deutschen Flüchtlingen und dem als willkürlich grausam dargestellten Handeln der sowjetischen Behörden verknüpft wird. Dabei zeigt das kleine, nunmehr 40 Jahre alte Denkmal in Burg eigentlich, wie einfach es ist: Am 27. April 1945 endete in der kleinen Gemeinde der Krieg, und es war den deutschen Nationalsozialisten nicht mehr ohne weiteres möglich, nach ihren rassistischen und antisemitischen Weltanschauungen zu handeln, die hier eingesetzten Zwangsarbeiter/innen waren befreit.

Lee Miller als surrealistische Kriegskorrespondentin in Hitlers Badewanne

Viola Rühse

Lee Miller (1907–1977) stand nicht nur Modefotografen und Künstlern Modell, sondern arbeitete ab Anfang der 1930er Jahre auch selbst als Fotografin in unterschiedlichen Genres wie Mode-, Porträt- und freier Kunstfotografie. Während des Zweiten Weltkriegs war Miller für die *Vogue* tätig, für die sie ab 1944 ebenfalls Texte zu ihren eigenen Fotografien verfasste. Im Auftrag des Modemagazins begleitete Miller die Invasion der Alliierten auf dem europäischen Kontinent. Denn bedingt durch die forcierte Mobilisierung der Bevölkerung – d. h. auch der Frauen – wollte die *Vogue* kriegsrelevante Inhalte in ihr Format integrieren.

In den letzten Tagen des Kriegs befand sich Lee Miller mit alliierten Truppen in Süddeutschland. Den raschen vorherigen amerikanischen Vormarsch bis zum KZ Dachau behandelte sie in ihrer ersten Reportage über Deutschland. Zu ihren Eindrücken aus München sowie vom Obersalzberg verfasste sie einen weiteren Beitrag. Für diesen wählte sie die Überschrift „Hitleriana", die schon durch die für Lee Miller signifikante surrealistische Ironie geprägt ist.[1] Denn die Reportage enthält keine huldigende Zusammenstellung von Anekdoten zu Hitler, sondern die für diesen und den Nationalsozialismus wichtigen

1 Lee Miller: *Miller's War*. London: Thames & Hudson 2005, S. 191.

Örtlichkeiten in München sowie Oberbayern werden sehr kritisch und negativ dargestellt. Mit dieser Intention nahm Lee Miller für die Reportage auch Fotografien von sich selbst in Hitlers persönlichem Badezimmer in dessen Münchner Wohnung auf. Ihr Freund und Reisebegleiter auf dieser Vormarschetappe, der *LIFE*-Fotograf David E. Scherman, unterstützte sie dabei.[2]

Millers Selbstinszenierung besticht aufgrund des latent amourösen Badsujets, des satirischen Duktus und der zusätzlich in die Darstellung eingebrachten Requisiten, darunter ein ‚Führerbild' und eine kleine Porzellanstatue. Diese beiden Gegenstände erscheinen auf den ersten Blick innerhalb des Gesamtarrangements enigmatisch, unterstützen jedoch den Beziehungsreichtum der Inszenierung. Dadurch kann diese als eine komplexe Allegorie fungieren, in der der alliierte Sieg und die Befreiung vom Nationalsozialismus (insbesondere von dessen Führerkult, Geschlechterkonzept und Ästhetik) im Zusammenhang mit einer surrealistischen Freiheitsvision thematisiert werden.

1945 druckte die britische *Vogue* das Badmotiv am Ende des „Hitleriana"-Artikels nur in kleinem Format ab.[3] Nach der Wiederentdeckung von Millers Kriegskorrespondenz wurde das Sujet häufig als Einzelbild auf Ausstellungen präsentiert sowie in Katalogen und anderen Publikationen veröffentlicht.[4] Dabei wurde eine Version gewählt, in der durch den etwas nach oben gerichteten Blick von Lee Miller ein weiterer Bezug zu der in die Ferne schauenden Porzellanfigur erzeugt wird. So wirkt die Fotografie symbolträchtiger als die in der *Vogue* abgedruckte Motivvariante. Auf jene Aufnahme mit der nachdenklichen Kriegsberichterstatterin wird sich im Folgenden bezogen.[5] Heute zählt diese Fotografie zu den bekanntesten Motiven in Millers Œuvre. Daneben wird sie mittlerweile als prägend für die allgemeine Wahrnehmung des Zweiten Weltkriegs bzw. dessen Ende erachtet.

2 Lee Millers verschiedene Aufnahmen in Hitlers Badezimmer in dessen Münchner Wohnung am Prinzregentenplatz 16 können mit den dazugehörigen Negativen in der *Online Picture Library* der Lee Miller Archives abgerufen werden unter: www.leemiller.co.uk (Zugriff am 01.10.2015).

3 Lee Miller: Hitleriana. In: *British Vogue*, Juli 1945, S. 36–37, 72–74, hier S. 73.

4 Im Gegensatz zu Margaret Bourke-White publizierte Lee Miller nach dem Zweiten Weltkrieg kein Buch mehr mit ihren Fotografien aus Deutschland und fotografierte nur noch selten. Ihr Sohn Antony Penrose rief mit der von ihm herausgegebenen Publikation *Lee Miller's War. Photographer and Correspondent with the Allies in Europe* (New York: Conde Nast 1992) Millers Kriegsfotografien wieder ins Gedächtnis und bemühte sich allgemein sehr um die Nachlässe von seinen Eltern.

5 Miller: *War*, S. 191–192.

Abb. 1: Lee Miller zus. mit David E. Scherman: Lee Miller in Hitlers Badewanne, München 1945.

Die Aufnahme ist bereits in diversen Forschungsbeiträgen analysiert worden.[6] Allerdings wird sich dabei meistens zu wenig auf den Text der Reportage und Millers weiteren in Süddeutschland aufgenommenen Fotografien bezogen.[7] Vor einigen Jahren legte Katharina Menzel-Ahr

6 Vgl. u.a. Brett Ashley Kaplan: *Landscapes of Holocaust Postmemory*. New York: Routledge 2013, S. 71–98 (Kap. „Lee Miller: No Stasi"); Jutta Göner: Lee Miller in Hitlers Badewanne. Selbstinszenierung einer amerikanischen Fotografin. In: *Metis. Zeitschrift für historische Frauenforschung und feministische Praxis* 6,11 (1997), S. 123–131; Amy J. Lyford: Lee Millers Photographic Impersonations 1930–1945. In: *History of Photography* 18,3 (1994), S. 230–241.

7 Bis heute fehlt eine historisch-kritische Edition der Texte und Fotografien von Millers Kriegsberichterstattung.

eine genauere geschichtliche Einordnung von Millers in Deutschland entstandenen Aufnahmen vor.[8] Diese historische Kontextualisierung kann im Folgenden mit Berücksichtigung der Texte und anderer bislang kaum behandelter Fotos von Lee Miller noch vertieft werden. Auch werden weitere Quellen (u. a. ausgewählte alliierte Siegesdarstellungen) sowie neuere Forschungen zur Inszenierung des ‚Führers' als Privatperson herangezogen. Insbesondere der in der Wissenschaft debattierte surrealistische Einfluss auf Lee Miller soll für Aspekte wie die extreme Hitlerkritik, die Führerentmythologisierung, die Geschlechterkonzeption, die Reinigungsthematik, die Ästhetik in der Badfotografie sowie den beißenden satirischen Duktus herausgestellt werden. Die Analyse unterscheidet sich mit ihrer historischen Lesart der Fotografie von früheren Deutungen, in denen u. a. psychoanalytisch argumentiert oder sehr frei assoziiert wurde.[9] Eingegangen wird schließlich auf die *Vogue* als ursprünglichem Publikationsort.

Exemplarisch kann so die bislang häufiger infrage gestellte tiefere Auseinandersetzung Lee Millers mit surrealistischen Motiven und Theorien bestätigt werden.[10] Denn der Surrealismus prägte nicht nur Millers Arbeiten vor 1944, sondern auch ihre Kriegskorrespondenz. Gerade deswegen enthält diese die außergewöhnliche Selbstinszenierung von Lee Miller als surrealistischer Venus in Hitlers Badewanne.

Visuelle Triumphgeste und Führerentauratisierung

Für eine ungerahmte und daher besonders wasserempfindliche Fotografie ist als Präsentationsort ein Badewannenrand ungeeignet. Dort platzierte Lee Miller jedoch ein Halbfigurenporträt von Hitler in Parteiuniform, der auf diesem mittels markanter Gestik und Lichtregie als

8 Katharina Menzel-Ahr: *Lee Miller. Kriegskorrespondentin für Vogue. Fotografien aus Deutschland 1945*. Marburg: Jonas 2005.

9 Einen Überblick und kritische Diskussion wichtiger früherer Forschungspositionen bietet ebd., S. 208–210.

10 Vgl. z. B. die kürzlich erschienene, fragwürdige Einschätzung von Astrid Mahler: „In Paris kam Miller in Kontakt mit der künstlerischen Avantgarde, durch Man Ray vor allem mit den Vertretern des Surrealismus, mit deren Theorien und Publikationen. Sie beteiligte sich aber nie aktiv an den Unternehmungen des Zirkels, nahm eine distanzierte Haltung ein und hatte keinerlei Hang, sich mit dem theoretischen Programm zu beschäftigen." (Astrid Mahler: Prägende Jahre: Lee Miller und der Surrealismus. In: Walter Moser / Klaus Albrecht Schröder (Hrsg.): *Lee Miller*. Ostfildern: Hatje Cantz 2015, S. 8–17, hier S. 8.)

Abb. 2: William Vandivert: Russischer Soldat im „Führerbunker", Berlin, 1. Mai 1945.

‚Führer' inszeniert worden ist. Die Fotografie entdeckte Miller wohl in einem der anderen Räume und wählte sie gezielt aus. Es handelt sich um ein Lichtbild von Hitlers bevorzugtem Fotografen Heinrich Hoffmann.[11] Der von Miller gefundene Abzug war wahrscheinlich zum Verschenken an Unterstützer des NS-Regimes gedacht.[12] In Millers Fotografie verweist das Hitlerbild auf den früheren Hausherrn, für

11 Menzel-Ahr: *Lee Miller*, S. 206, Anm. 767.

12 Ein signiertes Hitlerbild, das dem von Miller verwendeten sehr ähnlich ist, wurde z. B. bei der 67. Auktion von *Hermann Historica* angeboten (Los-Nr. 7470); der Auktionskatalogeintrag ist zu finden unter: http://www.hermann-historica.de/auktion/hhm67.pl?f=NR_LOT&c=7470&t=temartic_R_D&db=kat67_r.txt (Zugriff am 01.10.2015).

dessen persönliche Verwendung das Badezimmer gedacht war.[13] Auf anderen Okkupationsbildern posieren die Besatzer häufig nur kurz in den eingenommenen Gebäuden. Lee Miller benutzt dagegen Hitlers Badezimmer ausgiebiger für ihre Körperreinigung, was durch die abgelegte Uniform und die Verwendung des Waschlappens betont wird.[14] Hitlers ehemalige Wohnung diente 1945 als Kommandoposten der amerikanischen Armee und Miller nahm in der Wohnung zunächst Quartier. Sie hatte so bessere Bedingungen für ihre Aufnahmen, als dies bei einer kurzen Stippvisite der Fall gewesen wäre. Auch im Berliner Führerbunker wurden nach Kriegsende Fotos gemacht, unter anderem ließ sich dort ein junger russischer, ernst blickender Soldat als exemplarischer Sieger von dem *LIFE*-Fotografien William Vandivert ablichten. Die Lichtverhältnisse waren jedoch sehr schlecht, zudem war Grundwasser eingelaufen. Deswegen posiert der Soldat wenig vorteilhaft auf Sofapolstern, die auf dem Boden liegen.

Millers rigorose Einnahme der Wohnung bis in den intimsten Raum hinein akzentuiert den massiven Machtverlust Hitlers. Er kann nicht mehr über seine Privatsphäre verfügen, zu der der Zugang vorher streng reglementiert war.[15] Lee Miller und David E. Scherman fotografierten zudem beide in München einen amerikanischen Sergeant in Hitlers Schlafzimmer, der auf dessen einstigem Bett mit Schuhen liegt und in *Mein Kampf* blättert. Bei der Publikation von Schermans Aufnahme in der *LIFE* wird in der Bildunterschrift betont, dass Sergeant Peters unbefangenes Verhalten in Hitlers Wohnung nicht lange vorher als „desecration" bestraft worden wäre.[16] Dies hätte auch für Millers Bad gegolten.

13 Für die Angestellten gab es in Hitlers Privatwohnung ein eigenes Badezimmer. Die Wohnung wurde 1935 umgebaut. Hitler wohnte seit 1929 in der Wohnung zur Miete und erwarb 1938 das ganze Haus. Dieses ist heute im Besitz des Freistaats Bayern und wird seit 1998 zur Unterbringung der Münchner Polizeiinspektion 22 genutzt.

14 Carolyn Burke: *Lee Miller. A Life*. Chicago: University of Chicago Press 2005, S. 298; Menzel-Ahr: *Lee Miller*, S. 205.

15 Vgl. Bernhard Schulz: Krieg den Palästen. In: *Der Tagesspiegel*, 25.02.2014; *LIFE*, 14.05.1945, S. 38; Lee Millers Aufnahme findet sich u.a. in Menzel Ahr: *Lee Miller*, S. 206, Abb. 213.

16 *LIFE*, 14.5.1945, S. 38.

Abb. 3: Lee Miller: Sergeant Arthur Peters auf Hitlers Bett, München, 1945.

Millers Bad kann so als eine visuelle Triumphgeste aufgefasst werden.[17] Kompositorisch wird sie als Siegerin zusätzlich durch ihre zentrale Positionierung im Bildmittelgrund hervorgehoben, das Hitlerporträt ist dagegen nur in relativ kleinem Format in der hinteren linken Randzone der Fotografie zu sehen. Zum Zeitpunkt der Aufnahme war die vollständige Kapitulation der Deutschen bald zu erwarten. Ende April

17 Lee Miller hat das Motiv wahrscheinlich am 30. April 1945 aufgenommen. Laut Antony Penrose bringt die Fotografin mit der Badewannenaufnahme visuell den Sieg über Hitler zum Ausdruck, siehe Pat Parker: Lee Miller: the Woman in Hitler's Bathtub. In: *Telegraph*, 11.02.2014. http://www.telegraph.co.uk/culture/photography/10621799/Lee-Miller-the-woman-in-Hitlers-bathtub.html (Zugriff am 01.10.2015).

war die sowjetische Armee schon in Berlin eingedrungen und die Amerikaner hatten einen großen Teil Süddeutschlands besetzt. Hitler beging zeitnah zu der Aufnahme Millers im Berliner Führerbunker Selbstmord. Zwar entzog er sich persönlich so der Bestrafung und der Schmach der Kapitulation, symbolisch desavouierte Lee Miller ihn mit ihren Aufnahmen trotzdem *in absentia*.

Bei Millers Inszenierung des Sieges über Hitler und Nazideutschland ist auffällig, dass sich gerade eine Frau, die als Kriegsteilnehmerin auf sehr niedriger militärischer Rangstufe stand, selbstbewusst als Siegerin in Kontrast zu dem faschistoiden Führerbildnis zeigt.[18] Auch bei anderen Darstellungen anlässlich des Endes des Zweiten Weltkriegs in Europa ist zu beobachten, dass von den Alliierten häufig Einzelpersonen als Kriegssieger in Szene gesetzt wurden, die keinen hohen militärischen Rang hatten. Allerdings handelte es sich dabei meist um Männer.[19] Sie sollen so stellvertretend für die vielen anderen Kriegsteilnehmer stehen, die den Sieg in Europa gewonnen haben.[20] Dies ist als ein wichtiger Unterschied zu früheren Sieges- und Okkupationsdarstellungen anzusehen, in denen Monarchen oder hohe Adlige im Zentrum stehen. Beispielsweise diente Schloss Versailles im Deutsch-Französischen Krieg unter anderem als Hauptquartier des deutschen Königs Wilhelm I. Im Januar 1871 wurde dieser dort im Spiegelsaal als deutscher Kaiser proklamiert, was mehrmals von Anton von Werner dargestellt worden ist.[21] Bei neueren amerikanischen Okkupationsfotos ist dagegen die namentliche Nennung einfacher Soldat/innen zu beobachten, was den Darstellungen eine demokratische und individualistische Note verleiht sowie ihre Authentizität unterstützt.

Die sehr persönlichen Räume werden bei Besatzungen zumeist nur fotografiert, wenn sie sehr prunkvoll sind. So fotografierte Sergeant

18 Gesellschaftlich war Lee Miller als ehemaliges Model, Muse der Surrealisten sowie angesehene Porträt- und Modefotografin allerdings bedeutender als in der Militärhierarchie.

19 Vgl. z. B. *LIFE*, 14.05.1945, S. 38.

20 Vgl. auch die Bilderläuterung in der *LIFE* zu Robert Capas Darstellung des ‚Victorious Yank' 1945: „The American soldier on the cover – a Virginian named Strickland – is one of the millions of GIs who have won the victory in Europe." (*LIFE*, 14.05.1945, S. 22.)

21 Vgl. Thomas W. Gaehtgens: *Anton von Werner, die Proklamierung des Deutschen Kaiserreichs. Ein Historienbild im Wandel preußischer Politik*. Frankfurt am Main: Fischer 1990.

Abb. 4: Benjamin Lowy: Lybische Kinder spielen im Spa-Bereich von Muatassim Gaddafi in Tripolis, 28. August 2011.

Hewitt 1945 einen Kameraden beim Baden in der luxuriösen Essener Villa Hügel und Benjamin Lowy lybische Kinder in dem edlen Spa-Bereich von Muatassim Gaddafi in Tripolis nach dessen Eroberung am 28. August 2011.[22] Fotos werden ebenfalls aufgenommen, wenn man gezielt Spuren sucht wie zum Beispiel Richard V. Blust jene von Hitlers Todesumständen in dessen sehr kleinem und einfach wirkendem Schlafzimmer im Führerbunker in Berlin.[23]

Anstatt der Badezimmer wird in den letzten Jahrzehnten die Aufmerksamkeit mehr auf die Swimmingpools und Spa-Arreale abgesetzter Machthaber gelegt.[24] Lee Miller nutzte jedoch gezielt das Badezimmer in Hitlers Wohnung als sehr intimen und einfach gestalteten Raum für ihre fotografische Inszenierung. Hitlers Privatleben war schon seit 1932

22 Sergeants Hewitts Fotografie ist abgebildet in Menzel-Ahr: *Lee Miller*, S. 205

23 Vgl. auch Peter York: *Zu Besuch bei Diktatoren*. München: Heyne 2006.

24 So wurde zum Beispiel das Schwimmbad in der Waldsiedlung bei Wandlitz, wo viele SED-Funktionäre/innen wohnten, öfter nach dem Mauerfall fotografiert. 2011 gingen mehrere Bilder durch die Medien von dem großzügigen Swimmingpool Aisha Gaddafis in Tripolis, nachdem deren Anwesen durch lybische Rebellen besetzt worden war. Bei den jüngeren Beispielen fehlt allerdings das komplexe Arrangement von Requisiten, das Lee Miller auf einigen ihrer Aufnahmen kreiert.

für die politische Propaganda dienstbar gemacht und stilisiert worden, um den ‚Führer' für verschiedene Bevölkerungsschichten attraktiver zu machen und diverse gesellschaftliche Projektionen zu erfüllen. Abbildungen seiner Wohnräume wurden über die unterschiedlichsten Medien wie Bildbände, Postkarten bis hin zu propagandistischen Zigarettenbildchen verbreitet. Intimere Räume wie Schlaf- und Badezimmer wurden dabei fast immer ausgelassen, um Hitler nicht zu gewöhnlich erscheinen zu lassen und um Indizien auf sein unter anderem auch in Hinblick auf weibliche Anhänger bewusst geheim gehaltenes Geschlechtsleben zu vermeiden.[25]

Indem Lee Miller mit dem Badezimmerfoto auf die normalen Hygienebedürfnisse des Diktators verweist, dessen Überhöhung als ‚Führer' exemplarisch durch Hoffmanns Fotografie im Bild repräsentiert wird, reduziert sie Hitler auf seine gewöhnliche Menschlichkeit jenseits von seiner Stilisierung. Zudem rückt Miller von den Möbeln gerade die Badewanne ins Bildzentrum, die mit Bequemlichkeit und Luxus konnotiert ist. Man verbindet sie vor allem mit der weiblichen Körperpflege. Die vielfältigen populären Darstellungen von Frauen in einer Badewanne weisen zumeist eine amouröse Konnotation auf.[26] Männer werden in Badewannen meist nur in humoristisch aufgefassten Darstellungen gezeigt.[27] Einfache und funktionale Duschen sind dagegen eher männlich und militärisch besetzt. Miller kann so mit Hitlers als weiblich und komfortabel konnotierter Badewanne zusätzlich das maskuline und asketische Führerbild konterkarieren.

Anhand des Grundrissplans wird zudem deutlich, dass Lee Miller nur eine Raumhälfte des Badezimmers fotografiert hat.[28] Der Charakter von Durchschnittlichkeit aufgrund der gekachelten Wände

25 Eine Darstellung von einem Schlafzimmer Hitlers als Zeichnung wurde vor 1945 anscheinend nur von Karl Schuster-Winkelhof / Walter Schmidkunz: *Adolf Hitlers Wahlheimat*. München: Münchner Buchverlag 1933, verbreitet.

26 Insbesondere in zeitgenössischen Filmen wurden für eine erotische Note gern Badeszenen integriert. Historisch tradiert ist diese Konnotation v.a. durch das biblische Motiv der Susanna im Bade, dem gleichzeitig ein männlicher Voyeurismus eingeschrieben ist. Vgl. u.a. Daniela Hammer-Tugendhat: Erotik und Geschlechterdifferenz. Aspekte zur Aktmalerei Tizians. In: Daniela Erlach / Markus Reisenleitner / Karl Vocelka (Hrsg.): Privatisierung der Triebe? Sexualität in der Frühen Neuzeit. Frankfurt am Main et al.: Lang 1994, S. 367–446.

27 Françoise de Bonneville: *Das Buch vom Bad*. München: Heyne 1998, S. 149.

28 Vgl. z.B. den im Juli 1935 erstellten Grundriss der Wohnung im zweiten Stock des Hauses am Prinzregentenplatz 16 (historische Plan-Nr. 132), aufbewahrt in der Dokumentensammlung der Polizei-Inspektion 22 in München-Bogenhausen.

anstatt einer luxuriösen Marmorverkleidung und der schlichten Ausstattung wird so zusätzlich durch einen beengten, kleinen Raumeindruck akzentuiert. Dies entspricht Millers Hauptintention im Text der Kriegsreportage, in dem sie die Geschmacklosigkeit der Nazis anprangert und Hitlers Wohnung sehr abwertend und als gewöhnlich darstellt.[29] Die Charakterisierung der Wohnung und die Aufnahme des Badezimmers sind somit beeinflusst durch Millers rigorose Antipathie gegen die Nazis.

Ironisierung des Home Story-Genres

Mit ihrer Darstellung unter anderem des schlichten Badezimmers von Hitler greift Miller ironisch das bei den amerikanischen und britischen *Vogue*-Lesern/innen beliebte Home Story-Genre auf. Sie revidiert damit den positiven Eindruck, der vor dem Zweiten Weltkrieg mit Darstellungen von Hitlers Privaträumen auch im englischsprachigen Raum gefördert worden war. In der *Vogue* wurde beispielsweise 1936 neben Benito Mussolinis palastartigen privaten Räumlichkeiten das Esszimmer in Hitlers Berghof in einer Aufnahme von Heinrich Hoffmann abgebildet. Zu unkritisch und verharmlosend wurde dessen „Gemütlichkeit" im Begleittext betont.[30] In der englischen Oberschicht, in der die britische *Vogue* auch gelesen wurde, hatte Hitler einige Anhänger, die unter anderem hofften, dass Hitler ein Bollwerk gegen die Sowjetunion errichten würde.[31]

Miller thematisiert den biederen Einrichtungsstil Hitlers nicht wie 1936 in der *Vogue* als positiv und politisch naiv. Das Interieur ist für sie ein äußeres Zeichen der von ihr sehr missbilligten nationalsozialistischen Ideologie. Miller betont, dass man sich nicht von dem harmlosen Schein von Hitler als Privatmensch täuschen lassen solle. In der Reportage „Hitleriana" geht Miller auch auf die massive Gewalttätigkeit der Nazis ein.[32] Sie war zudem besonders an der Wohnung Hitlers interessiert, weil sie sie für einen wichtigen Schauplatz der Außenpolitik hielt.

29 Miller: *War*, S. 191–192.

30 *American Vogue*-Redaktion: Mussolini, Hitler, and Eden in Retreat. In: *American Vogue*, 15.08.1936, S. 70. *Country Life* veröffentlichte im März 1936 einen Artikel zu Hitlers Haus am Obersalzberg, *Home & Garden* 1938.

31 Siehe Richard Griffiths: *Fellow Travellers of the Right: British Enthusiasts for Nazi Germany*. London: Constable 1980, u. a. S. 163, 183. Selbst im Haus Windsor gab es Nazi-Sympathisanten.

32 Miller: *War*, S. 195.

Laut Miller seien in der Wohnung alle Münchner Konferenzen von Hitler abgehalten worden, unter anderem das ‚Münchner Abkommen' von 1938, an dem der britische Premierminister Neville Chamberlain maßgeblich beteiligt war. Hitlers Wohnung wurde allerdings nur für Nebenverhandlungen, Geheimbesprechungen und Privatbesuche genutzt.[33] Lee Millers Einschätzung der Bedeutung der Gesamtwohnung als politischem Schauplatz ist also zu revidieren.
Bei ihrer Thematisierung der Wohnung Hitlers in Text und Bild berücksichtigt Miller darüber hinaus nicht die baulichen Grundbedingungen und die stilisierte Schlichtheit der Einrichtung. Auch geht sie nicht näher auf den kaschierten Luxus der Privatwohnung ein.[34] Denn das Haus wirkte vornehm und war gerade kein „ordinary semi-corner old fashioned building on a Platz", als welches es von Miller eingeordnet wird.[35] Hitlers Wohnung verfügte zudem mit 397 Quadratmetern über eine herrschaftliche Größe.[36] In der Zeit der Gebäudeerrichtung in den Jahren 1908/09 etablierte sich jedoch erst das moderne Badezimmer als eigener Raumtyp in Deutschland, weshalb es in Hitlers Wohnung wohl so klein bemessen war.[37]

33 Chamberlain suchte Hitler nach dem Unterzeichnen des Münchner Abkommens noch für das Abschließen eines speziellen „Anglo-German Agreement" in dessen Privatwohnung auf. Davon wurde ein Foto gemacht (Heinrich Hoffmann: Arthur Neville Chamberlain, Adolf Hitler und Paul Otto Schmidt in der Wohnung von Hitler, 30. September 1938. Bayrische Staatsbibliothek, München, Bildarchiv, Fotoarchiv Hoffmann M. 114 (hoff-20605). Nur dessen Existenz, jedoch nicht die genaueren Entstehungsumstände waren Miller bekannt.

34 Miller: *War*, S. 191–193. Zwar nahm beispielsweise schon die SPD in den Wahlkämpfen der frühen 1930er Jahre kritisch auf Hitlers feudale Wohnverhältnisse Bezug (siehe Edgar Feuchtwanger: *Erlebnis und Geschichte. Als Kind in Hitlers Deutschland*. Berlin 2010, S. 47), Hitlers Inszenierung als Privatmensch ist jedoch erst in der jüngeren Forschung genauer behandelt worden. Vgl. u. a. auch die Studie zu Paul Ludwig Troost, der die offizielle Repräsentationsarchitektur des Nationalsozialismus sehr geprägt hat – Timo Nüßlein, *Paul Ludwig Troost*. Wien / Köln / Weimar: Böhlau 2012.

35 Miller: *War*, S. 191.

36 Miller beschreibt Hitlers Wohnung als „quite spacious", was die Größe etwas abschwächt (Miller: *War*, S. 191).

37 Zur Geschichte des modernen Badezimmers siehe de Bonneville: *Buch vom Bad*, S. 135–139. Bei der Renovierung von Hitlers Wohnung 1935 lag der Fokus anscheinend auf der Vergrößerung des von Eva Braun genutzten sog. „Fremdenzimmers" anstatt auf den sanitären Räumlichkeiten. Denn für das erweiterte Gästezimmer musste anscheinend ein separates WC weichen. Darauf lässt das historische Planmaterial schließen. Vgl. z. B. den Plan zum Umbau der Wohnung im zweiten Stock (1935 genehmigt unter der No. 4547) im Akt zum Haus am Prinzregentenplatz 16,

Die Münchner Privatwohnung inklusive des Badezimmers wurde in dem seriös-gediegenen Einrichtungsstil von Paul Ludwig Troost (ab 1934 weitergeführt von dessen Witwe Gerdy Troost)[38] ausgestattet, mit dem Hitler seit 1930 auch für die höheren bürgerlichen Schichten akzeptabel erscheinen wollte. Das Interieur war gehoben, wirkte aber nicht zu extravagant.[39] Lee Miller schätzt in ihrem Text, dass Hitlers Wohnung und ihre Ausstattung mit einem „mittleren Einkommen" hätten finanziert werden können, was aber durchaus nicht der Fall war.[40] Auf einen luxuriöseren Lebensstil sind auch in Millers Badfotografie Hinweise zu entdecken – zum Beispiel der aufwendig strukturierte Teppich, ein Klingelbrett mit drei Knöpfen, um Personal anzufordern, sowie die schlichten, aber fein gearbeiteten und von der Größe her harmonisch in den Raum passenden Möbel. Sie waren von den Vereinigten Werkstätten für Kunst im Handwerk ausgeführt worden und stammten gerade nicht – wie von Miller fälschlicherweise vermutet – aus einem einfachen „furnishing catalogue".[41] Auch wenn Millers abwertende Charakterisierung von Hitlers Privatwohnung in Text und Bild aufgrund des heutigen historischen Kenntnisstandes ergänzt werden muss, ist ihre kritische Berichterstattung ein wichtiges Zeitzeugnis der vorher kaum fotografierten Wohnung.[42] Andere amerikanische Militärangehörige waren ebenfalls von dem biederen und spießigen Eindruck der Wohnung Hitlers frappiert.[43] Ihre Einrichtung – unter anderem die des Badezimmers – war jedoch entgegen dieses Eindrucks kostspielig gewesen.

Millers Verbindung zum Surrealismus förderte wohl ihre Hitlerkritik. Die Surrealisten/innen übertrugen das von ihnen favorisierte

Zentralregistratur / Archiv der Lokalbaukommission in München, sowie den im Juli 1935 erstellten Grundriss dieser Wohnung (historische Plan-Nr. 132) in der Dokumentensammlung der Polizei-Inspektion 22 in München-Bogenhausen.

38 Vgl. Nüßlein: *Troost*, S. 169–170.

39 Ebd., S. 71–72.

40 Miller: *War*, S. 191.

41 Ebd., S. 192.

42 Aus Sicherheitsgründen wurde Hitlers Münchner Wohnung während der NS-Herrschaft kaum fotografiert, vgl. Nüßlein: *Troost*, S. 244, Anm. 824.

43 Vgl. den Eindruck von dem ehemaligen GI Georg Stefan Troller bei der Besichtigung von Hitlers Wohnung 1945, zitiert bei Tim Pröse: Daheim bei Hitler. In: *Focus*, 19/2007, S. 122–129.

Freiheitsideal von der Sphäre der Kunst auch auf die der Gesellschaft.[44] Viele dieser Künstler/innen wandten sich daher in den 1930er Jahren gegen faschistoide Ideologien, insbesondere weil diese das höchste Gut der Freiheit beschränkten.[45] André Breton griff unter anderem marxistisches und psychoanalytisches Gedankengut auf, um die historische Bedeutung und die Anziehungskraft faschistoider Bewegungen besser zu verstehen.[46] In den 1940er Jahren waren einige surrealistische Künstler in der Résistance aktiv. Miller interessierte sich sehr für die Widerstandsbewegungen gegen die Nazis und berichtete in der *Vogue* über sie.[47] Für Lee Miller stellte die Kriegsdokumentation ebenfalls eine gegen die Nazis gerichtete Initiative, eine Möglichkeit engagierter Ästhetik dar. Ähnlich wie die Tätigkeit des von Miller bewunderten William Bayard Hale für Radio Luxemburg bot die Kriegsberichterstattung ihr die Gelegenheit, „prodding at the enemy and throwing out sparks of enlightenment to the people in the shadow."[48]

Miller war gegenüber den Nazis und den Deutschen zudem wohl auch besonders kritisch, weil befreundete Surrealisten wie Paul und Nusch

44 David Bate: *Photography and Surrealism: Sexuality, Colonialism and Social Dissent*. London: Taurus 2004, S. 245.

45 Vgl. Jutta Held: *Avantgarde und Politik in Frankreich. Revolution, Krieg und Faschismus im Blickfeld der Künste*. Berlin: Reimer 2005, S. 163–168. Eine Ausnahme war Salvador Dalí, der wegen seiner profaschistoiden Einstellung 1934 aus dem Surrealistenkreis ausgestoßen wurde.

46 Vgl. Millers kritische Bemerkungen zu ökonomischen Gründen des Erfolgs der Nazis und ihre Herausstellung der deutschen „love of death" als „under-pattern of the German living", die von französischen Analysen faschistoider Bewegungen beeinflusst zu sein scheinen (Miller: *War*, S. 176). Im Zusammenhang ihrer intensiven Beschäftigung mit Hitlers Privatleben tangiert Miller auch den Aspekt der ‚Banalität des Bösen' in einem Brief im Frühjahr 1945 an die für sie zuständige *Vogue*-Herausgeberin Audrey Withers (Miller: *War*, S. 188). Zu Bretons Auseinandersetzung mit faschistoiden Bewegungen siehe u. a. Held: *Avantgarde und Politik*, S. 140. Zur politisch linksstehenden Ausrichtung von Lee Miller vgl. das instruktive Aktenmaterial des britischen Geheimdienstes MI5 zu ihr – Elizabeth Miller ELOUI, alias PENROSE, alias Lee MILLER: American [...]. The National Archives, Kew (Akten des Security Service), KV 6/82.

47 Vgl. z. B. Lee Miller: Brussels Uses Its Freedom, Trades Underground Yarns, Becomes a "leave town" ... In: *American Vogue*, März 1945, S. 132–135, 162, 164; dies.: Denmark. Gay Little Country that Snubbed and Swindled the Nazis ... In: *American Vogue*, 15.08.1945, S. 138–139, 140–141, 186–187. Beide Reportagen wurden nicht in den Band *Lee Miller's War* aufgenommen und werden in der Forschung wenig berücksichtigt.

48 Miller: *War*, S. 130.

Éluard sehr unter ihnen gelitten hatten.[49] Außerdem hatten einige ihrer engen Freunde wie z. B. Man Ray jüdische Vorfahren. Mit den Verbrechen der Nazis in den Gefängnissen und KZs setzte sich Miller intensiv auseinander und war kurz vor der Badewannenaufnahme auch in Dachau gewesen.[50] Dies beeinflusste ihre sehr harsche Entmystifizierung und Diskreditierung von Hitler in der Badfotografie und in anderen Aufnahmen.

Für Miller als eine offizielle Kriegsberichterstatterin, die auf offiziellen Fotos eine förmliche Uniform mit Rock trug,[51] ist die unbekleidete Selbstinszenierung in einer Badewanne wegen des amourösen Charakters durchaus gewagt. Sie erscheint zudem singulär, denn von anderen Kriegsberichterstatterinnen im Zweiten Weltkrieg sind solche Darstellungen nicht überliefert.[52] Selbst auf den Aufnahmen von den ekstatischen Siegesfeiern in London und New York werden Zivilistinnen weniger sinnlich gezeigt.[53]

Die Darstellung passt jedoch zu Millers durch den Surrealismus geprägter freiheitlicher Lebensanschauung, in der der Eros eine zentrale Rolle inne hatte. Für die Darstellung surrealistischen Begehrens hat Miller in den 1930er Jahren beispielsweise für Man Ray Modell gestanden.[54]

49 Paul Éluard war in der Résistance aktiv; er und seine Frau entgingen nur mit viel Glück einer Verhaftung durch die Gestapo, u. a. indem sie achtmal in sechs Monaten umzogen (Burke: *Lee Miller*, S. 231). Die Verfolgung begünstigte Nusch Éluards frühen Tod 1946.

50 Miller interessierte sich beispielsweise auch für das KZ Struthof und ging u. a. auf die Massendeportation von Juden/Jüdinnen in Luxemburg ein (Burke: *Lee Miller*, S. 265; Miller: *War*, S. 114).

51 Vgl. z. B. das Gruppenbild der Kriegskorrespondentinnen Mary Welsh, Dixie Tighe, Kathleen Harriman, Helen Kirkpatrick, Lee Miller und Tania Long, 1942 (National Archives), siehe Nancy Caldwell Sorel: *The Women Who Wrote the War*. New York: Harper 2000, S. 171.

52 Anlässlich des Kriegsendes in Europa ließ sich die Reporterin Virginia Irwin vom *St. Louis Post-Dispatch* mit ihrem Fahrer Johnny Wilson vor einem Straßenschild mit der Stadtangabe „Berlin" fotografieren. Catherine Coyne vom *Boston Herold* und Marjorie Avery (*Detroit Free Press*) sowie andere Kollegen wurden bei einer kleinen Feier anlässlich des „VE-Day" fotografiert, siehe Sorel: *The Women*, S. 364, 374.

53 Vgl. z. B. die Fotografie von zwei britischen Matrosen und zwei jungen Frauen, die mit hochgekrempelter Kleidung im Wasserbecken des Trafalgar Square-Brunnen bei den Siegesfeierlichkeiten am 8. Mai 1945 posieren (Imperial War Museum London, Kat.-Nr. EA 65799).

54 Vgl. u. a. die Aktstudie Man Rays mit Lee Miller als Modell, die 1931 entstanden ist – abgebildet z. B. in Antony Penrose: *The Lives of Lee Miller*. London: Thames & Hudson 1985, S. 27.

Aus Geschlechterperspektive ist es ein besonderer Triumph, dass ein früheres, weiterhin sehr attraktives Model in latent frivoler Pose Hitlers Badezimmer besetzt. Zuvor war der Eindruck propagiert worden, dass Hitler keine Freundin habe und sein Badezimmer somit nicht von weiblichen Personen benutzt wurde. Die Möglichkeit, sich im Führerbadezimmer ablichten zu lassen, nutzte Lee Miller, um Hitler in mehrerlei Hinsicht seine symbolische Potenz zu rauben. Die *Vogue* als Modemagazin mit großer Affinität zur Kunst bot Miller die Möglichkeit, sozusagen als ‚Publikationsnische' die zum Beispiel für das Fotoreportagemagazin *LIFE* wohl etwas zu gewagte und surrealistisch geprägte Darstellung zu veröffentlichen.

Die emanzipierte, surrealistische Venus

Wie oben erwähnt, hat Miller zusätzlich zu dem Hitlerbild eine kleine Porzellanstatue in das Bild eingebracht, die sie wahrscheinlich wie die Fotografie von Hitler in einem anderen Raum der Wohnung vorgefunden hatte. Es handelt sich um die damals sehr beliebte Figur „Die Ausschauende". Sie basiert auf einem Modell von Rudolf Kaesbach und wurde in dem nach 1933 arisierten Porzellanunternehmen Rosenthal produziert.[55] Die kleine Porzellanplastik entspricht auf ideale Weise der Naziästhetik. So ist sie in dem von Hitler präferierten ‚nordisch-griechischen' Stil gehalten. Als sehr geduldig Ausschauende transportiert die Figur eine von den Nazis bevorzugte passive weibliche Erotik.[56] Diese fand ihr soziales Pendant darin, dass die Rolle der Frau auf die Mutterschaft reduziert wurde, während der Mann im öffentlichen Leben und damit auch im Krieg aktiv sein sollte. Diese Rollenverteilung thematisiert Miller ebenfalls in ihrer Kriegskorrespondenz.[57]

55 Der Gründer der Porzellanmanufaktur Rosenthal wurde wegen seiner jüdischen Herkunft nach 1933 von den Nazis aus seinem Unternehmen verdrängt.

56 Vgl. die prägnante Charakterisierung von Didier Herlem zur Aktplastik im Dritten Reich: „All diese weiblichen Akte vermitteln denselben Eindruck des Wartens, der geduldigen Verfügbarkeit: lauter rassisch einwandfreie Dornröschen, die wachbefruchtet sein möchten und ihre weiblichen Reize passiv ausstrahlen lassen." (Didier Herlem: Nationalsozialistische Geschlechterideologie und Aktplastik im Dritten Reich. In: *Germanica* 14 (1994), S. 79–89, hier S. 85.)

57 Miller geht z. B. darauf ein, dass die Frauen in den von den Deutschen besetzten Gebieten nicht rauchen, sich nicht schminken und sich nicht auf eine berufliche Karriere vorbereiten sollten (Miller: *War*, S. 115).

Miller steht in Bezug zu der Porzellanfigur aufgrund ihres entkleideten Zustand, ihres Rufs als lebende surrealistische Venus-Statue und die damit zusammenhängende Allusion an das traditionelle Kunstmotiv der ‚Venus bei der Toilette', die noch näher erläutert wird.[58] Durch diese Kunstreferenzen erhält ihre amouröse Inszenierung als Badende eine sublimierte Note. Im Kontrast zur passiven Erotik der kleinen Statue und anderen populären Venusdarstellungen repräsentiert Miller in Hitlers Badezimmer eine selbstbestimmte Weiblichkeit. Denn mit ihrer Armhaltung verdeckt sie geschickt ihren Oberkörper.[59] Einerseits konnte die Aufnahme so leichter die Zensur passieren und in der *Vogue* erscheinen, andererseits wirkt die Dargestellte dadurch sehr emanzipiert. Miller verweist zudem mit der abgelegten Uniform und den intensiv benutzten Militärstiefeln, die direkt vor der Wanne stehen und auf der Badematte einen deutlichen Abdruck hinterlassen haben, auf ihre Teilnahme am Krieg, der traditionell als männlich konnotiert ist.[60] Zudem hat sich Miller zentral zwischen dem Hitlerbild und der Frauenstatue positioniert. So hebt sie mit ihrer Verbindung von Männlichem und Weiblichem die insbesondere vom Nazi-Ideologen Alfred Rosenberg propagierte nationalsozialistische Geschlechterpolarisierung auf.[61]

58 Lee Miller wirkte in dem 1930 gedrehten Film *Le sang d'un poète* (*Das Blut eines Dichters*, Frankreich 1932, R: Jean Cocteau) als Venusstatue mit, die mit einem Kuss zum Leben erweckt wird. Bei dem Aufgreifen des Motivs ‚Venus bei der Toilette' von einem Meister der Fontainebleau-Schule wurde z. B. eine Badewanne integriert (Schule von Fontainebleau: *Venus bei der Toilette*, ca. 1550, Öl auf Leinwand, 97 x 126 cm. Musée du Louvre, Paris (R. F. 658)).

59 Große Aufmerksamkeit wurde im Dritten Reich beispielsweise der sogenannten „Bäuerlichen Venus" von Sepp Hilz, einem Lieblingsmaler Adolf Hitlers, zuteil, siehe Helena Ketter: *Zum Bild der Frau in der Malerei des Nationalsozialismus. Eine Analyse von Kunstzeitschriften aus der Zeit des Nationalsozialismus*. Münster: Lit 2002, S. 132.

60 Die traditionelle Geschlechtszuschreibung für Krieg und Frieden spiegelt sich auch in der klassischen Ikonografie von Venus und Mars wieder (Martin Kaulbach: Weiblicher Friede – männlicher Krieg? Zur Personifikation des Friedens in der Kunst der Neuzeit. In: Sigrid Schade / Monika Wagner / Sigrid Weigel (Hrsg.): *Allegorien und Geschlechterdifferenz*. Köln: Böhlau 1985, S. 27–49).

61 Die nationalsozialistische Geschlechterideologie hatte Alfred Rosenberg schon 1926 in dem Artikel „Mann und Weib" ausgeführt (Alfred Rosenberg: Mann und Weib. In: Ders.: *Blut und Ehre*, Bd. 1: Ein Kampf für deutsche Wiedergeburt. Reden und Aufsätze 1, 1919–1923. München: Eher 1936).

Abb. 5: Lee Miller zus. mit David E. Scherman: Lee Miller in ihrem Jeep auf dem Weg nach Köln, Paris, 1945.

Im Surrealismus wurden die traditionellen Geschlechterkategorien von mehreren Künstler/innen infrage gestellt.[62] Lee Miller brach gängige Vorstellungen von Weiblichkeit schon vor dem Zweiten Weltkrieg auf. So ließ sie sich in intimen Situationen mit Freundinnen wie Adrienne („Ady") Fidelin fotografieren, was in der Forschung bislang wenig

62 Siehe Ines Oberegger: Die androgyne Emanzipation – Selbstinszenierungen jenseits der „Weiblichkeit" bei Claude Cahun, Meret Oppenheim und Louise Bourgeois. In: Verena Krieger (Hrsg.): *Metamorphosen der Liebe, Kunstwissenschaftliche Studien zu Eros und Geschlecht im Surrealismus.* Münster: Lit 2006, S. 75–102, u. a. S. 101.

beachtet worden ist.[63] Im Zweiten Weltkrieg fand Miller sichtlich Gefallen daran, weiblich konnotierte Verhaltensweisen abzulegen und als „femme soldat" gesehen zu werden.[64] Ihre männliche Erscheinung im Militäranzug ließ sie wiederholt von Scherman fotografieren.[65]
Mit ihrer emanzipierten Selbstinszenierung setzte sich Miller von einigen misogynen surrealistischen Vertretern ab, die in ihren Arbeiten die Frau sehr drastisch als Lustobjekt stilisieren.[66] Miller verkehrte allerdings in dem Kreis um Paul Éluard, dessen Frauenbild weniger durch Gewalt- und Zerstörungsfantasien deformiert war.[67] Zu ihren Freundinnen zählten in der zweiten Hälfte der 1930er Jahre zudem Surrealistinnen wie Leonora Carrington, die wie Miller auf Unabhängigkeit bedacht waren.[68] In Analogie zu der Fotomontage „Je ne vois pas la [femme] cachée dans la forêt" aus dem Jahr 1929, in der nur Surrealisten mit geschlossenen Augen um eine Venus-Figur von René Magritte angeordnet sind, ließen sich 1937 in Cornwall Lee Miller, Ady Fidelin, Nusch Éluard und Leonora Carrington als emanzipiertes Quartett mit ebenfalls geschlossenen Augen von Roland Penrose fotografieren.[69] Programmatisch verweisen in dieser Aufnahme weibliche Vertreter des Surrealismus nicht auf ihre Rolle als Musen, sondern auf ihre eigene Beschäftigung mit dem Unterbewusstsein, Träumen und Begehren.
Millers emanzipierte Triumphgeste in Hitlers Badewanne passt auch zu dem aktiven Frauenideal, das von der *Vogue* in der ersten Hälfte der 1940er Jahre gefördert wurde. Denn die Frauen sollten so ermutigt werden, ebenfalls einen Beitrag zum Krieg zu leisten. Im Dezember 1941 verabschiedete die englische Regierung den „National Service Act" (Nr. 2), der die Einberufung von Frauen für den Wehrdienst festlegte. Lee Miller behandelte häufiger die Kriegsunterstützung von Frauen;

63 Man Ray: *Adrienne Fidelin und Lee Miller*, 1937. Centre Pompidou, Paris, Inv.-Nr. AM 1994-394 (4419).

64 Miller: *War*, S. 65; siehe auch ebd., S. 10.

65 Vgl. z. B. David Scherman: Lee Miller in ihrem Jeep. In: ebd., S. 93.

66 Karoline Hille: *Spiele der Frauen. Künstlerinnen im Surrealismus*. Stuttgart: Belser 2009, S. 40.

67 Held: *Avantgarde und Politik*, S. 198–199.

68 Vgl. Whitney Chadwick / Leonora Carrington: Evolution of a Feminist Consciousness. In: *Woman's Art Journal* 7,1 (1986), S. 37–42.

69 Roland Penrose: Surrealistinnen in Lamb Creek, Cornwall 1937, abgedruckt in Antony Penrose: *Roland Penrose. The Friendly Surrealist. A Memoir*. München / New York: Prestel 2001, S. 44.

zum Beispiel thematisierte sie die Arbeit von Frauen im britischen Heer in der Fliegerabwehr in einer *Vogue*-Reportage 1943.[70]

Die unmittelbare Ursache für Millers Bad in Hitlers Wanne war ein sehr reales, dringendes Bedürfnis der Körperreinigung. Denn Waschmöglichkeiten waren beim amerikanischen Vormarsch selten.[71] Insbesondere den amerikanischen Soldaten, die kurz nach dessen Befreiung im KZ Dachau gewesen waren, verlangte es vor dem Hintergrund dieser seelisch und körperlich herausfordernden Situation tatsächlich dringend nach einem anschließenden Bad.[72] Es ist somit nicht verwunderlich, dass Millers Militärstiefel auf der Badematte einen betont schmutzigen Abdruck hinterlassen haben. In einem Nachkriegsinterview betont Miller, dass sie sich in Hitlers Badewanne den Staub von Dachau abgewaschen habe.[73]

Die Surrealisten/innen gestalteten jedoch häufig äußere Vorgänge in Hinblick auf eine symbolische Bedeutung. Millers Bad kann ebenfalls als sinnbildhafter Ausdruck der Situation am Kriegsende gesehen werden. Dies legen die Hitlerthematik und die schon erwähnte Allusion an die Ikonografie der ‚Venus bei der Toilette' nahe. Mit diesem traditionellen Bildmotiv wurden früher unter anderem eine moralische Reinheitsvorstellung und ein ästhetisches Ideal zum Ausdruck gebracht.[74] Lee Miller thematisiert mit ihrer Aufnahme die politische und geistige

70 Lee Miller: Night Life Now. In: *British Vogue*, Juni 1943, S. 30–31; siehe auch dies: *Wrens in Camera*. London: Hollis & Carter 1945.

71 Siehe u. a. Miller: *War*, S. 73; Menzel-Ahr: *Lee Miller*, S. 205.

72 Miller macht auf die extreme Erschütterung der alliierten Soldaten über die Zustände in Dachau kurz nach dessen Befreiung u. a. im Text ihrer Berichterstattung aufmerksam (Miller: *War*, S. 187): „Soldiers were encouraged to 'sightsee' around the place […]. However, by midday, […] many really tough guys had become sick […]." Das extreme, sich physisch auswirkende Schockiertsein der alliierten Soldaten in Dachau kurz nach dessen Befreiung wird u. a. auch von dem Journalisten Hugh Carleton Greene angeführt (siehe Cornelia Brink: *Ikonen der Vernichtung. Öffentlicher Gebrauch von Fotografien aus nationalsozialistischen Konzentrationslagern nach 1995*, Berlin: Akademie 1998, S. 51). Millers Berichterstattung über die Zustände in Dachau und ihre weiteren Bezugnahmen darauf waren auch einer nachträglichen Legitimation der alliierten Kriegsanstrengungen förderlich.

73 Burke: *Lee Miller*, S. 298. Die seelischen Eindrücke von Dachau und anderen Erlebnissen bei ihrer Arbeit als Kriegskorrespondentin waren für Lee Miller weniger einfach zu bewältigen. Nach Kriegsende litt sie an Symptomen, die heute einer posttraumatischen Belastungsstörung zugezählt werden.

74 Peter Martin: *Schwarze Teufel, edle Mohren. Afrikaner in Geschichte und Bewußtsein der Deutschen*. Hamburg: Hamburger Edition 1993, S. 249. Die Ikonografie entwickelte sich in der Renaissance aus Venus-, Susanna- und Bathseba-Vorstellungen (siehe Petra Schäpers: *Die junge Frau bei der Toilette: Ein Bildthema im venezianischen Cinquecento*. Frankfurt am Main: Lang 1997).

Reinigung Europas von Nazideutschland, indem sie als akkreditierte Kriegskorrespondentin das Badezimmer okkupiert. Mit ihrer fotografischen Inszenierung stellt sie zudem einige wichtige Aspekte der nationalsozialistischen Ideologie – Führerkult sowie Frauenbild – infrage.[75] Millers Darstellung fungiert so als ein visueller Ausdruck der siegreichen Befreiung Europas von faschistoider Herrschaft, die ein Hauptmotiv beim Kampf gegen die Deutschen war. Die Relevanz der symbolischen Reinigung wird vor allem in Zusammenschau mit Millers vielen weiteren Bildern und Textmaterialien aus dem Zweiten Weltkrieg deutlich, in denen sie die menschenunwürdigen Folgen der Vernichtungspolitik der Nazis dokumentiert hat, unter anderem im KZ Dachau kurz vor der Badezimmerfotografie. Bei der Präsentation dieser Aufnahme als Einzelbild auf Ausstellungen oder in Überblicksdarstellungen wird der Kontext der Münchner Reportage und der Kriegskorrespondenz jedoch meistens nicht näher dargelegt.

Von den Surrealisten wurde Wasser häufig als bildlicher Ausdruck für einen befreiten Zustand und der dadurch erreichbaren Regeneration und Verjüngung gewählt.[76] Als wesentlich hierfür galt ihnen die positive Energie der Liebe, die substanzielle Integrität ermögliche.[77] Erst mit dieser kann aus surrealistischer Sicht die Befreiung von faschistoider Herrschaft vollendet und wirkliche Freiheit erreicht werden, die eine der wichtigsten Motivationen der surrealistischen Bewegung darstellte.[78]

75 Auf Millers Auseinandersetzung mit Ästhetik wird weiter unten noch eingegangen. In anderen Fotos gestaltete Miller mit der Reinigungsthematik in Verbindung stehende Motive, für die eine genauere Analyse noch aussteht. So akzentuiert Miller beispielsweise das Durchlüften von Eva Brauns Haus und das extreme Reinigen des Hauses neben dem von Eva Klein, wo eine „SS garrison for the protection of Eva and Adolph [!]“ untergebracht war (vgl. Lee Miller: *Eva Brauns Haus* [Außenansicht mit offenen Fenstern] sowie *Reinigungskräfte und andere Personen*, München 1945. Lee Miller Archives, Chiddingly, sowie Miller: *War*, S. 198 sowie die Abb. ebd., S. 199).

76 Vgl. Terri Geis: My Goddesses and My Monsters. In: Dawn Edes / Rita Eder / Graciela Speranza (Hrsg.): *Surrealism in Latin America: Vivisimo Muerto*. Los Angeles: Getty Research Institute 2012, S. 143–157, hier S. 149, 152–153. Vgl. auch Marcel Duchamps *Salle de Pluie* in der Exposition Internationale du Surréalisme 1947 in Paris, die auf früheres surrealistisches Gedankengut rekurriert (siehe u. a. Tessel M. Bauduin: *The Occultation of Surrealism. A Study of the Relationship between Bretonian Surrealism and Western Esotericism*: Amsterdam: Elck Syn Waerom 2002, S. 234).

77 Jean Gaulmier: Continuité de Paul Éluard. In: *Europe*, Sonderausgabe 40, 403–404 (1962), S. 165–170.

78 Vgl. André Breton: *Arkanum 17. Ergänzt durch Erhellungen*. München: Matthes & Seitz 1993, S. 108–109.

Dieses Konzept findet einen idealen Ausdruck in Lee Miller als zeitgenössischer Göttin der Liebe und Schönheit in Hitlers Badewanne am Ende des Zweiten Weltkriegs in Europa. Durch die Badewanneninszenierung wird eine erotische Konnotation eingebracht, die surrealistisch geprägt ist. Aufgrund des dargelegten surrealistischen Einflusses hebt sich die außergewöhnliche Aufnahme von anderen Sieges- und Befreiungsdarstellungen ab. In thematisch ähnlicher Weise wie Lee Miller drückt Breton den Erneuerungswunsch der Menschheit nach dem Nationalsozialismus mit einem Symbolkomplex von Wasser, Weiblichkeit und Liebe aus (zum Beispiel mit einer Melusinengestalt).[79] Die surrealistische Liebes- und Freiheitsvorstellung ist konträr zur Naziideologie zu sehen. Die Reinigungsvorstellung unterscheidet sich zudem maßgeblich von den fragwürdigen Rassenreinheitsvorstellungen der Nazis.[80] Auch ist sie dezidiert von problematischen Purity-Idealen zu unterscheiden, die in der letzten Zeit beispielsweise in den USA in evangelikalen Kreisen wieder aufleben.[81] Lee Millers Hauptintention bei der Fotografie, die Befreiung vom Nationalsozialismus zum Ausdruck zu bringen, entsprach generell dem Anliegen der *Vogue*, am Kriegsende zu einem positiven Neubeginn zu motivieren.[82]

Auffällig ist jedoch Millers betont ernster Blick in der hier behandelten, besonders gelungenen Motivvariante von ihr in Hitlers Badewanne. Die Kriegsberichterstatterin war von der Dokumentation der nationalsozialistischen Verbrechen traumatisiert und nach den Kriegserlebnissen fiel ihr längere Zeit das Lächeln schwer.[83] Der Blick passt darüber hinaus zu der kritischen Haltung von Lee Miller für die Zeit

79 Der Motivkomplex von Frau und Wasser ist in Wort und Bild bei den Surrealisten schon zuvor bedeutsam, vgl. z. B. Paul Éluards Gedicht *Tu te lèves l'eau se déplie* (abgedruckt in ders.: *Œuvres complètes*, Bd. 1: Facile. Paris: Gallimard 1968, S. 459). Siehe auch Millers 1933 in New York entstandene Fotografie *Floating Head* (abgedruckt in Penrose: *Lives*, S. 45).

80 In mehreren früheren Forschungsbeiträgen zur Fotografie von Miller in Hitlers Badewanne wurde auf den Holocaust sehr assoziativ und auf inhaltlich fragwürdige Weise Bezug genommen (siehe die Kritik in Menzel-Ahr: *Lee Miller*, S. 210).

81 Siehe u. a. Sara Moslener: *Virgin Nation. Sexual Purity and American Adolescence*. Oxford: Oxford UP 2015; Robbie Duschinsky: Ideal and Unsullied: Purity, Subjectivity and Social Power. In: *Subjectivity* 4 (2011), S. 147–167.

82 Nach den vielen Schreckensmeldungen des Kriegs war dies der *Vogue* ein besonderes Anliegen (vgl. Lesley Cunliffe: Lee Miller/Audrey Withers. In: *Frieze* 7 (1992). http://www.frieze.com/article/lee-milleraudrey-withers (Zugriff am 01.10.2015)).

83 Burke: *Lee Miller*, S. 268.

nach dem Kriegsende. Skeptisch war sie unter anderem aufgrund der vielen Kriegszerstörungen in Europa und der fehlenden Schuldgefühle, der Amoral und der großen Verblendung in der deutschen Bevölkerung.[84] Aufgrund der Verfolgung der Surrealisten durch die Nazis und der Emigration einiger führender Vertreter/innen war es zudem noch schwieriger, eine soziale Transformation im Sinne des von Miller vertretenen surrealistischen Freiheitsideals zu verwirklichen.

In der collageartigen, vielschichtigen Aufnahme greift Lee Miller viele Impulse auf – neben ihren Erfahrungen beim Posieren als Model, beim Inszenieren von Mode- und Porträtfotografien auch ihre kunsthistorischen Kenntnisse. Die Darstellung steht in der Tradition komplexer Friedensallegorien aus Renaissance und Barock, enthält mit der Befreiung von Nazi-Deutschland jedoch einen zeitgenössischen Inhalt. Der Triumphgestus wird zudem sinnfälligerweise in einer forcierten Avantgardeästhetik zum Ausdruck gebracht, die von den Nationalsozialisten diffamiert worden war. Die Ästhetik der Aufnahme ist durch den Surrealismus geprägt – aussagekräftige *objets trouvés* aus anderen Zimmern der Privatwohnung Hitlers bewirken in der ungewöhnlichen Gesamtkonstellation Schockeffekte, die bei Miller im Vergleich zu anderen Surrealisten wie Salvador Dalí feinsinnig sind. Die Fotografie mit dem diffizilen Arrangement erfüllt zudem wichtige Aspekte des surrealistischen konvulsivischen Schönheitsideals, so werden Gegensätze wie männlich und weiblich sowie Krieg und Schönheit und ein erotisches Sujet mit der Badszene eingebracht.[85]

Triumphierende Satire

Mehrere Elemente in Millers Fotografie – wie zum Beispiel die amouröse Besetzung des Badezimmers von dem scheinbar zölibatär lebenden Hitler durch eine sehr emanzipierte Amerikanerin, das Aufgreifen des Home-Story-Genres sowie die Art der Desavouierung des Führerkults – fallen in den Bereich beißender Satire. Diese war von André Breton 1940 in *L'Anthologie de l'humour noir* angesichts des beginnenden Zweiten Weltkriegs als künstlerische Strategie gegen die

84 Ebd., S. 193.

85 Vgl. André Breton: L'Amour fou. In: Ders.: *Œuvres complètes*, Bd. 2. Paris: Gallimard 1988, S. 687.

Abb. 6: Robert Capa: Victorious Yank. In: *LIFE*, 14.05.1945.

zeitgenössischen Traumata propagiert worden.[86] Mit Satire wurde auch außerhalb der surrealistischen Bewegung der Widerstandsgeist angeregt und das Durchhaltevermögen gegen die Nationalsozialisten gestärkt.[87] In Deutschland und in den von den Nazis besetzten Gebieten konnten satirische Arbeiten jedoch nicht offen zirkulieren, da solche oppositionellen Äußerungen unverhältnismäßig hart bestraft wurden. 1934 war mit dem sogenannten Heimtückegesetz hierfür die Rechtslage verschärft worden. Nach der Einnahme von wichtigen deutschen Stützpunkten stellte die Satire ein wichtiges Element zur Verdeutlichung des Triumphs über den Nationalsozialismus dar. Die zeitgenössischen Anti-Nazi-Parodien, in deren Kontext Millers Aufnahmen bislang noch nicht gestellt worden sind, bilden eine wichtige Ergänzung zu der weniger spöttischen damaligen Siegesikonographie (den Bildern von Siegesparaden, dem Hissen von Siegesfahnen, dem Victory-Handzeichen oder den Fotos von Zeitungen mit großen Schlagzeilen zu Hitlers Tod oder Darstellungen der deutschen Kapitulation).[88] Besonders einflussreich und inspirierend für andere Aufnahmen war 1945 Robert Capas Aufnahme des ‚Victorious Yank' mit einem satirischen Nazigruß vor dem Hakenkreuz der Zeppelintribüne auf dem Nürnberger Reichsparteitagsgelände.[89]

Die Desavouierung des Hitlerkults mit solchen satirischen Bildern war 1945 bedeutsam für die Siegespropaganda der amerikanischen Armee, die Miller begleitete. Denn die Einnahme von Süddeutschland und insbesondere von München als geistigem Mittelpunkt des Nationalsozialismus durch die amerikanischen Streitkräfte vermittelte man als „Trümmerschlag gegen den Hitlermythos". Damit versuchte man sich von amerikanischer Seite aus zunächst von der sowjetischen Einnahme

86 André Breton: *L'Anthologie de l'humour noir* [1939]. Paris: Pauvert 1966.

87 Besonders bekannt als gegen den Nationalsozialismus gerichtete Arbeiten sind beispielsweise die Fotomontagen von John Heartfield oder Charlie Chaplins Film *The Great Dictator* (*Der große Diktator*, USA 1940).

88 Zu den konventionellen Siegesäußerungen gehört zum Beispiel die am 24. Juni 1945 auf dem Roten Platz in Moskau mit 40.000 Marschierenden abgehaltene Siegesparade. Besonders bekannt (und umstritten) ist auch die Fotografie von Jewgeni Chaldei, die das Hissen der sowjetischen Siegesfahne auf dem Berliner Reichstag am 2. Mai 1945 zeigt (siehe Ernst Volland: *Das Banner des Sieges*. Berlin: Berlin Story 2008).

89 Siehe das Cover der *LIFE* vom 14.05.1945 sowie ebd., S. 22.

Berlins abzusetzen, das als politisches Zentrum galt.[90] Dieses Anliegen entsprach dem oben erläuterten surrealistisch geprägten Interesse von Miller an einer Entmythologisierung des Führerkults. Miller machte daher wohl im Vergleich zu anderen Kriegskorrespondent/innen besonders viele und stark satirische Bilder und Bemerkungen in ihren Texten. Die Badaufnahme ist allerdings besonders vielschichtig und auch tiefsinniger als jüngere satirische Zeugnisse zu Hitler, die das Führerbadezimmer als Handlungsort wählen.[91] Sie ist ein eindrückliches Zeugnis von Millers engagierter und emanzipierter Ästhetik, die maßgeblich durch den Surrealismus geprägt ist und ihre Kriegsberichterstattung so besonders macht.

90 Vgl. auch die Reportage „Hitler Myth. It Is Smashed in Munich" in der *LIFE*-Ausgabe vom 14. Mai 1945 (S. 36–38), die mit Schermans Fotografien illustriert wurde.

91 Vgl. z. B. das 2006 veröffentlichte, triviale Musikvideo *Adolf – ich hock' in meinem Bonker* nach Comiczeichnungen von Walter Moers (siehe Gabriel D. Rosenfeld: *Hi Hitler! How the Nazi Past Is Being Normalized in Contemporary Culture*. Cambridge: Cambridge UP 2015, S. 314–315).

III.
Praktiken

„Danke Opa! Ich bin in Berlin!“[1]

Gedenken an den 9. Mai 1945. Postsowjetische Praktiken und Orte

Cordula Gdaniec

„Das ist das Fest der Feste“, sagte ein Besucher der Feierlichkeiten im Siegespark in Moskau am 9. Mai 2013. Der ältere Herr mit vielen Medaillen und Orden am Jackett erklärt den jungen Forscherinnen bereitwillig seine Gedanken zum Tag des Sieges, wie der gesetzliche Feiertag anlässlich des Sieges über Nazi-Deutschland in Russland heißt.[2]

1 „Ja pomnju! Ja gorshus'! Spasibo ded! Ja w Berline!“ [Ich erinnere! Ich bin stolz! Danke Opa! Ich bin in Berlin!], einer von Hunderten von Kommentaren in der Ausstellung *Der 9. Mai. Formen des Gedenkens an das Kriegsende 1945* im Deutsch-Russischen Museum Berlin-Karlshorst, 8. Mai bis 30. August 2015, kuratiert von Cordula Gdaniec zusammen mit Mischa Gabowitsch und Ekaterina Makhotina. Die Ausstellung erfolgte im Rahmen des Forschungsprojekts „Sieg, Befreiung, Besatzung. Kriegsdenkmäler und Gedenkfeiern zum 70. Jahrestag des Kriegsendes im postsozialistischen Europa“, das von der Stiftung Aufarbeitung der SED-Diktatur, der Graduiertenschule für Ost- und Südosteuropastudien an den Universitäten München und Regensburg sowie dem Deutsch-Russischen Museum Berlin-Karlshorst gefördert und vom Einstein Forum Potsdam koordiniert wurde. Alle Übersetzungen, soweit nicht anders vermerkt, stammen von der Autorin.

2 Zitat aus der Ausstellung *Der 9. Mai. Formen des Gedenkens an das Kriegsende 1945*; siehe dazu auch Natalja Konradova / Natalja Koljagina: Den‘ Pobedy na Poklonnoi gore: struktura prostranstwa i ritualy [Der Tag des Sieges auf Poklonnaja gora: Struktur von Raum und Ritual]. In: Michail [Mischa] Gabowitsch (Hrsg.): Pamjatnik

Das Datum, das in West- und Mitteleuropa das Ende des Zweiten Weltkriegs in Europa markiert, ist der 8. Mai. Ein offizieller, arbeitsfreier Tag ist er in der EU nur in Frankreich (‚Fête de la Victoire'), in Tschechien (‚Befreiung Tschechiens') und in der Slowakei (‚Tag des Sieges über den Faschismus'). In den Niederlanden ist der 5. Mai ‚Befreiungstag', und es ist arbeitsfrei. Der 9. Mai in Russland hebt sich vom 8. Mai nicht nur durch das Datum und den Feiertagsstatus ab, sondern auch durch seinen hohen Stellenwert im gesellschaftlichen und politischen Kalender. Obwohl sich seine Bedeutung sowie die Rituale, Gedenkorte und Symbole seit der Feier des ursprünglichen Siegestages 1945 kontinuierlich gewandelt haben, bleibt seine zentrale Rolle in der Gesellschaft ungebrochen.

Über die gut zwanzig Jahre seit dem Zerfall der Sowjetunion haben sich in den jeweiligen Ländern – wie auch in einzelnen Teilrepubliken der Russischen Föderation – nationale Diskurse zum Thema Zweiter Weltkrieg entwickelt, die zum Teil neue Akzente setzen oder sich dem sowjetischen Diskurs diametral entgegenstellen. Dennoch ist es unmöglich, das gemeinsame Fundament des sowjetischen Rituals und Diskurses des ‚Sieges im Großen Vaterländischen Krieg' wegzudenken, vor allem nicht aus der Topographie der Städte und Dörfer. Dies wird von den Spannungen zwischen der Ukraine und der Russischen Föderation, die den Krieg in der Ostukraine seit 2014 begleiten, aktuell illustriert. Sie verweisen darauf, wie politisch aufgeladen die postsowjetischen Diskurse, Orte und Symbole sind, wie beide Seiten sie derzeit für ihre Zwecke instrumentalisieren und wie selektiv sie dabei mit der Vergangenheit umgehen.

In diesem Beitrag soll ein kritischer Blick darauf geworfen werden, wie von Moskau bis Nowokusnezk in Sibirien heute an den Sieg im Mai 1945 erinnert wird. Nach einem Überblick über die Entwicklung dieses Feiertages in der (ehemaligen) Sowjetunion werden drei Themen beleuchtet. Zum einen werden die sogenannten Siegesparks in verschiedenen Städten betrachtet: Wie verhalten sich die Menschen an diesen Orten auch jenseits des Feiertages und wie schreiben sich diese Orte

i prasdnik: 9 maja i sowjetskie wojennye memorialy [Denkmal und Feiertag: Der 9. Mai und sowjetische Kriegsdenkmäler]. Moskau: Nowoe Literaturnoe Obosrenie (im Erscheinen). Die Ausstellung stützt sich auf im Rahmen des Forschungsprojekts „Sowjetische Kriegsdenkmäler und postsowjetische Siegesfeiern" (2013) erhobenes Material, siehe dazu Gabowitsch (Hrsg.): Pamjatnik i prasdnik.

in die Stadtlandschaft ein? Zweitens wird ein Blick darauf geworfen, welche Bedeutung der 9. bzw. 8. Mai für junge Menschen in der Russischen Föderation hat. Drittens werden künstlerische Auseinandersetzungen analysiert, die jenseits der offiziellen Gedenkkultur oder der Geschichtswissenschaften entstehen: Welchen Raum gibt es für solche Ansätze und Aktivitäten?

Der Tag des Sieges im kollektiven Gedächtnis der postsowjetischen Gesellschaft – Gedenken, Feiern, Inszenieren

Um das Datum des 9. Mai herum ist die Symbolik des Siegestages in der Russischen Föderation allgegenwärtig. Sie ist nicht nur in der Stadtlandschaft, sondern in fast allen Bereichen des Alltags bis hin zur Supermarktwerbung zu finden. Aber „der Tag gehört nicht den Menschen“, stellte unlängst ein russischer Journalist angesichts einer vermeintlichen Sinnentleerung fest, die er u. a. anhand von absurd anmutenden Verknüpfungen des Feiertages mit Werbung ausmacht.[3]

Ein Grund für die Allgegenwart der Symbolik am und um den 9. Mai herum ist die Tatsache, dass dieser Gedenktag und sein Inhalt in der postsowjetischen Gesellschaft tief verankert sind. Hier trifft der Ausdruck „kollektives Gedächtnis“ in dem Sinne, den Aleida Assmann definiert, zu:

> Das kollektive Gedächtnis unterscheidet sich vom Familien- und Generationengedächtnis durch solche symbolischen Stützen, die die Erinnerung in die Zukunft hinein befestigen, indem sie spätere Generationen auf eine gemeinsame Erinnerung verpflichten. Monumente und Denkmäler, Jahrestage und Riten befestigen Erinnerung transgenerationell durch materielle Zeichen oder periodische Wiederholung. Sie bieten damit Anlässe für spätere Generationen, ohne eigenen Erfahrungsbezug in eine gemeinsame Erinnerung hineinzuwachsen.[4]

3 Andrej Archangelskij: Zennik pobedy. Kommerzialisazija Dnja Pobedy [Das Preisschild des Sieges. Kommerzialisierung des Tags des Sieges]. In: *Ogonjok*, 13.05.2013, S. 8.

4 Aleida Assmann: *Der lange Schatten der Vergangenheit. Erinnerungskultur und Geschichtspolitik*. Bonn: Bundeszentrale für politische Bildung 2007, hier S. 35. Die Begriffe „kollektives“, „kulturelles“ oder „kommunikatives“ Gedächtnis, Erinnerung, „Erinnerungspolitik“ und „-kultur“ sind viel und aktuell besonders kontrovers diskutierte Begriffe. Dieser Artikel hat nicht zum Ziel, sie auf ihre methodologische und theoretische Tauglichkeit hin zu untersuchen – dies wurde bereits vielfach getan (siehe Ulrike Jureit / Christian Schneider: *Gefühlte Opfer. Illusionen der Vergangenheitsbewältigung*. Bonn: Bundeszentrale für politische Bildung 2010; Assmann:

Abb. 1: „Pobeda – eto my" („Sieg – das sind wir"), Plakat über einem Geschäftseingang in Nowokusnezk, August 2013.

Gedächtnis und Erinnerung sind in diesem Zusammenhang ungenaue Begriffe, denn nur wer während des Zweiten Weltkriegs gelebt hat, kann sich (theoretisch) erinnern – alle anderen, und zwar individuell, können allerdings Ereignissen und Personen gedenken. Dies ist die alltagskulturelle Ebene. Auf einer Meta-Ebene, das heißt auf einer offiziellen, staatlichen, aber auch auf einer gesellschaftlichen, im öffentlichen und medialen Raum, werden gemeinschaftliche Geschichtsbilder, Erzählungen, Gedenkorte und Riten entworfen. Am 9. Mai im postsowjetischen Raum treffen die alltagskulturelle und die offizielle Ebene aufeinander. Plakate, die Ende April aufgehängt werden, um die Stadt oder das Dorf, den Betrieb oder die Behörde mit Symbolik, Sprüchen oder Aufrufen auf den 9. Mai einzustimmen und zu schmücken, bleiben oft den Rest des Jahres über hängen. Dies illustriert zum einen die Wirkmächtigkeit dieses Feiertages. Andererseits können die

Der lange Schatten der Vergangenheit; dies.: Kollektives Gedächtnis. http://www.bpb.de/geschichte/zeitgeschichte/geschichte-und-erinnerung/39802/kollektives-gedaechtnis?p=0 (Zugriff am 10.09.2015).

verblichenen, vergessenen Plakate und die zerrissenen Objekte auch als Metapher für das Ignorieren einer staatlich verordneten Inszenierung gelesen werden.
Innerhalb der vergangenen zehn Jahre hat sich die Bedeutung des Tags des Sieges in Russland noch einmal erhöht. Neue Rituale und Symbole sowie Gedenkorte sind hinzugekommen. In Ländern mit großen russischsprachigen Bevölkerungsanteilen wie z.B. Deutschland und Israel zieht dieser Tag ebenfalls immer mehr Teilnehmer an und die Zahl der Aktivitäten steigt. Was hier stattfindet, wird hauptsächlich von privaten Initiativen organisiert, wobei allerdings der Einfluss der Botschaften der Russischen Föderation nicht zu unterschätzen ist. Am 9. Mai 2015, dem 70. Jahrestag des Kriegsendes in Europa, kamen über den Tag verteilt ca. 40.000 Besucherinnen und Besucher zum sowjetischen Ehrenmal im Treptower Park in Berlin,[5] 2014 waren es 12.000.[6] Das alljährliche Museumsfest des Deutsch-Russischen Museums Berlin-Karlshorst besuchten am 8. Mai 2015 rund 6.500 Menschen im Vergleich zu 2.500 im vorhergehenden Jahr.[7]

Der Tag des Sieges in der (ehemaligen) Sowjetunion

In den späten Abendstunden des 8. Mai 1945 wurde in Berlin-Karlshorst die bedingungslose Kapitulation der deutschen Wehrmacht unterzeichnet und damit das Kriegsende in Europa besiegelt. In Moskau war zu diesem Zeitpunkt schon der nächste Tag angebrochen – so ging der 9. Mai als ‚Tag des Sieges‘ in die sowjetische Geschichte ein. Im Juni 1945 wurde der Sieg erstmalig mit einer großen Militärparade auf dem Roten Platz gefeiert. Ein arbeitsfreier Feiertag blieb der 9. Mai allerdings zunächst nur die folgenden beiden Jahre und wurde als solcher erst 1965 wieder eingeführt. Aus der gleichen Zeit, der

5 Forschungsergebnisse aus dem Projekt „Sieg, Befreiung, Besatzung. Kriegsdenkmäler und Gedenkfeiern zum 70. Jahrestag des Kriegsendes im postsozialistischen Europa“, Feldforschung am 09.05.2015 im Treptower Park, Berlin, durchgeführt von Mischa Gabowitsch, Cordula Gdaniec und Studierenden der Freien Universität und der Humboldt Universität, Berlin.

6 Mischa Gabowitsch: Research Note. Counting Visitors to the Treptower Park Soviet war Memorial on 9 May (Victory Day) 2014. http://gabowitsch.net/treptow2014/ (Zugriff am 10.09.2015).

7 Mischa Gabowitsch: Der Tag des Sieges. In: *Stuttgarter Zeitung*, 09.05.2015, S. V1; Statistik der Besucherzahlen des Deutsch-Russischen Museums Berlin-Karlshorst (Jahresberichte des Museums).

Breschnew-Ära, stammen auch die meisten der großen Gedenkstätten und Monumente. In jeder größeren Stadt wurden Memorialkomplexe oder einzelne Denkmäler errichtet und eine Ewige Flamme entzündet. In der gesamten Sowjetunion wurden mit den gleichen Ritualen die Veteranen geehrt – eine Tradition, die auch heute noch in allen ehemaligen Sowjetrepubliken als identitäts- und sinnstiftende Praktiken anzutreffen und wiedererkennbar sind. An aktuellen Erinnerungspraktiken und Erinnerungspolitiken wird ein Wandel ablesbar, der ‚postsowjetisch' genannt werden kann. Identitätsstiftende Ereignisse oder historische Personen werden in aktuelle Diskurse aufgenommen, indem ihnen ein Denkmal errichtet wird oder sie in den Geschichtsschulbüchern einen neuen Platz finden. Aber auch während der Sowjetzeit unterlag der 9. Mai politischen Konjunkturen und Schwerpunkten und erfüllte dementsprechend unterschiedliche Rollen. Was sich bis heute über die Zeitleiste und über die Geografie hinweg kontinuierlich erstreckt, ist allerdings die große Rolle, die das gemeinsame Gedenken in der Familie spielt.

In den 1950er Jahren waren vor allem die Veteranen öffentlich, also jenseits des Familiengedenkens, wirksam. Auf ihre private Initiative hin entstanden erste Denkmäler und 1955 die erste Ewige Flamme im Dorf Perwomajskij südlich von Moskau.[8] In dieser Zeit entstanden auch die ersten und bis zur Perestroika-Zeit einzigen Denkmäler für jüdische Opfer des Holocaust.[9] In Leningrad eröffnete 1960 der Gedenkkomplex auf dem Piskarjowskoje-Friedhof, auf dem die meisten der Opfer der Blockade der Stadt in hauptsächlich unmarkierten Massengräbern liegen. Hier stehen eine ‚Mutter Heimat'-Statue sowie eine Ewige Flamme, die eine symbolische Verbindung zu den gefallenen Helden der Revolutionen von 1917 herstellen soll. Die Amtszeit von Leonid Breschnew (1964–1982) wurde zur „Geburtsstunde des patriotischen

8 Michail [Mischa] Gabowitsch: Pamjatnik i prasdnik: Etnografija Dnja Pobedy [Denkmal und Feiertag: Eine Ethnografie des Tags des Sieges]. In: *Neprikosnowennyj sapas* 101 (2015), S. 93–111; Anna Yudkina: Pamjatnik bes pamjati: perwyj wetschnyj ogon' w SSSR [Denkmal ohne Gedächtnis: Die erste ewige Flamme in der UdSSR]. In: Ebd., S. 112–134.

9 Imke Hansen: Sowjetische und postsowjetische Repräsentationen des Zweiten Weltkriegs. In: Babette Quinkert / Jörg Morré (Hrsg.): *Deutsche Besatzung in der Sowjetunion 1941–1944. Vernichtungskrieg, Reaktionen, Erinnerung.* Paderborn: Schöningh 2014, S. 299–317, hier S. 301.

Erinnerungskultes".[10] Mit der Wiedereinführung des arbeitsfreien Tags im Jahr 1965 wurde die Topografie der UdSSR mit Räumen und Symbolen des Gedenkens an den Zweiten Weltkrieg und einer Huldigung des Sieges 1945 überzogen. Zu den errichteten Räumen gehören nicht nur einzelne Denkmäler, sondern ganze Gedenkstätten wie der Memorialkomplex in Wolgograd und Museen sowohl im In- und Ausland. Am historischen Ort der Kapitulation am 8./9. Mai 1945, dem ehemaligen Offizierscasino der Pionierschule der Wehrmacht in Berlin-Karlshorst, entstand in diesem Zuge 1967 das sowjetische Museum der bedingungslosen Kapitulation des faschistischen Deutschland im Großen Vaterländischen Krieg 1941–1945, aus dem 1995 das Deutsch-Russische Museum Berlin-Karlshorst entstand. Außerdem wurde zu runden Jahrestagen eine Militärparade auf dem Roten Platz in Moskau abgehalten. Der Topos des Sieges über den Faschismus wurde als Legitimierung des Staates eingesetzt, nachdem die Oktoberrevolution bzw. der Sozialismus als Wirtschafts- und Gesellschaftssystem an Glaubwürdigkeit eingebüßt hatten.[11] Erst jetzt wurden die Veteranen im großen Stil gewürdigt, wenngleich es weiterhin nur die Unversehrten waren, die als Helden am 9. Mai den Sieg glorreich repräsentieren konnten: Sie erhielten jedes Jahr Medaillen und diverse Vergünstigungen auf Lebenszeit. Der Brauch, dass Schüler den Veteranen am 9. Mai gratulieren und ihnen rote Nelken überreichen, wurde zu einem institutionalisierten Ritual, das sich bis heute gehalten hat.

Nachdem Michail Gorbatschow ab 1985 die Politik der Glasnost und Perestroika eingeführt hatte, trat das Andenken des Kriegs im Vergleich zu aktuellen Themen etwas in den Hintergrund. Die neue Offenheit erlaubte es der Zivilgesellschaft, sich in Organisationen zusammenzuschließen und soziale wie geschichtliche Themen publik zu machen und zu erforschen. Gesellschaftliches Engagement entstand vor allem im Bereich Umweltschutz und Aufarbeitung politischer Repressionen. Trotzdem wurde der 9. Mai weiter gefeiert und schon länger geplante Gedenkkomplexe oder einzelne Objekte wurden auch in dieser Zeit gebaut. So erfolgte u. a. die Umstrukturierung des Ehrenfriedhofs Antakalnis in der litauischen Hauptstadt Vilnius, bei der eine große Skulpturengruppe, die sechs verschiedene Einheiten

10 Ebd., S. 302.

11 Siehe z. B. ebd., mit Verweisen auf weitere Quellen.

der sowjetischen Armee darstellt, im Zentrum der Anlage aufgestellt wurde. Die Ästhetik dieser Plastik ist zeitgenössisch und gleichzeitig der sowjetischen Tradition von heldenhaften Posen verbunden. Die Paraden oder Demonstrationszüge zogen an jedem Tag des Sieges vom Stadtzentrum, dem Leninplatz, über die Hauptstraße bis hin zu diesem Friedhof. Mit dem neuen Denkmal erhielt der Friedhof einen zentralen Ort, der zu einem Raum des offiziellen Gedenkens wurde. Nach der Unabhängigkeit Litauens 1991 wurde er zunächst negativ konnotiert – aus der befreienden Sowjetarmee wurden die ungeliebten Besatzer – und er diente nicht mehr für Feiern oder zum Gedenken, sondern wurde mehrfach mutwillig beschädigt. Im Zuge der Bildung einer neuen litauischen Identität, die sich auf ein unabhängiges Litauen bezieht, das im Laufe der Geschichte wiederholt, wenn auch nur kurz existiert hat, wurde der Friedhof erneut umgestaltet und diese Skulpturengruppe an den Rand des Friedhofs versetzt. An ihrem vormaligen Standort befindet sich heute eine Pietà, die an die Litauer erinnert, die in den Kämpfen zur Unabhängigkeit im Januar 1991 umkamen.[12]

Auch in der Russischen Föderation bedeutete der Zerfall der Sowjetunion einen Einschnitt in Bezug auf die Formen des Gedenkens an den 9. Mai. Dabei entstanden neue Anlagen und Denkmäler. Vor allem die sogenannten Siegesparks, die es heute in fast jeder russischen Stadt gibt, entstammen dieser Periode, auch wenn die Pläne für viele von ihnen bereits in den 1970er Jahren oder früher entworfen wurden. Der 50. Jahrestag des Sieges 1995 bot Anlass, den Tag aufzuwerten und mit dem jungen Staat der Russischen Föderation kompatibel zu gestalten. Über das Land verteilt wurden unzählige Statuen des sowjetischen Oberkommandierenden in Berlin, Marschall Georgi Schukow, aufgestellt, die berühmteste am Eingang zum Roten Platz. In diese Zeit fällt auch die Planung für den Nationalfriedhof, der nach jahrzehntelangen Verhandlungen 2013 nördlich von Moskau eröffnete.[13] Neuerungen beinhalten den 22. Juni als ‚Tag der Trauer', der seit 1996 ein offizieller, allerdings nicht arbeitsfreier Gedenktag ist, an dem dezentral eher private Veranstaltungen stattfinden, die an den Überfall der deutschen

12 Ekaterina Makhotina: Archäologie der Erinnerung: Der Gedenkfriedhof und das sowjetische Ehrenmal Antakalnis in Vilnius. In: *Jahrbuch für Historische Kommunismusforschung* 19,26 (2013), S. 247–262.

13 Mischa Gabowitsch: Russlands Arlington? Panhistorischer Militarismus und der föderale militärische Gedenkfriedhof bei Moskau. In: *RIHA Journal* (im Erscheinen).

Wehrmacht auf die Sowjetunion am 22. Juni 1941 erinnern.[14] Auch die regionalen Identitäten, die sich seit 1991 in den einzelnen Teilrepubliken herausbildeten, zählen zu den Veränderungen. Regionale Aneignungen der Kriegserinnerung heben beispielsweise die Rolle örtlicher Betriebe in der Rüstungsindustrie hervor oder ehren die Kriegshelden aus der Region mit einem Denkmal. Dies geschieht häufig unter nationalen Vorzeichen und ist oft als Gegendarstellung zur sowjetischen Geschichtsschreibung zu lesen. In Tschetschenien wird seit 1991 in der Öffentlichkeit der Deportation der Tschetschenen 1944 aus ihrem Land nach Kasachstan gedacht. Im Jahr 2012 wurde dieser Gedenktag offiziell vom historischen Datum des 23. Februar auf den 10. Mai verlegt. Im 2010 errichteten Memorialkomplex ‚Allee des Ruhms‘ in Grosnyj stehen neben einem Denkmal in Erinnerung an den Zweiten Weltkrieg ein Museum für den am 9. Mai 2004 ermordeten ersten tschetschenischen Präsidenten Achmat Kadyrow, ein Gedenkort für die Gefallenen im Krieg gegen den Terrorismus, wie die beiden Tschetschenienkriege (1994–1997 und 1999–2009) offiziell bezeichnet werden, sowie ein Gedenkort-Museum an die Deportation der Tschetschenen 1944.[15]

Seit 2005 gewinnt der Tag des Sieges wieder an Bedeutung in Russland – vor allem, aber nicht nur, auf offizieller Ebene bietet er eine starke Identifikationsfläche. Der Sieg über den Faschismus erfüllt die Menschen mit Stolz. Die öffentlichen Erinnerungsformen stehen im engen Zusammenhang mit einem erstarkenden Nationalismus bzw. einem Patriotismus, wie er aktuell in den Schulen, Universitäten und anderen Institutionen sowie in den Medien gelehrt bzw. verbreitet wird. Aus jenem Jahr stammt auch die populäre Initiative des sogenannten Georgsbändchens.[16] Von einer Journalistin bei der staatlichen Nachrichtenagentur RIA Novosti ins Leben gerufen, sollte das Bändchen ursprünglich nur am runden Jahrestag eine russlandweite Aktion sein,

14 Ekaterina Makhotina: Gebrochene Erinnerung. Der Große Vaterländische Krieg in Russland heute. In: Museum Karlshorst (Hrsg.): *Juni 1941. Der tiefe Schnitt*. Ausstellungskatalog. Berlin: Links 2011, S. 28–39.

15 Olga Reznikova: Skorb' i prasdnik w (post)kolonial'nom kontekste. Etnografitscheskie sametki. Grosnyj 8,9 i 10 maja [Trauer und Feiertag im (post-)kolonialen Kontext. Ethnografische Notizen]. In: *Neprikosnowennyj sapas* 101 (2015), S. 166–183.

16 Das ‚Georgsbändchen‘ (‚georgiewskaja lentotschka‘) ist an den Sankt-Georgs-Orden angelehnt, der von Katharina I für Tapferkeit eingeführt wurde. Nach der Revolution verboten, wurde er 1943 als „Orden des Ruhmes“ wiedereingeführt.

ein Zeichen zu tragen, dass man „sich erinnert“, dass man „stolz ist“.[17] Es wurde schlagartig so populär, dass das orange-schwarz gestreifte, ca. 20 cm lange und 2 cm breite Band seither jedes Jahr als wichtigstes Symbol gilt, dass sehr viele Menschen, allen voran Repräsentanten der Regierung, Religion und weiteren staatlichen Institutionen, am 9. Mai am Körper tragen. Inzwischen ist das Symbol bzw. das Objekt gar nicht mehr aus dem öffentlichen Raum wegzudenken. Es ist auch nach dem Feiertag präsent – entweder z. B. an Radioantennen von Autos oder in Form von Wandmalereien in Moskauer Hinterhöfen. Am 8. Mai 2015 wurden Besucherinnen und Besucher des alljährlichen Festes auf dem Gelände des Deutsch-Russischen Museums Berlin-Karlshorst vom lokalen Fernsehen gefragt, was dieses Symbol, welches sie wie viele andere an ihrer Kleidung befestigt hatten, für sie bedeute. „Stolz“ lautete die knappe Antwort, die als repräsentativ gelten kann.

Einen noch persönlicheren Bezug bietet die 2012 in der sibirischen Universitätsstadt Tomsk ins Leben gerufene Initiative des ‚Unsterblichen Regiments‘ (‚Bessmertnyj polk‘). Ausgangspunkt war das persönliche Bedürfnis eines Journalisten des privaten lokalen Fernsehsenders TV2, seinem Großvater zu gedenken, der in Folge seiner Kriegsverletzungen schwer behindert war. Die Idee war, „diesem Feiertag wieder Leben einzuhauchen“.[18] Den drei Initiatoren ging es nicht nur darum, am 9. Mai Familienmitgliedern zu gedenken, sondern auch eine Möglichkeit zu schaffen, um die eigene Familiengeschichte zu recherchieren und dabei eine Webseite mit einem Archiv aufzubauen.[19] Inzwischen montieren viele Tausende Teilnehmer am 9. Mai Porträts von Verwandten, die im Krieg oder an der Heimatfront gekämpft haben, auf Holzstäbe und tragen sie in einer Art Prozession durch ihre Stadt. Jedes Jahr meldeten weitere Städte und Länder eine solche Aktion an. Im

17 Auf großen Plakaten wird Ende April für das Tragen des Georgsbändchens „vom 23. April bis zum 9. Mai“ geworben: „Ich erinnere mich! Ich bin stolz! Wenn der Krieg deine Familie berührt hat. Wenn du weißt, welchen Preis uns der Sieg gekostet hat…“ (Ausstellung *Der 9. Mai. Formen des Gedenkens an das Kriegsende 1945* im Deutsch-Russischen Museum Berlin-Karlshorst, 2015), siehe auch Sergei Oushakine: Remembering in Public: On the Affective Management of History. In: *Ab Imperio* 1 (2013), S. 269–302.

18 Interview mit Sergei Lapenkow und Sergei Kolotowkin, zwei der Initiatoren der Initiative, Tomsk, August 2014.

19 Bessmertnyj polk. Ofizial‘nyj sait dwishenija Bessmertnyj polk [Das Unsterbliche Regiment. Offizielle Seite der Bewegung Unsterbliches Regiment]. http://moypolk.ru/ (Zugriff am 10.09.2015).

Abb. 2: Wandmalerei im Stil der *street art* in einem Moskauer Hinterhof. Das Georgsbändchen und die anderen wichtigsten Erinnerungssymbole: 1941–1945 und der T-34-Panzer, 2013.

Jahr 2015 fand ein ‚Unsterbliches Regiment‘ erstmals auch in Berlin statt; ca. 250 Menschen unterschiedlichen Alters und unterschiedlicher Herkunft nahmen teil. Am Morgen des 9. Mai führte sie ihr Weg von einem Eingang auf das Gelände des sowjetischen Ehrenmals im Treptower Park bis zur Statue des sowjetischen Soldaten. Im Moskauer Marsch des ‚Unsterblichen Regiments‘ im gleichen Jahr lief in vorderster Reihe der Staatspräsident mit einem Bild seines Vaters.[20] Die Initiative wird in Russland auch am 22. Juni, dem Tag der Trauer, umgesetzt, was den Charakter des persönlichen Gedenkens stärker hervorhebt und den Teilnehmenden einen seltenen Raum für Trauer eröffnet.

Zunächst wurde das Georgsbändchen auch enthusiastisch in den anderen Nachfolgestaaten der Sowjetunion angenommen. Im Jahr 2014

20 Riccardo Nicolosi: Die Infantilisierung der Erinnerung. Vladimir Putins Gedächtnistext „Das Leben ist so einfach und grausam“. http://erinnerung.hypotheses.org/204 (Zugriff am 10.09.2015). Die Aktion in Moskau wurde von einer politischen Initiative organisiert und gehört daher nicht zu den privat organisierten Initiativen, die sich bei der in Tomsk gegründeten Initiative (moypolk.ru) anmelden.

symbolisierte es in der Ukraine jedoch eine russische Aggression.[21] Das Symbol des Sieges über den Faschismus, des Kampfes gegen den Faschismus wurde schon vor, aber auch nach dem 9. Mai 2014 von denjenigen eingesetzt, die gegen die – von ihnen als solche identifizierten – Faschisten in der post-Maidan-Regierung in Kiew kämpfen. Damit erhält dieser symbolische Gegenstand ungeachtet seiner historischen Assoziation zum Gedenken an den Zweiten Weltkrieg eine aktuelle politische Bedeutung, die davon losgelöst ist. Genau diese Verschmelzung von aktuellen Diskursen und historischen Narrativen zeigt deutlich die Problematiken auf, die in den 70 Jahren seit Kriegsende nicht genügend von Historikern und anderen Wissenschaftlern untersucht und in der Öffentlichkeit diskutiert worden sind. Die baltischen Staaten, die sich 1991 von der Sowjetunion abgespalten haben, sind seither bestrebt, die sowjetischen Repressionen sowie die Annektierung von Seiten der UdSSR als solche zu denken und nun zu erinnern. Beides geht mit einer Relativierung der Verbrechen der NS-Besatzung und des Gedenkens an die Befreiung von der NS-Herrschaft einher.[22]

Der Siegespark in der Stadt – Öffentlicher Raum und Ort des Gedenkens und Feierns

Am 9. Mai verwandeln sich Teile jeder russischen Stadt in einen großen Festplatz. Die städtische Architektur, entstanden in der sowjetischen Zeit, unterstützt die traditionellen Formen und Praktiken des Gedenkens: Das stadtplanerische Konzept der sozialistischen Stadt sah vor, dass Straßen und Plätze für große öffentliche Veranstaltungen genutzt werden können und so einen zentralen Raum für die offiziellen Zeremonien und Reden schaffen. In vielen Städten wurde zudem eine Gedenkstätte oder ein Denkmal für die Kriegshelden direkt am zentralen Platz errichtet. Für die Siegesparade, die in den meisten Städten

21 Siehe Jochen Hellbeck / Eric Gourlan: Victory Day in Ukraine. In: *Eutopia*, 22.05.2014. http://www.eutopiamagazinearchive.eu/en/jochen-hellbeck/columns/victory-day-ukraine.html (Zugriff am 10.09.2015); Jochen Hellbeck: Commemorating the War in Wartime: Victory Day in Ukraine in 2015. In: *Eutopia*, 27.05.2015. http://www.eutopiamagazinearchive.eu/en/jochen-hellbeck/columns/commemorating-war-wartime-victory-day-ukraine-2015.html (Zugriff am 10.09.2015).

22 Siehe Ekaterina Makhotina: Archäologie der Erinnerung: Der Gedenkfriedhof und das sowjetische Ehrenmal Antakalnis in Vilnius. In: *Jahrbuch für Historische Kommunismusforschung* 19,26 (2013), S. 247–262.

den Hauptteil der Festveranstaltungen darstellt – ob mit oder ohne Militär – werden Teile der Stadtzentren einige Stunden lang für den Verkehr gesperrt und auch die Besucherströme stark reguliert. Für viele Russen gehört es zum festen Bestandteil ihrer Rituale am 9. Mai, die Parade in Moskau vor dem Fernseher zu verfolgen oder sich eine Übertragung ihrer lokalen Festlichkeiten anzuschauen. Selbst in Berlin gaben am 9. Mai 2015 viele der russischstämmigen Respondenten an, die Militärparade in Moskau gesehen zu haben oder sich die Aufzeichnung noch anschauen zu wollen.[23] Bei der Teilnahme hochrangiger staatlicher Vertreter wird eine breitere Öffentlichkeit allerdings ausgeschlossen. So wurden bspw. die Zeremonien in Grosnyj für eine lokale politische, gesellschaftliche und wirtschaftliche Elite inszeniert, an der nur geladene Gäste und bestimmte Schulklassen teilnehmen durften.[24]

Der sogenannte Siegespark (Park pobedy) hingegen, der zumeist abseits des Zentrums liegt, wird an diesem Tag zum Publikumsmagneten. Dort werden über thematische Veranstaltungen hinaus Vergnügungen und Kulinarisches unterschiedlichster Art angeboten. Neben zentral koordinierten Veranstaltungen auf einer Bühne, die zumeist von der Stadtverwaltung aufgestellt wird, werden viele Aktivitäten spontan und privat durchgeführt: So treffen sich Gruppen junger Menschen, einige mit Gitarre oder einem anderen Instrument ausgerüstet, und singen alte Kriegslieder. Vor allem junge Menschen übergeben Veteranen, die sie auf Bänken sitzend in der Nähe des Kriegsdenkmals finden, rote Nelken. Einzelne Personen posieren mit Portraits ihrer im Krieg gefallenen Verwandten. Veteranen lassen sich mit Jugendlichen fotografieren und erzählen von ihren Erfahrungen. Siegesparks wurden in den letzten zwanzig Jahren in der Russischen Föderation, aber auch in einigen Städten außerhalb, wie z. B. Kiew, zu einem postsowjetischen urbanen Detail. Diese Anlagen wurden bereits in den 1970er Jahren geplant, in den meisten Fällen allerdings erst nach dem Ende der Sowjetunion errichtet oder fertiggestellt. Im Jahr 1995, zum 50. Jahrestag des Sieges

23 Forschungsergebnisse aus dem Projekt „Sieg, Befreiung, Besatzung. Kriegsdenkmäler und Gedenkfeiern zum 70. Jahrestag des Kriegsendes im postsozialistischen Europa": Feldforschung am 09.05.2015 im Treptower Park, Berlin, durchgeführt von Mischa Gabowitsch, Cordula Gdaniec und Studierenden der Freien Universität und der Humboldt Universität, Berlin.

24 Reznikova: Skorb i prasdnik w (post)kolonial'nom kontekste.

Abb. 3: Der Siegespark als städtischer Park – Ziel von Familienausflügen am Sonntagnachmittag. Hier der Siegespark in Tscheljabinsk, südlicher Ural, 2012.

über das nationalsozialistische Deutschland, wurde der Siegespark in Moskau eröffnet. Er umfasst einen Gedenkkomplex mit Denkmälern, Skulpturen, einem Obelisken mit der Siegesgöttin Nike, einer Ewigen Flamme und dem Museum zur Geschichte des Großen Vaterländischen Kriegs. Obwohl die Parks nicht mehr in der Sowjetunion entstanden sind, wirken in ihnen sowjetische Symbole, Raumkonzepte und Ästhetik. Im Falle des Moskauer Siegesparks waren neben dem 50. Jahrestag die Großprojekte des Bürgermeisters Juri Luschkow für die 850-Jahr-Feier der russischen Hauptstadt 1997 fast ebenso wichtige Faktoren in seiner Entstehung. Elemente der Gedenkanlage und neue Pläne zur Stadtentwicklung wurden aufeinander abgestimmt und teilweise erst 1997 fertiggestellt, u.a. die russisch-orthodoxe Kirche, die Synagoge und die Moschee. Mitte der 1990er Jahre hatte der neue Bedarf an orthodoxen Kirchen eine hohe Priorität in der Stadtplanung. Ebenso wichtig war eine Politik, die Multikultur der Stadt durch repräsentative Gesten und Bauten zu unterstützen: Später entstanden weitere Anlagen mit jeweils drei Sakralbauten, und 2014 wurde ein symbolischer Grundstein zum Bau eines buddhistischen Tempels im

Siegespark gelegt.[25] Die Synagoge im Moskauer Siegespark wird von verschiedenen jüdischen Gemeinden für repräsentative Zwecke genutzt und beherbergt zudem ein Holocaust-Museum. Von den drei Sakralbauten ist die Moschee der einzige Bau, der auch im religiösen Alltag eine wichtige Rolle spielt – eine muslimische Gemeinde mit Mitgliedern unterschiedlicher regionaler Herkunft begeht hier regelmäßig gemeinsam das Freitagsgebet.[26]

> Poklonnaja gora am 9. Mai – das ist ein Spiegel der Erde. Hierher kommen Menschen aus allen Ecken der Welt, und es herrscht eine außergewöhnliche Stimmung. Alle lächeln sich an, alle unterhalten sich miteinander und wünschen sich einander nur Frieden, Glück und Wohlbefinden. Am 9. Mai nicht hierher zu kommen – das bedeutet, meiner Meinung nach, Vieles zu verlieren.

So fasst eine Frau Mitte 70 die Stimmung im Moskauer Siegespark ‚Poklonnaja gora‘ (‚Verneigungshügel‘) am 9. Mai zusammen.[27] Der Moskauer Siegespark

> ist ein Konglomerat aus verschiedenen räumlichen, zeitlichen, diskursiven und symbolischen Dimensionen, die sich an bestimmten Punkten kreuzen und nachhaltig auf die Bildung einer nationalen Identität und widerspruchslosen historischen Gedächtnisses wirken.[28]

Jenseits des 9. Mai sind die Siegesparks öffentliche Orte im städtischen Alltag. Im Moskauer Siegespark finden auch viele andere Großevents aus dem städtischen Veranstaltungskalender sowie politische Kundgebungen und Feste, die die Regierungspolitik unterstützen, statt.[29] Den Siegesparks in den Regionen fehlt die breitere religiöse und zentrale politische Dimension von Poklonnaja gora. Am Wochenende sind sie das Ziel von Familienausflügen und werden als Abenteuerspielplätze

25 Na Poklonnoi gore saloshili perwyj buddiiskij chram w Moskwe [Auf dem Verneigungshügel wurde der Grundstein für den ersten buddhistischen Tempel in Moskau gelegt]. http://vbuddisme.ru/news/2640/ (Zugriff am 10.09.2015).

26 Guzel Sabirova: Young Muslim-Tatar Girls of the Big City: Narrative Identities and Discourses on Islam in Postsoviet Russia. In: *Religion, State & Society* 39,2–3 (2011), S. 327–345.

27 Mitglied im Moskauer Komitee der Kriegsveteranen, Poklonnaja gora, Moskau, 09.05.2013. Zitat aus der Ausstellung *Der 9. Mai. Formen des Gedenkens an das Kriegsende 1945*.

28 Alexandrina Vanke: Landschafty pamjati. Park Pobedy na Poklonnoi gore w Moskwe [Erinnerungslandschaften. Der Siegespark auf Poklonnaja gora in Moskau]. In: *Neprikosnowennyj sapas* 101 (2015), S. 203–220, hier S. 203.

29 Ebd., S. 203.

genutzt. Kinder toben auf dem ausgestellten Kriegsgerät herum und viele spielen mit neuem Plastik-Kriegsspielzeug, das sie oftmals in einem der Kioske neben Erfrischungen kaufen können. Die Bilder wiederholen sich überall: Kinder und Jugendliche fahren mit ihren Inlineskates auf den blank-polierten Marmorplatten rund um die Denkmäler, kleine und größere Jungs klettern auf die Panzer und werden von ihren Eltern dort in Pose fotografiert. Die Unterschiede sind regional und lokal, aber sie beschränken sich auf die Gestaltung und Themen der Denkmäler, die jeweils auch auf die örtlichen Besonderheiten verweisen. Diese sind vor allem die Errungenschaften der Rüstungsindustrie an der Heimatfront im Hinterland (rus. tyl), die nicht weniger wichtig waren als die militärischen Heldentaten, wodurch diese Siegesparks ihre eigene Spezifik erhalten.

Was bedeutet das Erinnern an den Zweiten Weltkrieg heute? Nach-Nachkriegsgenerationen, postsowjetische Traditionen und künstlerische Formen

Ein Kernthema, dass sich aus Beobachtungen und Interviews am 9. Mai in der Russischen Föderation und in Berlin sowie aus Interviews mit jungen Menschen in Moskau und Berlin herauskristallisierte, ist die Begegnung mit den Veteranen. Aufzeichnungen von Interviews mit Zeitzeugen, Memoiren aus der Kriegszeit oder (Auto-)Biografien sowie die Zeitzeugen selbst spielen in Ost und West eine gleichermaßen wichtige Rolle. Veteranen sind die wichtigste Gruppe, die an den Feierlichkeiten zum 9. Mai teilnimmt. Einige sind direkte Teilnehmer der offiziellen Ansprachen und werden von staatlichen Repräsentanten begrüßt. Die meisten finden sich jedoch unter dem Festpublikum, wo ihnen an ihrem Ehrentag von allen Seiten Respekt und Hilfsbereitschaft entgegengebracht werden. Restaurants bieten ihnen kostenlose Mahlzeiten und Wodka an. Es wird allerdings oft bedauert, dass sich dieser Respekt nur auf diesen einen Tag beschränkt.[30]

30 Diskussionsveranstaltung mit Studierenden im Zusammenhang mit dem Videoprojekt „Erinnerung an den Zweiten Weltkrieg heute. Interviews mit jungen Menschen in Moskau und Berlin", Cordula Gdaniec und Julia Ovchinnikova, Deutsch-Russisches Museum Berlin-Karlshorst, 2012, in Uljanowsk, 19.12.2012, organisiert von Julia Andreeva, REGION Research Centre, Uljanowsk.

> Für uns ist dieser Tag sehr wichtig. Wir feiern ihn immer, auch jetzt, wo meine Eltern schon tot sind. Wir erzählen unseren Kindern immer alles, was wir selber wissen. Wir bereiten ein festliches Essen [...]. So sind wir heute gegangen, unser Sohn trägt die Uniform des Vaters, mit den Orden, sind wir zur Parade gegangen.[31]

Die Weitergabe der Erinnerung ist, wie sich die Befragten in Russland und Berlin mehrfach äußern, eines der wichtigsten Themen am 9. Mai. Neben den organisierten Treffen zwischen Veteranen und Schülern kommt dem Gedenken der Verwandten aus der Kriegszeit innerhalb der Familie immer größere Bedeutung zu. Durch eine Kombination von organisierten Ritualen und familiären Praktiken wird das Gedenken lebendig gehalten. Heutige Aktivitäten stellen einerseits eine Tradierung sowjetischer Praktiken dar und erhalten andererseits immer neue Komponenten, vor allem außerhalb Russlands. In dieser Kombination werden Rituale weiterhin durch Wiederholungen verfestigt und tragen dazu bei, dass der Zweite Weltkrieg auch heute noch eine große Bedeutung für junge Menschen hat.

In einem Interviewprojekt wurden junge Menschen zwischen 14 und 30 Jahren 2012 in Berlin und Moskau zu ihrer persönlichen Einschätzung des Kriegsgedenkens befragt.[32] Die Antworten zeigen, wie unterschiedlich die offiziellen Erinnerungskulturen und die damit eng verknüpfte öffentliche Meinung in beiden Ländern sind. Der Hauptunterschied besteht in der gegensätzliche Perspektive, aus der die jungen Menschen in diesen beiden Ländern die heutige Gegenwart betrachten: Die Russische Föderation als Nachfolgestaat der Sowjetunion ist das Land der Sieger und Befreier. Die Bundesrepublik trägt als Land der Täter immer noch schwer an der Last der NS-Verbrechen. Wie sich herausstellte, ist dieser grundlegende Unterschied immer noch die Basis für heutige Einstellungen, obwohl die jungen Menschen auch eigene Perspektiven entwickeln, die diese Dichotomie etwas verwischen. Einige der russischen Studenten sagten, dass sie in den letzten Jahren den Tag des Sieges gar nicht in Russland verbracht hätten, sondern „sogar in Deutschland".[33] Während die meisten der in Berlin

31 Frau mit Kindern, Grosnyj (Tschetschenien), 09.05.2013. Zitat aus der Ausstellung *Der 9. Mai. Formen des Gedenkens an das Kriegsende 1945*.

32 „Erinnerung an den Zweiten Weltkrieg heute. Interviews mit jungen Menschen in Moskau und Berlin" (Video), Cordula Gdaniec und Julia Ovchinnikova.

33 Ebd.

Befragten nichts oder sehr wenig mit dem Datum des 8. oder 9. Mai verbinden konnten (weder das historische Ereignis noch Emotionen oder Familiengeschichten), waren alle russischen Schülerinnen und Schüler in Verbindung mit diesem Tag engagiert: Es ist nicht nur ein freier Tag, sondern sie nehmen an Veranstaltungen in ihren Schulen teil und begehen ihn auch innerhalb ihrer Familien. Fast jede Familie in der Sowjetunion hat Mitglieder im Krieg verloren und viele der Jugendlichen antworteten auch sehr emotional. „Natürlich“[34] gratulieren sie den Veteranen, danken ihnen und überreichen ihnen Blumen. In der Familie wird der Verwandten gedacht, die am Krieg teilgenommen haben. Manche der Schüler und Studenten gehen zur Parade, viele besuchen den Siegespark und fast alle berichten, dass sie zuhause, „mit der Oma“ Kriegsfilme im Fernsehen anschauen. Und zwar seien die sowjetischen Filme besser, wie eine Schülerin sagt, denn sie seien u. a. emotionaler. Für eine Studentin Anfang zwanzig ist es wichtig, die Veteranen zu ehren, solange sie leben, „um sie wissen zu lassen, dass an sie erinnert wird. [...], dass es Kinder gibt, die dritte Generation nach ihnen, die sich an sie erinnert“.[35] Eine andere Studentin bringt die Situation auf den Punkt, wenn sie meint: „Meine Mutter hat mir beigebracht, weil ihr Vater im Krieg war, den Tag des Sieges zu ehren und zu feiern“. Zum einen ist die Familie ein Ort für Trauer, die im öffentlichen Raum bis heute wenig Platz hat, zum anderen geschieht hier die Weitergabe der Traditionen und Rituale und natürlich des Wissens über Erinnerungen aus dem Krieg von (verstorbenen) Familienmitgliedern.

Die Familie und das Zuhause sind wichtige alternative Orte zu den städtischen Räumen des Feierns und offiziellen Gedenkens. Innerhalb des öffentlichen Raums ist es in der Russischen Föderation nicht leicht, kritische, nicht der offiziellen Norm entsprechende Formen des Gedenkens auszudrücken. Einige Künstler beschäftigen sich mit dem Thema – entweder aus einem persönlichen Beweggrund heraus oder aber um sich mit dem aktuellen öffentlichen Umgang kritisch auseinanderzusetzen. Zwei Beispiele seien hier genannt: Am 7. Mai 2015 wurde in der Moskauer Galerie S.Art die Ausstellung *Wir haben gesiegt* (*My pobedili*) geladenen Gästen gezeigt. Verschiedene Aktionskünstler hatten einzelne Aspekte des Tags des Sieges kritisch bearbeitet, u. a. die

34 „Erinnerung an den Zweiten Weltkrieg heute.“

35 Ebd.

unhinterfragte Omnipräsenz des Georgsbändchens. In einem Statement erklärten die Ausstellungsmacher, dass sie keineswegs „den Sieg des Volkes infrage stellen" würden, d.h. die Menschen,

> die im Dreck der Schützengräben gestanden haben und bis an die Grenzen des Möglichen gegangen sind, um den Sieg zu erringen. Sondern wir hinterfragen die Chimäre der großen imperialistischen Vergangenheit, die heute als unumstößliche und einzige Klammer der russischen Identität dargestellt wird.[36]

Schon am nächsten Tag wurde die geschlossene Galerie von Polizei und Sondereinheiten gestürmt, der anwesende Künstler Oleg Basov geschlagen und abgeführt. Die Ausstellung war damit beendet, bevor sie eröffnen konnte. Als offizieller Grund wurde genannt, dass „dort faschistische Symbole ausgestellt werden."[37] Nach Victoria Lomasko, einer politisch engagierten Künstlerin aus Moskau, hatte dieses harte Durchgreifen verheerende Folgen. Im Internet kommentierte sie: „The art community did not discuss what happened, because what happened was too frightening for them to discuss."[38]

In Jekaterinburg intervenierte der *street art*-Künstler Timofei Radya mit zwei Projekten im öffentlichen Raum zum Thema Kriegsgedenken. Das erste, *Eternal Fire* (*Wetschnyj ogon*), war eine Installation an einem leerstehenden Gebäude im Stadtzentrum, das während des Kriegs als Krankenhaus für Verwundete von der Front gedient hatte. Die Vorbereitungen zur Anfertigung der Portraits von Offizieren, einfachen und unbekannten Soldaten auf fenstergroßen Leinwänden wurden selbst zu einer Performance. „The memory of the victory erases the memory of the terrific beginning of war (WWII)", schreibt Timofei Radya in seiner Einleitung zum Projekt von Juni 2011 auf seiner Webseite.[39] Die Portraits wurden mithilfe von Feuer, entzündet durch Molotow-Cocktails, und Verbandsmaterial angefertigt. Erst durch den Prozess des Brennens wurden die Gesichtszüge der Männer für einen Moment deutlich. Regen und Wind taten danach das ihre, auch diesen Akt des

36 Statement auf der Facebook-Seite der Ausstellung. https://www.facebook.com/events/1425845437723827/ (Zugriff am 10.09.2015).

37 Polizija rasgromila wystawku „My pobedili" w Moskwe [Die Polizei stürmte die Ausstellung „Wir siegten" in Moskau]. http://www.bbc.com/russian/russia/2015/05/150508_moscow_gallery_police (Zugriff am 10.09.2015).

38 Victoria Lomasko: We Won. https://therussianreader.wordpress.com/2015/06/30/victoria-lomasko-we-won/ (Zugriff am 10.09.2015).

39 Radya: Eternal Fire. http://t-radya.com/street/21/ (Zugriff am 10.09.2015).

Abb. 4: *Posle woiny/After the War*, Arbeit von Timofei Radya an der Wand des Heimatmuseums, Jekaterinburg, 2012.

Erinnerns wieder zu verwischen. Ein Jahr zuvor, im Mai 2010, fertigte Timofei Radya an der Wand des Heimatmuseums in Jekaterinburg zwei Fotocollagen an, um im Trubel des Tags des Sieges sowohl auf die Individuen hinzuweisen als auch auf das Verschwinden des Erinnerns. Auch in *Posle woiny / After the War* geht es um Individuen und Gesichter:

> We did not lose the country, but we lost a great, an incredible number of people. They just disappeared, left, they're gone. They vanished into something bigger than emptiness – as when a person who remembered a great number of already forgotten people is gone, those people are gone together with him, forever. Like old cracked photos, on which you can still see faces, but you do not know who they are.[40]

Die Collagen sind zusammengesetzt aus alten Fotografien aus der Kriegszeit, gefunden hauptsächlich im Internet, die je ein ikonografisches Bild ergeben: Das Hissen der sowjetischen Flagge auf dem Reichstag in Berlin und das Portrait eines Partisanen. Alles ist schwarzweiß, nur ein blutrot gefärbter Riss geht durch die zusammengestellten Bilder.

40 Radya: After the War. http://t-radya.com/street/11/ (Zugriff am 10.09.2015).

Diese Kunstaktionen illustrieren den Status und den Umgang mit dem Kriegsgedenken in Russland: Sie machen eine Diskrepanz sichtbar zwischen privatem Gedenken und der Auseinandersetzung mit Geschichte und Erinnerungskultur auf der einen Seite – im sozialen Raum der Familie oder in zivilgesellschaftlich oder künstlerisch organisierten Aktionen und offiziellem Feiern des Sieges – und im öffentlichen Raum der Stadt und der Medien auf der anderen Seite. Gleichzeitig zeigen sie auf, dass sich diese beiden Räume treffen und überlappen, d. h. dass eine große Erinnerungsgemeinschaft existiert.

Der Sieg über NS-Deutschland und das Ende des bislang verheerendsten Kriegs der menschlichen Geschichte bleiben unbestritten weiterhin zentrale Themen in der russischen Gesellschaft. Im deutschen Vernichtungskrieg gegen die Sowjetunion starben schätzungsweise 27 Millionen Menschen auf dem Territorium der Sowjetunion.[41] Offizielle Narrative, Rituale und Symbole beherrschen den öffentlichen Diskurs um den Feiertag und es gibt wenig Raum für kritische Auseinandersetzung mit der Geschichte, wozu allein das Hervorheben einzelner Opfergruppen zählen würde, sowie mit der Erinnerungskultur.

41 Deutsch-Russisches Museum Berlin-Karlshorst (Hrsg.): *Katalog zur Dauerausstellung*. Berlin: Selbstverlag 2014, S. 10. Siehe auch Rolf-Dieter Müller i. A. d. Militärgeschichtlichen Forschungsamts (Hrsg.): *Das Deutsche Reich und der Zweite Weltkrieg*, Bd. 10,2: Der Zusammenbruch des Deutschen Reiches 1945 und die Folgen des Zweiten Weltkrieges – Die Auflösung der Wehrmacht und die Auswirkungen des Krieges. Stuttgart: DVA 2008.

Wie sich Zagreb von der Straße seiner Befreiung befreien wollte

Ksenija Cvetković-Sander

> Vor siebzig Jahren befreite ich Zagreb. An diesem Tag endete für mich eine qualvolle Reise. […] Ich hatte mich immer auf den Jahrestag der Befreiung von Zagreb gefreut. Aber dann trat auf einmal Stille ein. Der Tag wird nicht mehr erwähnt, als hätte man ihn aus der Geschichte ausradiert. Früher wurde ich als Held behandelt, mit Orden ausgezeichnet; heute darf ich nicht mehr laut sagen, dass ich Zagreb von den Nazis befreite. Ich muss flüstern, obwohl ich so stolz war. Ich gehörte zur Siegerarmee – genauso wie mein Neffe, der im Heimatländischen Krieg Oberst war.[1]

Ljubica Mulec, eine 89 Jahre alte ehemalige Verkäuferin, kann nicht verstehen, warum man ihren Widerstand im Zweiten Weltkrieg in ihrer Heimat heute mit Schweigen übergeht. Sie empfindet diesen Kampf als ebenso wichtig wie den Einsatz ihres Neffen im ‚Heimatländischen Krieg', wie der Kroatienkrieg der ersten Hälfte der 1990er Jahre offiziell in Kroatien heißt. Der ‚Heimatländische Krieg', mit anderen Worten die Rückeroberung des von den Serben besetzten kroatischen Territoriums, wird als das Fundament des souveränen, demokratischen Kroatien

1 Rašeljka Zemunović: Moje ime je Ljubica. Prije 70 godina oslobodila sam Zagreb od fašista [Mein Name ist Ljubica. Vor 70 Jahren habe ich Zagreb von Faschisten befreit]. http://www.telegram.hr/price/moje-ime-je-ljubica-prije-sedamdeset-godina-oslobodila-sam-zagreb/ (Zugriff am 05.10.2015). Diese und die folgenden Übersetzungen aus Originaltexten stammen von der Verfasserin.

gefeiert. Doch der junge EU-Staat stützt sich auch auf den Sieg über die deutschen und italienischen Besatzer im Zweiten Weltkrieg bzw. über die Ustasche, ihre kroatischen Verbündeten. Dieser Antifaschismus Kroatiens ist sogar in der Verfassung festgeschrieben: Man beruft sich dort auf Kroatien als Republik innerhalb der jugoslawischen Föderation, wie sie 1943 von der Partisanenbewegung mit Josip Broz Tito an der Spitze ins Leben gerufen worden war. 2005 hat das kroatische Parlament eine Deklaration über den Antifaschismus verabschiedet. Sie enthält das Postulat, dass „die Werte und der gewichtige Beitrag des kroatischen Volkes zum Kampf gegen den Faschismus im Zweiten Weltkrieg in die Fundamente der selbständigen Republik Kroatien eingebaut sind". In der Deklaration wird dazu aufgerufen, „die antifaschistischen Werte dauerhaft zu pflegen bzw. die Errungenschaften des Antifaschismus aufrecht zu erhalten".[2] Bis heute trägt einer der besonders repräsentativen Plätze im Zentrum der kroatischen Hauptstadt den Namen Titos. Eigentlich kein Wunder, denn viele, die 1991 das eigenständige Kroatien begründeten, hatten im Zweiten Weltkrieg – wie Ljubica Mulec – an der Seite von Titos Partisanen gekämpft, darunter Franjo Tuđman, der erste Präsident des Staats. Der Befreiung der Stadt gedenkt man in Zagreb auch mit dem ‚Ufer des 8. Mai 1945' an der Save. Gleichwohl sind Ljubica Mulecs Befürchtungen alles andere als grundlos: Die Menschen, die heute auf ihr antifaschistisches Engagement verweisen, müssen mit Attacken und wüsten Beschimpfungen rechnen. Mulecs Geschichte, im Mai 2015 aus Anlass des 70. Jahrestags der Befreiung Zagrebs in der liberalen Wochenzeitung *Telegram* veröffentlicht, wurde zwar von einigen Lesern lobend kommentiert, löste zugleich aber auch aggressive Kommentare aus. Einer der Kommentatoren bittet „Frau Ljubica" zynisch, „uns nie wieder zu befreien". Ein Anderer schreibt, Zagreb sei 1945 „besetzt" und nicht befreit worden. Ein Dritter formuliert es so: „Partisanenpack, wann werdet ihr endlich verrecken...". Ein Vierter setzt Titos Partisanen mit den serbischen Besatzern im kroatischen Vukovar 1991 gleich. Ein Fünfter beleidigt die ehemalige Partisanin als „Kommunistenvieh" und „Hure".[3]

Die Kommentare im Internet spiegeln die kroatische Erinnerungspolitik des letzten Vierteljahrhunderts. Offiziell bekannten und bekennen

2 Deklaracija o antifašizmu [Deklaration über den Antifaschismus]. http://www.sabor.hr/Default.aspx?art=7273 (Zugriff am 01.11.2015).

3 Zemunović: Moje ime.

sich Kroatiens politische Eliten der Nachwendezeit zum Antifaschismus. In der Praxis sind die Ustasche jedoch von vielen Politikern immer wieder in Schutz genommen worden – keineswegs nur von Vertretern des rechten nationalistischen Spektrums. Ebenso kennzeichnend wie wegweisend sind diverse Äußerungen von Franjo Tuđman aus den 1990er Jahren. Tuđman war, wie erwähnt, selbst Partisan, ebenso sein Vater, sein 1943 gefallener Bruder Stjepan und seine Ehefrau Ankica. Franjo Tuđman machte nach dem Krieg zunächst eine steile Karriere als jüngster General der Jugoslawischen Volksarmee. Dann wurde er Direktor des Instituts für die Geschichte der Arbeiterbewegung Kroatiens, um sich in der zweiten Hälfte der 1960er Jahre zum Dissidenten zu wandeln.[4] Als er bei den ersten freien Wahlen Kroatiens 1990 zum Staatspräsidenten gewählt wurde, verleugnete er seine antifaschistische Vergangenheit nicht explizit. Er begann aber, eine Politik der ‚nationalen Versöhnung' zu betreiben. Er ließ sich von Auslandskroaten, die die Ustascha-Bewegung verherrlichten, ideologisch und finanziell unterstützen. Tuđman konterkarierte das Leitmotiv des jugoslawischen Antifaschismus, die Brüderlichkeit und Einheit aller Nationen des Landes. Bereits 1989 ließ er verlautbaren, er sei glücklich, keine Serbin oder Jüdin zur Gattin zu haben.[5] Tatsächlich bestehende familiäre Verbindungen zu Serben verschwieg er tunlichst.[6] In der Folgezeit erschienen in seiner politischen Rhetorik Partisanen und Ustasche als zwei Lager, die im Zweiten Weltkrieg keine unvereinbaren Ziele gehabt hätten, da beide für die Sache Kroatiens eingetreten wären. Der vom Ustascha-Führer Ante Pavelić gegründete ‚Unabhängige Staat Kroatien', der ohne Adolf Hitler und Benito Mussolini nicht realisierbar gewesen wäre, sei, so Tuđman, „nicht bloß eine faschistische Schöpfung, sondern auch der Ausdruck des jahrhundertelangen Strebens des kroatischen Volkes nach einem unabhängigen Staat" gewesen.[7] Diese Verharmlosung der Ustascha-Herrschaft und ihrer Verbrechen wirkt in

4 Siehe Darko Hudelist: *Tuđman. Biografija* [Tuđman. Biographie]. Zagreb: Profil International 2004.

5 Siehe Ljubo Weiss: Je li sramota biti Židov [Ist es eine Schande, Jude zu sein]? In: *Vjesnik*, 09.05.1990, S. 12.

6 So stammen z. B. die Kinder von Tuđmans Tochter Nevenka aus einer Ehe mit einem serbischen Mann.

7 Zit. n. Ljiljana Radonić: Erinnerungskultur und -politik in Kroatien. In: *Aus Politik und Zeitgeschichte* 17 (2013). http://www.bpb.de/apuz/158170/erinnerungskultur-und-politik?p=all (Zugriff am 10.10.2015).

Kroatien bis heute fort. Eine neue Umfrage unter Jugendlichen, deren Ergebnisse im Oktober 2015 veröffentlicht wurden, offenbart ein überaus problematisches Bild von Pavelićs Staat, einem Staat, der – um einen exklusiv kroatischen Nationalstaat zu schaffen – Abertausende von Serben, Juden und Roma ermorden ließ:[8] Nur 28,5 % der befragten Jugendlichen waren mit der Aussage, Pavelićs Kroatien sei ein faschistisches Gebilde gewesen, einverstanden. 48,6 % der Befragten waren weder einverstanden noch nicht einverstanden. 22,9 % der Befragten erklärten sich mit der Aussage nicht einverstanden.[9]

Ausgehend von dem Gedenken an die Befreiung Zagrebs 1945 soll in diesem Text gezeigt werden, wie die Erinnerung an den Zweiten Weltkrieg im demokratischen Kroatien zu einem „politischen Schlachtfeld“[10] geworden ist und warum sich die antifaschistischen Befreier von damals heute gedemütigt und sogar „kriminalisiert“[11] fühlen. Einleitend wird die Befreiung und das Gedenken an sie während der sozialistischen Zeit beschrieben. Abschließend stelle ich Initiativen dar, die sich um die Verankerung des 8. Mai 1945 in der Erinnerungskultur Zagrebs bemühen.

8 Im Pavelić-Staat wurden beinahe alle der ca. 15.000 ansässigen Roma ermordet. Von den fast 40.000 Juden überlebten den Krieg ca. 9.000. Etwa 217.000 Serben kamen als Opfer des Terrors der Ustasche und der Nazis um. Siehe Ivo Goldstein: *Hrvatska povijest* [Kroatische Geschichte]. Zagreb: Novi Liber 2003, S. 277, 310.

9 Siehe Dragan Bagić / Anja Gvozdanović: Istraživanje političke pismenosti učenika završnih razreda srednjih škola u Hrvatskoj [Untersuchung des politischen Ausbildungsstandes von Schülern der obersten Mittelschulklassen in Kroatien]. Zagreb: GOOD inicijativa, GONG, Institut za društvena istraživanja 2015, S. 25. http://goo.hr/wp-content/uploads/2015/09/ISTRA%C5%BDIVANJE-POLITI%C4%8CKE-PISMENOSTI-U%C4%8CENIKA-ZAVR%C5%A0NIH-RAZREDA-SREDNJIH-%C5%A0KOLA.pdf (Zugriff am 07.08.2016).

10 Tamara Banjeglav: Sjećanje na rat ili rat sjećanja? Promjene u politikama sjećanja u Hrvatskoj od 1990. godine do danas [Erinnerung an den Krieg oder Krieg der Erinnerungen? Änderungen in den Erinnerungspolitiken in Kroatien von 1990 bis heute]. In: Dies. / Darko Karačić / Nataša Govedarica: *Re:vizija prošlosti. Politike sjećanja u Bosni i Hercegovini, Hrvatskoj i Srbiji od 1990. godine.* Sarajevo: Asocijacija Alumni Centra za interdisciplinarne postdiplomske studije, Friedrich-Ebert-Stiftung 2012, S. 91–161, hier S. 151. http://library.fes.de/pdf-files/bueros/sarajevo/09702.pdf (Zugriff am 02.11.2015).

11 Aus einem Papier des Bundes der antifaschistischen Kämpfer und Antifaschisten der Republik Kroatien, das dessen Mitglieder für ein Gespräch mit der Präsidentin Kroatiens Kolinda Grabar-Kitarović am 9. Juni 2015 verfassten. Das Papier wurde mir freundlicherweise von Miroslav Kirinčić, dem Sekretär des Bundes, zur Verfügung gestellt.

Wie Zagreb 1945 befreit wurde, und wie man dies bis 1990 feierte

Anders als im Fall Belgrads mussten Titos Partisanen um Zagreb nicht lange kämpfen. Ante Pavelić und seine Regierung beschlossen am 30. April 1945, die Stadt nicht zu verteidigen, sondern sie zusammen mit den deutschen Einheiten zu verlassen. Am 6. Mai begann der Rückzug der Ustasche und der regulären Streitkräfte der Heimwehr, begleitet von ihren Familienangehörigen und anderen Zivilisten, welche die Begegnung mit den künftigen Machthabern fürchteten. Am Morgen des 8. Mai hatten die letzten Kolonnen der Flüchtenden Zagreb noch nicht verlassen, da überquerte Titos Jugoslawische Armee bereits die Brücken der Save. Kurz nach 13 Uhr meldete Radio Zagreb, die Stadt sei befreit.[12]

Was bewirkte der Einzug der Partisanen in Zagreb bei den Bewohnern? Aus den Quellen ergibt sich kein eindeutiges Bild. Jugoslawische Zeitungen berichteten erwartungsgemäß ausschließlich von positiven Reaktionen der Bevölkerung.[13] Der britische Major Owen Reed war sich wiederum am 14. Mai 1945 nicht sicher, ob die Befreiung Zagrebs „bei der Mehrheit der Einwohner populär ist oder nicht"; vielleicht sei „die Zahl der Menschen, die wegen des Abzugs der Deutschen erleichtert sind, der Zahl jener gleichzusetzen, die wegen der Ankunft der Partisanen ein unwohles Gefühl haben".[14] Unterschiedliche Reaktionen erlebte Branko Polić, ein junger Zagreber Jude, der – nach Jahren bei den Partisanen – Ende Mai 1945 in seine Heimatstadt zurückkehrte. Dort begegnete er Bekannten, mit denen er sich aufgrund ähnlicher Erfahrungen während des Kriegs sofort verstand. Bei manchen Menschen musste er Missverständnisse ausräumen: „Die Cousine eines Schulfreunds sagte zu mir: ‚Wie schön muss es doch im Wald gewesen sein. Ihr habt die freie Liebe gelebt!' Ich konnte sie kaum vom Gegenteil überzeugen [...]".[15] Einige indes wollten Polić davon überzeugen,

12 Siehe Ivo Goldstein: *Zagreb 1941–1945*. Zagreb: Novi Liber 2011, S. 331–344.

13 U slobodnom Zagrebu održan je veliki miting na kome je učestvovao ogroman broj građana i seljaka [Im freien Zagreb fand eine große Veranstaltung statt, an der eine riesengroße Zahl von Bürgern und Bauern teilnahm]. In: *Borba*, 12.05.1945, S. 3.

14 Zit. n. Katarina Spehnjak: *Britanski pogled na Hrvatsku 1945–1948* [Britischer Blick auf Kroatien 1945–1948]. Zagreb: Golden marketing-Tehnička knjiga 2006, S. 245.

15 Branko Polić: *Imao sam sreće. Autobiografski zapisi (1.11.1942.–22.12.1945)* [Ich hatte Glück. Autobiographische Notizen (1.11.1942–22.12.1945]. Zagreb: Durieux 2006, S. 320.

„dass es in den vorausgegangenen Jahren doch nicht so schrecklich gewesen sei“[16].

Man kann vermuten, dass viele Zagreber die Kommunisten schon deshalb begrüßten, weil sie im Pavelić-Regime Angehörige verloren hatten: Etwa 20.000 Menschen aus Zagreb waren dem faschistischen Terror zum Opfer gefallen – darunter mit 8.000 bis 9.000 Ermordeten drei Viertel aller jüdischen Einwohner. Demgegenüber belief sich die Zahl der Opfer unter den Ustasche und anderen, die durch Partisanenhand umkamen, auf 8.000. Dem Ustascha-Regime fiel also etwa ein Zehntel der Einwohner Zagrebs zum Opfer. Der Zensus von 1931 nennt 185.581, der von 1948 279.623 Einwohner, für die Kriegsjahre selbst gibt es keine verlässlichen Daten.[17]

Im Laufe der Zeit prägte sich den Bürgern Zagrebs das Datum der Befreiung ihrer Stadt immer tiefer ein. Fünf Jahre nach dem Ereignis wurden vier verkehrsreiche, ineinander übergehende, in Ost-West-Richtung verlaufende Straßen zwischen dem Hauptbahnhof und dem zentralen Platz der Republik (Trg Republike, vor dem Krieg und heute wieder: Jelačić-Platz) in die Straße des 8. Mai 1945 (Ulica 8. maja 1945) umbenannt: die Pavao-Hatz-Straße, gewidmet dem Zagreber Bürgermeister von 1872 bis 1873, Spross einer zu Beginn des 19. Jahrhunderts aus Ungarn zugezogenen einflussreichen Händlerfamilie, die Barun-Trenk-Straße, benannt nach dem österreichischen Oberst Franz von der Trenck, in dessen Korps im österreichischen Erbfolgekrieg viele Kroaten kämpften und der wegen Gräueltaten und Ungehorsam zu lebenslanger Haft verurteilt worden war, die Juraj-Žerjavić-Straße, die ihren Namen nach einem Priester und Politiker des 19. Jahrhunderts bekommen hatte, sowie die Ljudevit-Farkaš-Vukotinović-Straße, welche einen Politiker, Wissenschaftler und Schriftsteller aus der habsburgischen Epoche ehrte.

Anlässlich des 10. Jahrestages der Befreiung, 1955, hob man in den Medien allenthalben die Errungenschaften der sozialistischen Ära in der Stadt hervor: den Anstieg der Einwohnerzahl bis auf 400.000, die Gründung vieler Kulturstätten und Bildungseinrichtungen, die Entwicklung der Industrie. Die Bilanz des ersten Jahrzehnts im industriellen Aufbau sei „so imposant, dass sie beinahe unwirklich“

16 Polić: *Imao sam sreće*, S. 324.

17 Goldstein: *Zagreb*, S. 391.

erscheine.[18] Zehn Jahre danach, 1965, nahmen sich die Stadtoberen vor, mit einem mehrtägigen Programm möglichst viele Bürger einzubeziehen, damit das Datum zu „einem Feiertag der ganzen Stadt im wahren Sinne des Wortes wird“[19]. Neben vielen Kulturveranstaltungen organisierte man auch ein Reenactment der Befreiungskämpfe um die Stadt, an der sich 5.000 Pfadfinder beteiligten. Im Wald Dotrščina am Stadtrand, wo die Ustasche mehrere Tausend Zagreber erschossen hatten, wurde ein Gedenkfriedhof eingeweiht. 1975, zum dreißigsten Befreiungsjubiläum, erhielt Zagreb wegen seines besonderen Beitrags zur Widerstandsbewegung im Zweiten Weltkrieg von Josip Broz Tito den Orden eines Volkshelden[20]. Bis zum Ende der sozialistischen Ära blieb der Befreiungstag in Zagreb ein Feiertag, den man mit Festreden samt umfangreichem Veranstaltungsprogramm beging.

Besatzung statt Befreiung: Der 8. Mai 1945 im Gefüge der neuen kroatischen Demokratie

Die Sozialistische Republik Kroatien bildete noch einen Bestandteil der jugoslawischen Föderation, als der Befreiungstag bereits in den Hintergrund rückte. Im Frühjahr 1990, am 22. und am 23. April sowie am 6. und 7. Mai, fanden die ersten freien Wahlen in Kroatien statt. Am 8. Mai und an den folgenden Tagen war die Öffentlichkeit nicht mehr mit dem historischen Datum beschäftigt, sondern mit dem politischen Wandel in der Gegenwart: Die von Franjo Tuđman geführte nationalistische Kroatische Demokratische Gemeinschaft (Hrvatska demokratska zajednica, HDZ) gewann per Mehrheitswahlrecht bei 42 % der Stimmen 67,5 % der Mandate im Parlament. Die reformierten Kommunisten (Savez komunista Hrvatske – Stranka demokratskih promjena, SKH-SDP) wurden zur stärksten Oppositionspartei. Ein Jahr später war Kroatien bereits in einen Krieg verwickelt. Nachdem die kroatische Staatsführung Ende 1990 verkündet hatte, ihre Sezessionsabsichten innerhalb von sechs Monaten umsetzen zu wollen und die serbische Minderheit daraufhin im Frühjahr 1991 eine eigene Republik ausgerufen hatte, kam es im März und Anfang Mai 1991 zu

18 V.Š.: Bilanca jednog desetljeća [Bilanz eines Jahrzehnts]. In: *Narodni list*, 08.05.1955, S. 3.

19 V.T.: Zagreb slavi [Zagreb feiert]. In: *Večernji list*, 06.05.1965, S. 1.

20 Im Original: Orden narodnog heroja.

bewaffneten Zwischenfällen mit Todesopfern. Dem folgte der offene Krieg in weiten Teilen des Landes. Nun tauchten in der Öffentlichkeit Interpretationen der Befreiung Zagrebs auf, die im Sozialismus unvorstellbar gewesen wären. Der Schriftsteller Stjepan Čuić etwa wies 1994 in einem Artikel für die Tageszeitung *Vjesnik* den Sinn des Feiertages am 8. Mai 1945 für die Zagreber weit von sich, weil

> an diesem Tag nach Zagreb auf einem Schimmel Koča Popović hineinritt, der surrealistische Schriftsteller und Kommandant der Ersten Armee. Er rief damals auf dem Jelačić-Platz aus: „Wir sind im Namen von Titos Serbien gekommen!" [...] Warum sind die kroatischen Partisanen nicht nach Zagreb gekommen? [...] Warum wurden die kroatischen Partisanen auf den Zufahrtswegen in die Stadt gestoppt – um Uniformen zu nähen?! Während die Kroaten ihre Uniformen nähten, um ordentlich gekleidet in die Stadt einzumarschieren, ritt Koča Popović auf einem Schimmel ein. Und was danach kam, ist bekannt. Er hat die Kolonnen von Soldaten und Zivilisten in Richtung österreichische Grenze getrieben. So kam es zum Verbrechen an den Soldaten und Zivilisten, und zwar nach dem 9. Mai, also nach Ende des Zweiten Weltkriegs in Europa [...]. Daher muss man heute, wenn man den Tag des Sieges feiert, das eine Datum von dem anderen deutlich unterscheiden, d.h. man muss das, was die Alliierten feiern, von dem unterscheiden, was die Armee von Popović feierte. Denn die Alliiertenarmee, die in Berlin einzog, kam nicht „im Namen von Titos Serbien", sondern im Namen der westlichen Zivilisation, welche im Befreiungsaugenblick keine Zivilisten verfolgte. Der Einzug Popovićs nach Zagreb bestimmte die Lage Kroatiens für mehrere Jahrzehnte. Kroatien ist heute noch ein Opfer dieser Lage. Und heute noch träumen manche serbischen Popovićs davon, in Zagreb einzumarschieren, von dem sie gar nicht weit entfernt sind. Während sie so träumen und die Zivilisten in kroatischen Ortschaften mit Granaten daran erinnern, dass sie von ihren Absichten nicht ablassen, können diese Zivilisten die Feier des 8. Mai nur als eine Einladung an einen neuen Popović erleben, was dann bedeutet, dass auf sie die Vertreibung und ein neues Bleiburg warten.[21]

Nur einige wenige Behauptungen des Schriftstellers Čuić halten der historiografischen Prüfung stand, zum Beispiel: Die ersten Partisaneneinheiten am 8. Mai 1945 in Zagreb setzten sich in der Tat aus der vorwiegend serbischen Ersten und Zweiten Armee zusammen. Vieles in Čuićs Kommentar ist indes auf seine poetische Freiheit beim Umgang mit historischen Ereignissen zurückzuführen: In den Quellen finden sich keine Hinweise darauf, dass sich Koča Popović als Vertreter von Titos Serbien in Zagreb vorstellte. Ein derartiger Auftritt wäre 1945 in Zagreb ein Ding der Unmöglichkeit gewesen, verdankte doch der

21 Stjepan Čuić: Iz pobjede u poraz [Vom Sieg zur Niederlage]. In: *Vjesnik*, 12.05.1994, S. 7.

Widerstand Titos – Sohn eines Kroaten und einer Slowenin – seine Popularität an erster Stelle der Politik von Brüderlichkeit und Einheit, mit anderen Worten: der Anerkennung nationaler Eigenheiten aller Völker Jugoslawiens bzw. der Politik ihrer Gleichberechtigung[22]. Ebenso wenig lässt sich ein Beweis für die Behauptung erbringen, man habe die kroatischen Partisanen daran gehindert, am 8. Mai 1945 in Zagreb einzuziehen – und man habe dies von langer Hand vorbereitet. Der Umstand, dass die kroatischen Partisanen später als die serbischen in der Hauptstadt Kroatiens eintrafen, wurde im Sozialismus überdies nicht verheimlicht, wenn auch nicht problematisiert. In den vergangenen Jahren berichteten Teilnehmer von damals als Zeitzeugen darüber. Danach hätte laut Plan des Generalstabs von Titos Jugoslawischer Armee das 10. Zagreber Armeekorps, das sich vorwiegend aus Menschen aus Zagreb und Nordkroatien zusammensetzte, als Erstes nach Zagreb einmarschieren sollen. Jedoch sei dieses Korps am 8. Mai von den sich zurückziehenden Deutschen aufgehalten worden.[23] Auch die Behauptung, dass Koča Popović die kroatischen Zivilisten und Soldaten in Richtung österreichische Grenze getrieben habe, entspricht nicht der historischen Wahrheit. Vielmehr waren diese bereits vor dem Einzug der Partisanen in Richtung Österreich geflüchtet. Bezeichnenderweise schweigt Stjepan Čuić zur Rolle der kroatischen Partisanen. Er blendet aus, dass das 10. Zagreber Armeekorps schon am 9. Mai 1945 in Zagreb eintraf und dass es Angehörige dieses Korps waren, die dann dort die Macht übernahmen.

Dennoch wurde die zentrale These Čuićs in der kroatischen Öffentlichkeit zu einem Gemeinplatz. Dieser These zufolge hätten die serbischen Partisanen von 1945 ähnliche Absichten gehegt wie die vom serbischen Präsidenten Slobodan Milošević unterstützten serbischen Rebellen von 1991: Beide erscheinen von nun an als Besatzer und Versklaver Kroatiens. Damit wird suggeriert, dass die wahren Opfer Kroatiens im Zweiten Weltkrieg die Ustasche gewesen seien. Čuić erwähnt in seinem Text

22 Siehe Goldstein: *Hrvatska povijest*, S. 267–298.

23 Oslobođenje Zagreba, 60 godina kasnije [Die Befreiung Zagrebs, 60 Jahre danach]. http://www.bbc.co.uk/croatian/indepth/story/2005/05/050508_zagreb_60godina.shtml (Zugriff am 12.11.2015); Rade Hamović: O ulozi 10. korpusa u završnim operacijama za oslobođenje zemlje [Zur Rolle des 10. Korps bei den Abschlussaktionen für die Befreiung des Landes]. http://www.deseti-korpus.com/index.php?option=com_content&view=article&id=123:o-ulozi-10-korpusa-u-zavrnim-operacijama-za-osloboenje-zemlje-&catid=39:osobe&Itemid=116 (Zugriff am 12.11.2015).

zudem jenen Ort im österreichischen Kärnten, der unter kommunistischer Herrschaft praktisch unbekannt war und der Anfang der 1990er Jahre mit außerordentlicher Geschwindigkeit zu einem mythischen Symbol für das Leid der Kroaten im Zweiten Weltkrieg aufstieg: Bleiburg. In der Nähe von Bleiburg kapitulierten die aus Zagreb fliehenden Pavelić-Anhänger Mitte Mai vor den britischen Truppen und baten darum, in britische Kriegsgefangenschaft genommen zu werden – in der Hoffnung, so der Rache der Partisanen zu entgehen. Doch die Briten schickten die Flüchtlinge nach Jugoslawien zurück. In den folgenden Wochen und Monaten verübten jugoslawische Partisanen an verschiedenen Orten in Österreich und vor allem in Slowenien zahlreiche Massaker an den Flüchtlingen. Über die Zahl der Opfer gibt es bis heute keine Einigkeit, Schätzungen differieren zwischen 50.000 bis 600.000 kroatischen Opfern.[24] In der Tuđman-Ära bildete sich ein Konkurrenzverhältnis zwischen Bleiburg und Jasenovac, dem größten kroatischen Konzentrationslager im Zweiten Weltkrieg, heraus. In Jasenovac ermordeten die Ustasche Abertausende von Serben, Juden, Roma sowie antifaschistischen Kroaten.[25] Während die Gedenkveranstaltungen in Bleiburg, auf denen Rechtsextreme regelmäßig Ustascha-Symbole zur Schau stellten, von höchsten Repräsentanten des Staates und der Kirche besucht und im Fernsehen übertragen wurden, verlor Jasenovac in den 1990er Jahren an Bedeutung. Die Bezeichnung der Tragödie von Bleiburg beispielsweise als „Holocaust der kroatischen Märtyrer“[26] – so der Vorsitzende des kroatischen Parlaments Nedjeljko Mihanović 1995 – ließ bei vielen Kroaten den Eindruck entstehen, dass

24 Siehe Vjeran Pavlaković: Komemorativna kultura Bleiburga, 1990–2009 [Die Gedenkkultur von Bleiburg, 1990–2009]. In: Sulejman Bosto / Tihomir Cipek (Hrsg.): *Kultura sjećanja: 1945. Povijesni lomovi i svladavanje prošlosti*. Zagreb: Disput 2009, S. 167–194, hier S. 178.

25 Über die Zahlen der Opfer von Jasenovac streitet man seit Jahrzehnten. Manche sprechen von einigen Tausend, andere von fast einer Million Opfer. Die Gedenkstätte Jasenovac arbeitet an einer Namensliste der Opfer, die zurzeit 83.145 Menschen aufweist, siehe POIMENIČNI POPIS ŽRTAVA KCL JASENOVAC 1941–1945 [NAMENSLISTE DER OPFER DES KZ JASENOVAC 1941–1945]. http://www.jusp-jasenovac.hr/Default.aspx?sid=6284 (Zugriff am 12.01.2016). Zur Jasenovac-Polemik vgl. Holm Sundhaussen: Das Konzentrationslager Jasenovac (1941–1945): Konstruktion und Dekonstruktion eines Kriegsverbrechens und Weltkriegsmythos. In: Wolfram Wette / Gerd R. Ueberschär (Hrsg.): *Kriegsverbrechen im 20. Jahrhundert*. Darmstadt: Primus 2001, S. 370–381.

26 Zit. n. Banjeglav: Sjećanje, S. 109.

Bleiburg ein schlimmeres Menschheitsverbrechen als Jasenovac darstelle.[27] Dieser Eindruck hält bei vielen bis heute an, auch wenn manche sozialdemokratischen und liberalen Politiker sich von den Bleiburg-Gedenkfeiern und der ‚Holocaustisierung' distanzieren.[28]

Straßenumbenennungen und Denkmalzerstörungen in Zagreb seit 1990

In der Umdeutung der Geschichte des Zweiten Weltkriegs in Jugoslawien unter der Ägide der HDZ erschien also das vormalige Gedenken an die Befreiung Zagrebs 1945 als ein Unternehmen gegen das kroatische Volk. Zugleich geriet alles, was mit der Partisanenbewegung im Zusammenhang stand, unter Verdacht. Um die Topografie der kroatischen Hauptstadt diesem Geschichtsverständnis anzugleichen, leiteten die neuen Eliten noch vor der Unabhängigkeitserklärung Kroatiens im Juni 1991 eine großangelegte Straßenumbenennungsaktion in die Wege. Die Straße des 8. Mai 1945 kam Ende 1991 auf die Tagesordnung. Die beim Stadtparlament tätige Kommission für die Benennung von Ortschaften, Straßen und Plätzen ließ sich auf ihrer Sitzung vom 25. Oktober 1991 von dem Grundsatz leiten, dass man insbesondere in Donji grad (dt. Unterstadt) – also im hauptsächlich im 19. Jahrhundert gestalteten Stadtzentrum – alte Straßennamen wieder einführen müsse, „um die Identität Zagrebs zu erhalten".[29] Der Vorschlag der Kommission, der Straße des 8. Mai 1945 ihre Vorkriegsnamen – Pavao-Hatz-Straße, Barun-Trenk-Straße, Juraj-Žerjavić-Straße und Ljudevit-Farkaš-Vukotinović-Straße – zu geben, wurde im November 1991 vom Zagreber Stadtparlament angenommen. Gleichzeitig benannte man eine der größten Verkehrsadern Zagrebs im Stadtteil Trnje von ‚Straße der proletarischen Brigaden' (‚Ulica proleterskih brigada') in ‚Vukovar-Avenue' (‚Avenija Vukovar') um, gab ihr mithin den Namen jener Stadt im Osten des Landes, welche damals seit Monaten unter Belagerung der Jugoslawischen Volksarmee und der serbischen Paramilitärs stand. Im

27 Vgl. Radonić: Erinnerungskultur, S. 3.

28 Z. B. Stjepan Mesić, kroatischer Präsident von 2000 bis 2010. Vgl. Stjepan Mesić: I Katolička crkva nasjela na propagandu protiv antifašizma [Auch die Katholische Kirche ging der Propaganda gegen den Antifaschismus auf den Leim]. http://www.index.hr/vijesti/clanak/i-katolicka-crkva-nasjela-na-propagandu-protiv-antifasizma/383014.aspx (Zugriff am 13.11.2015).

29 Zit. n. einem Schreiben der Kommission, das mir freundlicherweise Aleksandra Šujica, Mitglied der heutigen Kommission, zur Verfügung stellte.

Stadtteil Dubrava verlieh das Stadtparlament auf derselben Sitzung der Straße der II. Armee (Ulica II. Armije), gewidmet den vorwiegend serbischen Truppen, die am 8. Mai 1945 in Zagreb einmarschierten, den Namen ‚Straße des Kroatischen Frühlings' (‚Ulica Hrvatskog proljeća'). So huldigte man jenen kroatischen Kommunisten und anderen Akteuren der Reformbewegung der 1960er Jahre, die mehr Rechte für Kroatien innerhalb der jugoslawischen Föderation angestrebt hatten und die 1971 von Tito ‚erstickt' worden waren. In Dubrava verschwand außerdem der bosnische Kroate Franjo Kluz vom Stadtplan, ein Pilot des Königreichs Jugoslawien, der kurze Zeit im Pavelić-Staat ein Amt ausgeübt hatte und von dort mit einem Flugzeug zu den Partisanen geflohen war, wodurch er zum ersten Piloten und Begründer der Luftwaffe in der Widerstandsbewegung avancierte. Kluz wurde 1944 in einem Flugzeug von den Deutschen abgeschossen; 1948 erklärte man ihn zum Volkshelden. Seine Straße erhielt nun den Namen ‚Straße des Kreuzweges' (‚Ulica križnog puta'), womit – in Anspielung auf den Leidensweg Jesu Christi – die Tragödie der kroatischen Soldaten und Zivilisten in Bleiburg und auf dem Rückweg von Bleiburg nach Jugoslawien gewürdigt werden sollte. In der besagten Sitzung des Stadtparlaments tilgte man auch die Straße der Fünften Landeskonferenz der KPJ (Ulica Pete zemaljske konferencije KPJ), welche an die letzte Konferenz der jugoslawischen Kommunisten vor dem Zweiten Weltkrieg erinnerte, die 1940 in eben dieser Straße stattgefunden hatte. Die Straße heißt seit 1991 Kapuzinerstraße (Kapucinska ulica).

Heute gibt es in Zagreb weniger als 100 Straßen, die Bezug auf Ereignisse oder Menschen aus dem Partisanenkrieg nehmen.[30] Von 1990 bis 2007 wurden in Zagreb 474 Straßen umbenannt.[31] Die Umbenennung betraf nicht nur Straßen, die auf den Partisanenkampf verwiesen, sondern auch solche, die außerkroatische jugoslawische Städte, Protagonisten der internationalen Arbeiterbewegung oder Serben benannten. In Donji grad, Zagrebs Zentrum, umfasste das große Umtaufen von

30 99 Straßen und Plätze werden in der folgenden Publikation erwähnt: Mario Šimunković / Domagoj Delač: *Sjećanje je borba. Spomen obilježja Narodnooslobodilačke borbe i revolucionarnog pokreta na području grada Zagreba* [Erinnerung ist Kampf. Gedenkzeichen des Volksbefreiungskampfs und der revolutionären Bewegung auf dem Gebiet der Stadt Zagreb]. Zagreb: Savez antifašističkih boraca i antifašista Republike Hrvatske, Alerta: Centar za praćenje desnog ekstremizma i protudemokratskih tendencija 2013, S. 494.

31 Jelena Stanić / Laura Šakaja / Lana Slavuj: Preimenovanje zagrebačkih ulica i trgova [Umbenennung der Zagreber Straßen und Plätze]. In: *Migracijske i etničke teme* 25,1–2 (2009), S. 89–124, hier S. 101.

1990 bis 2009 25 Straßen, was in etwa ein Viertel der Straßen dieses Stadtteils ausmacht.[32] Dabei radierte man in Donji grad alle Straßennamen und Platzbezeichnungen aus, welche zur Zeit des sozialistischen Jugoslawien beschlossen worden waren – bis auf eine Ausnahme: Der Marschall-Tito-Platz (Trg maršala Tita) blieb bestehen. Zahlreiche Straßen in Donji grad erhielten Namen von kroatischen Königen und anderen Herrschern; in den übrigen Stadtvierteln bediente man sich in der Regel der Namen bekannter Künstler und Wissenschaftler vergangener Zeiten. Den quantitativen Höhepunkt der Umbenennungsaktion erlebte die Hauptstadt 1993. Seit 1996 und somit seit Ende des Kriegs in Kroatien sind kaum noch neue Namensänderungen durchgeführt worden. Bezeichnend ist, dass die neuen Straßennamen selten auf die Ereignisse und Personen des ‚Heimatländischen Kriegs' rekurrieren. Der Grund dafür dürfte in den vielen offenen Fragen liegen – vor allem bezüglich der vom kroatischen Militär verübten Verbrechen an der Zivilbevölkerung nach der Rückeingliederung der serbisch besetzten Gebiete 1995 –, durch die dieser Krieg im Bewusstsein der Zagreber zunehmend fragwürdig erschien.[33]
Die symbolische Neuordnung der Stadt, wie sie die Identitätsplaner der HDZ nach 1990 für Zagreb durchführten, war nichts Singuläres im ehemaligen Jugoslawien. In anderen Orten ersetzte man ebenso – wenn auch in unterschiedlichem Ausmaß – die Helden des Antifaschismus und Sozialismus durch neue Akteure.[34] Dabei oszillierte die Intensität der Umbenennungsaktionen in Kroatien beträchtlich. In manchen Orten fanden sie kaum oder gar nicht statt. Dies gilt vor allem für die vom Krieg der 1990er Jahre nicht betroffenen Gebiete wie Istrien oder Rijeka mit Umgebung.[35] Bei der Einordnung der Vorgänge in Zagreb ist auch der Umstand zu berücksichtigen, dass die Kommunisten 1945 dort Umbenennungen in ähnlichem Ausmaß in Angriff genommen hatten. In Donji grad hatte man nach dem Zweiten Weltkrieg 33 Straßennamensänderungen vollzogen: 25 der Neubenennungen bezogen sich dabei auf die Ideale und Persönlichkeiten des Widerstands

32 Ebd., S. 103.

33 Ebd., S. 108.

34 Zu Straßenumbenennungen und anderen Eingriffen in die Erinnerungspolitik auf dem Gebiet des ganzen Jugoslawien, vor allem nach 1989, siehe Srđan Radović: *Grad kao tekst* [Stadt als Text]. Beograd: Biblioteka XX vek 2013.

35 Tihomir Cipek: Sjećanje na 1945: čuvanje i brisanje [Erinnerung an 1945: Bewahren und Tilgen]. In: Bosto / Cipek (Hrsg.): *Kultura sjećanja: 1945*, S. 155–165, hier S. 162.

oder des Sozialismus.[36] So gesehen stützten sich die Kommunisten bei ihrer Namensvergabe sogar weitaus stärker auf ihre eigene Politik als die Identitätsplaner von Franjo Tuđman. Doch auch im zeitgenössischen und historischen Vergleich frappiert bei den Umbenennungen im unabhängigen Kroatien die Radikalität, mit der man mit den Idealen des Antifaschismus abrechnete – denn viele hochrangige Politiker der neuen Ära hatten Jahrzehnte zuvor an der Verbreitung dieser Ideale mitgewirkt und der Antifaschismus blieb im offiziellen Selbstbild des Landes eine der tragenden Säulen. Womöglich steht die Radikalität der Umbenennungen im Zusammenhang mit der Rückhaltlosigkeit, in der sich ehemalige Kommunisten in Akteure des neuen kroatischen Nationalismus wandelten?

Hand in Hand mit der offiziellen Rekonstruktion der Stadttopografie ging in Zagreb eine inoffizielle Zerstörung von antifaschistischen Denkmälern und Gedenktafeln einher – inoffiziell deshalb, weil diese Zerstörungen gewöhnlich auf keinem administrativen Beschluss beruhten. Die Akteure handelten hierbei vielmehr im Verborgenen. Von den 423 Gedenktafeln und Denkmälern, die im Zusammenhang mit der Arbeiterbewegung, dem Widerstand im Zweiten Weltkrieg oder den Opfern des Ustascha-Regimes während des Sozialismus in Zagreb aufgestellt wurden, findet man heute nur noch 189 an ihrem Platz.[37] Es ist kaum möglich zu erfahren, wo der Rest verblieben ist und wer genau an den Entfernungen mitwirkte. Ich habe mich an zehn Institutionen in Zagreb gewandt und nach dem Schicksal von demontierten Gedenktafeln an den betreffenden Adressen erkundigt. Nur in einer Schule hat man mir Auskunft gegeben: Während der Renovierung des Schuleingangs habe man zwei Tafeln eingelagert, die Tafel zu Ehren der Schüler, die als Opfer des Faschismus umkamen, sowie die Tafel zu Ehren der Schüler, die im ‚Heimatländischen Krieg' starben. Der Grund: Ein Schuleingang sei kein angemessener Ort zur Opferehrung.[38] In ganz Kroatien wurde von den ca. 6.000 für die gefallenen Partisanen und zivile Opfer des Zweiten Weltkriegs errichteten

36 Stanić / Šakaja / Slavuj: Preimenovanje, S. 112.

37 Šimunković / Delač: *Sjećanje*, S. 493.

38 Email von Maja Krstić-Lukač, der Leiterin der Schule für angewandte Kunst und Design in Zagreb, vom 18.09.2015. Angeschrieben habe ich noch ein Hotel, ein Caféhaus, drei Fakultäten der Universität Zagreb, einen Fußballverein, ein Museum, die Kroatische Akademie der Wissenschaften und Künste und eine Fabrik. Von vier Adressen kam gar keine Reaktion, von den anderen die Information, sie hätten keine Kenntnis über den Verbleib der Gedenktafeln.

Denkmälern etwa die Hälfte zerstört oder beschädigt.[39] Niemand ist deshalb strafrechtlich zur Verantwortung gezogen worden. In einigen Ortschaften organisierten lokale Machthaber der HDZ die Entfernung von Partisanendenkmälern.[40]

Platz der Opfer des Faschismus und Marschall-Tito-Platz

Der Name der Straße des 8. Mai 1945 schien nach ihrer Umbenennung zunächst in Vergessenheit geraten zu sein. Gleichwohl hat man in Zagreb um die Erinnerung an den Zweiten Weltkrieg heftig gestritten. Zu einem symbolischen Schlachtfeld wurde dabei der Platz der Großen Kroaten (Trg hrvatskih velikana) im Stadtzentrum. Bis 1990 hieß er ‚Platz der Opfer des Faschismus' (‚Trg žrtava fašizma').[41] Während der Pavelić-Herrschaft hatte an diesem Platz das Hauptamt der Ustascha-Polizei – organisatorisch aufgebaut nach dem Vorbild des nationalsozialistischen Reichssicherheitshauptamtes – seinen Sitz gehabt, samt Gefängnis, in dem viele Menschen gefoltert und getötet wurden. In der Nähe des Platzes befand sich der Sitz der Gestapo. Bereits im September 1990 benannten die Zagreber Stadtoberen den Platz um, zunächst in ‚Platz der kroatischen Herrscher' (‚Trg hrvatskih vladara'), wenige Wochen später in ‚Platz der Großen Kroaten'. Gleichzeitig verloren vier große Straßen, die auf den Platz zulaufen, ihre alten Namen. Man taufte sie auf die Namen von kroatischen Herrschern des Mittelalters.[42]

39 Juraj Hrženjak (Hrsg.): *Rušenje antifašističkih spomenika u Hrvatskoj 1990–2000* [Zerstörung der antifaschistischen Denkmäler in Kroatien 1990–2000]. Zagreb: Savez antifašističkih boraca Hrvatske 2002.

40 Banjeglav: Sjećanje, S. 96.

41 Zur Geschichte der Benennung des Platzes und der benachbarten Straßen vgl. Josip Hrgović: Orte der Erinnerung und das Problem der Gegenerinnerung. Der „Platz der Opfer des Faschismus" in Zagreb. In: Rudolf Jaworski / Peter Stachel (Hrsg.): *Die Besetzung des öffentlichen Raumes. Politische Plätze, Denkmäler und Straßennamen im europäischen Vergleich*. Berlin: Frank & Timme 2007, S. 115–130.

42 Die Straße der sozialistischen Revolution erhielt ihren Vorkriegsnamen zurück: ‚Straße des Königs Zvonimir' (‚Ulica kralja Zvonimira'). Ein Teil der Ruđer-Josip-Bošković-Straße, welche den Jesuiten und einen der bedeutendsten Universalgeister der kroatischen Geschichte ehrte, wurde zur ‚Straße des Königs Držislav' (‚Ulica kralja Držislava'). Die Božidar-Adžija-Straße, genannt nach dem kroatischen Juristen, Gewerkschafter und Mitbegründer der Kommunistischen Partei Kroatiens, getötet von den Ustasche 1941, hieß von nun an ‚Straße des Fürsten Mislav' (‚Ulica kneza Mislava'). Die Vojo-Kovačević-Straße – Kovačević war ein hochpositionierter montenegrinischer Militär der Kriegs- und Nachkriegszeit – bekam den Namen ‚Straße des Fürsten Višeslav' (‚Ulica kneza Višeslava'). Siehe *Službeni glasnik grada Zagreba* 30 (1990), S. 1389.

Beim neu benannten Platz der Großen Kroaten wurde bald nicht nur um Symbole gestritten. Hier entwickelte sich ein Schlachtfeld der Geschichtspolitik in natura. Einige Wochen nach der Neubenennung gründeten Bürger ein Aktionskomitee für den Platz der Opfer des Faschismus. Sie wollten dem Platz seinen vorherigen Namen zurückgeben. Zoran Pusić, Vorsitzender des Komitees, erklärte Anfang 1991, die Verunglimpfung der Kroaten als ein faschistoides Volk sei „wahnsinnig und stupide", die Beseitigung des Platzes der Opfer des Faschismus aber gerade „Wasser auf die Mühle solcher Blödheit".[43] Jedes Jahr am 9. Mai – also am Europatag der Europäischen Union bzw. am Tag des Sieges in Russland – demonstrierte das Komitee auf dem Platz. Am 9. Mai 1999 kam es dabei zu gewaltsamen Ausschreitungen von ungefähr 300 Angehörigen extremer rechter Gruppen: Sie warfen Tränengas unter die Demonstranten, verletzten durch einen Steinwurf eine 76-jährige Frau schwer am Kopf und schlugen Zoran Pusić einen Zahn aus, während der einem Freund zu Hilfe eilte, welcher wiederum eine Frau vor tätlichen Angriffen verteidigte. Die Gewalt wurde durch den Einsatz von mehr als einhundert Polizisten nicht verhindert.[44] Doch als dann im Jahr 2000 die HDZ bei den Wahlen entthront wurde und eine von den Sozialdemokraten angeführte Koalition die Macht übernommen hatte, erhielt der genannte Platz seinen früheren Namen zurück. Bis heute heißt er ‚Platz der Opfer des Faschismus'.

Seit 2000 wird hingegen intensiv um den Marschall-Tito-Platz gestritten, auf dem das 1895 vom Wiener Architektenbüro Fellner und Helmer errichtete Kroatische Nationaltheater und das Rektorat der Universität stehen. Die extrem nationalistische Kroatische Rechtspartei beantragte im Mai 2000 beim Zagreber Stadtparlament, den Platz entweder in ‚Platz der Opfer des Kommunismus' (‚Trg žrtava komunizma') oder in ‚Theaterplatz' (‚Kazališni trg') umzubenennen oder ihm den Namen zurückzugeben, den er von 1888 bis 1919 trug: ‚Universitätsplatz' (‚Sveučilišni trg'). Ein Platz mit Titos Namen stelle

43 Zit. n. Dean Sinovčić: Trg žrtava fašizma vraća se u središte Zagreba odakle je prije deset godina izbrisan [Der Platz der Opfer des Faschismus kehrt ins Zentrum Zagrebs zurück, wo er vor zehn Jahren getilgt wurde]. http://www.monitor.hr/clanci/trg-zrtava-fasizma-vraca-se-u-srediste-zagreba-odakle-je-prije-deset-godina-izbrisan/6168/ (Zugriff am 11.11.2015).

44 Sanja Modrić: Penić je stoti krivac za divljaštvo na Trgu žrtava fašizma [Penić ist der hundertste Schuldige an den Ausschreitungen auf dem Platz der Opfer des Faschismus]. In: *Jutarnji list*, 11.05.1999, S. 6.

eine „zivilisatorische Schande“[45] dar, denn seine Verbrechen seien mit denen von Hitler oder Stalin vergleichbar, argumentierte die Rechtspartei. Der Vorschlag wurde nicht angenommen, der Streit dauert bis heute an. 2008 gründete die Englisch- und Französischlehrerin Maja Runje die Bürgerinitiative Kreis für den Platz (Krug za Trg), die sich die Tilgung von Titos Namen zum Ziel setzt. Die Initiative hat zahlreiche Protestveranstaltungen auf dem Platz organisiert, oft am 10. Dezember, dem Tag der Menschenrechte, oder aber am 8. Mai, der dabei allerdings nicht als Tag der Befreiung verstanden wird. Am 8. Mai 2010 erklärte Ante Beljo, einer der Mitbegründer der HDZ, Tito sei ein „Symbol des Bösen“ und am 8. Mai 1945 habe die „serbische Jugosoldateska“ Zagreb „okkupiert“.[46] Wie so oft bei den Politikern vom rechten Spektrum der Fall blendete Beljo aus, dass der Gründer der HDZ und der erste demokratisch gewählte Staatspräsident Kroatiens Franjo Tuđman bis zur zweiten Hälfte der 1960er Jahre zu den Eliten der „Jugosoldateska“ gehörte und dass viele von Tuđmans Weggefährten bis zum Krieg der 1990er Jahre Teil des jugoslawischen Establishments waren. In seiner Einteilung der Kroaten und Serben in Gute und Böse ordnete Beljo auch die Ustasche den Guten zu. Diese hätten nicht für den Faschismus gekämpft, „sondern waren gezwungenermaßen Verbündete von Deutschen und Italienern“, weshalb sie am Ende des Zweiten Weltkriegs nicht vermutet hätten, dass sie ihren Staat nur deshalb verlieren müssten, weil die Deutschen den Krieg verloren.[47]

2011 unterbreitete die Initiative von Maja Runje gemeinsam mit dem Kroatischen Helsinki-Komitee für Menschenrechte sowie dem Rektorat der Zagreber Universität einen neuen Antrag für die Umbenennung des Platzes. Beigefügt wurde eine Liste mit Unterschriften von über 500 Universitätsprofessoren, Schriftstellern, Politikern und Künstlern. Die Kommission für die Benennung von Ortschaften, Straßen und Plätzen des Stadtparlaments wies den Antrag mit dem Hinweis auf Titos

45 Predstavka [Eingabe]. http://www.hsp1861.hr/vijesti/200522pred.htm (Zugriff am 20.05.2016).

46 Uvodni govor Ante Belje na prosvjednom skupu „Kruga za Trg“ 8. svibnja 2010 [Einleitende Rede Ante Beljos bei der Protestveranstaltung des Kreises für den Platz am 8. Mai 2010]. http://www.hkv.hr/izdvojeno/tribine/zloini/6196-uvodni-govor-ante-belje-na-prosvjednom-skupu-kruga-za-trg-8-svibnja-2010.html (Zugriff am 16.11.2015).

47 Salih Zvizdić: Raščistiti povijesne zablude [Mit historischen Irrtümern aufräumen]. In: *Vjesnik*, 11.05.1995, S. 2.

Beitrag im Kampf gegen den Faschismus zurück und argumentierte darüber hinaus mit einer Umfrage, welche ergab, dass sich 57 % der Bürger einen Platz mit Titos Namen in der Stadt wünschten.[48] Danach bemühte sich die Initiative noch einige Male ergebnislos um die Umbenennung des Platzes. Und sie will weiterkämpfen. Im Januar 2015 wurde Maja Runje in ihrem Haus zusammen mit ihrem Mann von maskierten Einbrechern tätlich angegriffen. Sie geht, ohne dafür Beweise vorlegen zu können, davon aus, dass die Attacke ihr als Koordinatorin des Kreises für den Platz galt. Trotz der Gewalterfahrung möchte Runje den Kampf nicht aufgeben. „Diese kommunistische, jugoslawische oder serbische Faust, welche Tito bewahren wird“, existiere nicht, verkündete Runje.[49] Die letzte Protestveranstaltung am Marschall-Tito-Platz fand im August 2015 statt.

Die Rückkehr der Befreiung nach Zagreb auf leisen Sohlen

Nach der Rückbenennung des Platzes der Großen Kroaten in den ‚Platz der Opfer des Faschismus‘ im Jahr 2000 kam es nur vereinzelt zu vergleichbaren Fällen. Eine der wenigen Straßennamen, die auf den Stadtplan Zagrebs zurückkehrten, ist der des ‚8. Mai 1945‘. Dieser Fall ist etwas anders gelagert als der des Platzes der Opfer des Faschismus. Auch wenn um die Straße des 8. Mai 1945 keine Kämpfe ausgetragen wurden, ist ihr alter Name nie vergessen worden. Der Verein der jungen Antifaschisten der Stadt Zagreb überklebte 2010 etwa die Hälfte der Straßenschilder der ehemaligen Straße des 8. Mai 1945 mit ihrem alten Namen. Übrigens hatte dieser Verein seinen Sitz in den Räumen des Bundes der antifaschistischen Kämpfer und der Antifaschisten der Republik Kroatien (im weiteren Text: Bund der Antifaschisten), welche sich per Zufall in der Pavao-Hatz-Straße befinden – und somit in der ehemaligen Straße des 8. Mai 1945. Ordnungshüter konnten die aufgeklebten

48 Odbijen prijedlog preimenovanja zagrebačkog Trga maršala Tita [Vorschlag zur Umbenennung des Zagreber Marschall-Tito-Platzes abgelehnt]. http://www.novilist.hr/Vijesti/Zagreb/Odbijen-prijedlog-preimenovanja-zagrebackog-Trga-marsala-Tita (Zugriff am 21.11.2015).

49 R. Horvat: Koordinatorica Kruga za trg Maja Runje fizički napadnuta u obiteljskoj kući u Zagrebu [Koordinatorin des Kreises für den Platz Maja Runje in ihrem Familienhaus in Zagreb tätlich angegriffen]. http://www.hrsvijet.net/index.php/vijesti/132-hrvatska/35440-koordinatorica-kruga-za-trg-maja-runje-fizicki-napadnuta-u-obiteljskoj-kuci-u-zagrebu (Zugriff am 25.11.2015).

Straßenschilder erst im Laufe einer Woche entfernen.[50] Ende Januar 2011 erklärte Ivo Josipović, der damalige sozialdemokratische Präsident Kroatiens, bei einem Treffen der Antifaschisten:

> Hätte ich die Befugnisse, die der Präsident der Republik nicht hat, dann wären die antifaschistischen Kämpfer mit den Kämpfern des Heimatländischen Kriegs gleichgestellt, die Partisanendenkmäler wären restauriert und Zagreb bekäme die Straße des 8. Mai zurück, denn der 8. Mai ist ein wichtiges Datum in der Geschichte Zagrebs.[51]

Josipovićs Aussage stieß auf ein breites Echo in den Medien. Wenige Tage nach den Worten des Präsidenten wandte sich der Bund der Antifaschisten an die Kommission für die Benennung von Ortschaften, Straßen und Plätzen beim Stadtparlament – mit der Forderung, der ehemaligen Straße des 8. Mai 1945 ihren alten Namen zurückzugeben.[52] Offenbar gab man dem Bund der Antifaschisten zu verstehen, dass der Antrag keine Aussicht auf Erfolg haben werde, denn im März schrieb der Bund erneut an die Kommission und schlug nun einen anderen Ort vor, um des 8. Mai 1945 zu gedenken: den östlichen Teil der Straße der Kroatischen Brüderlichen Gemeinschaft (Ulica Hrvatske bratske zajednice), einer der zentralen Verkehrsadern im neueren Teil der Stadt zwischen dem Hauptbahnhof und der Save, benannt nach dem kroatischen Auswandererverband in den USA und bestehend aus zwei mehrspurigen Fahrbahnen mit einer breiten Grünfläche dazwischen.[53] Die Auswahl dieser Straße traf Saša Šimpraga, kein Mitglied des Bundes der Antifaschisten, jedoch Publizist und Aktivist, der mehrere Projekte zur Erinnerung an den Antifaschismus in Zagreb initiierte.[54] Šimpraga

50 Diese Information verdanke ich Mario Šimunković, Mitorganisator der Aktion und Autor des Buches über die Lage der antifaschistischen Denkmäler in Zagreb (Šimunković / Delač: *Sjećanje*).

51 Silvana Perica: Josipović: Vratite Zagrebu ulicu 8. maja [Josipović: Geben Sie Zagreb die Straße des 8. Mai zurück]. http://www.vecernji.hr/hrvatska/josipovic-vratite-zagrebu-ulicu-8-maja-245868 (Zugriff am 27.11.2015).

52 Schreiben des Bundes der antifaschistischen Kämpfer und Antifaschisten der Republik Kroatien vom 04.02.2011, Nr. 01-47-2011. Das Schreiben stellte mir freundlicherweise Aleksandra Šujica, Mitglied der Kommission für die Benennung von Ortschaften, Straßen und Plätzen des Zagreber Stadtparlaments, zur Verfügung.

53 Schreiben des Bundes der antifaschistischen Kämpfer und Antifaschisten der Republik Kroatien vom 17.03.2011, Nr. 01-47-2011-1, zur Verfügung gestellt von Aleksandra Šujica.

54 Unter anderem gründete Šimpraga das Virtuelle Museum Dotrščina, das den Gedenkort Dotrščina am Rande von Zagreb, wo die Ustasche mehrere Tausend Menschen erschossen, bekannter machen soll. Siehe http://www.dotrscina.hr/ (Zugriff am 27.11.2015).

argumentierte, dass durch die Umbenennung der östlichen Seite der Straße der Kroatischen Brüderlichen Gemeinschaft niemand seine Adresse ändern müsse, da diese Seite keine einzige Hausnummer habe. Ausschlaggebend war für Šimpraga der Kontext: Die Straße der Kroatischen Brüderlichen Gemeinschaft stellte die Verlängerung der Brücke der Freiheit dar – einer der Orte, an dem die Partisanen am 8. Mai 1945 die Save überquerten, um nach Zagreb zu gelangen – sowie die Verlängerung von Većeslav-Holjevac-Avenue (Avenija Većeslava Holjevca), benannt nach einem bedeutenden Vertreter der Partisanenbewegung und Bürgermeister Zagrebs von 1952 bis 1962.[55] Doch auch dieser Vorschlag gefiel der Kommission nicht. Sie erkor dann ihrerseits – im Mai 2011 – einen Ort zum Gedenken an den 8. Mai 1945 aus: ein bis dahin namenloses Stück des Save-Ufers zwischen der Brücke der Freiheit und der Brücke der Jugend (Most mladosti).[56] Durch den Beschluss des Zagreber Stadtparlaments vom 19. Dezember 2011 wurde diese Entscheidung bestätigt. Die Meinungen der Antifaschisten von Zagreb über die Entscheidung der Kommission gingen auseinander. Während sich Josip Skupnjak, Vizevorsitzender des Bundes der Antifaschisten, zufrieden zeigte, lehnten die Vertreter des Vereins der jungen Antifaschisten der Stadt Zagreb die Entscheidung der Kommission als „für alle Zagreber Antifaschisten inakzeptabel, schändlich und vor allem beleidigend"[57] ab. In ihrer Zeitschrift *Nepokoreni grad* (*Die unbezwungene Stadt*) hieß es in der Frühjahrsnummer von 2011:

> Wir können und wollen diesen Vorschlag nicht annehmen, weil [...] wir der Ansicht sind, dass die einzig richtige Lösung, welche das Unrecht von 1990 beheben kann, die Rückkehr des Straßennamens in seiner ursprünglichen Form an den Ort ist, wo er früher gewesen ist. Wir akzeptieren keine opportunistischen Kompromisse, nach denen ein Teil des Save-Ufers als Straße des 8. Mai 1945

55 Saša Šimpraga: Kako je nestala Ulica 8. maja [Wie die Straße des 8. Mai verschwand]. In: *Glas antifašista*, 01.05.2011, S. 24–25.

56 In der Begründung des Vorschlags der Kommission heißt es, die Kommission habe sich mit der Initiative des Bundes der Antifaschisten befasst und dann „einstimmig vorgeschlagen, dass das südliche (rechte) Ufer des Flusses Save den Namen Ufer des 8. Mai 1945 erhält". Die Begründung stellte mir Aleksandra Šujica, Mitglied der Kommission für die Benennung von Ortschaften, Straßen und Plätzen des Zagreber Stadtparlaments, zur Verfügung.

57 8. maj 1945. godine, dan kada je oslobođen Zagreb [8. Mai 1945, der Tag, an dem Zagreb befreit wurde]. http://documents.tips/documents/nepokoreni-grad-broj-2.html (Zugriff am 28.11.2015).

> benannt wird, ein Hektar Wald an der Medvednica oder ein Kilometer Bach in Brezovica oder irgendeine andere Stelle außer des Orts, der jahrelang das Datum der Befreiung trug.[58]

Die Äußerung der jungen Antifaschisten hatte aber keinerlei Auswirkung auf den Beschluss der Stadtväter: Es blieb beim genannten Stück des Save-Ufers. Darüber hinaus bestätigte sich die Befürchtung der jungen Antifaschisten, dass der Straßenname nicht in seiner ursprünglichen Form auf den Stadtplan zurückkehren würde. Während die Straße des 8. Mai 1945 bis 1991 Ulica 8. *maja* 1945. hieß, bekam das Save-Ufer den Namen Obala 8. *svibnja* 1945. Das slawische Wort *svibanj* für den Monat Mai ist typisch für die kroatische Schrifttradition, während in der serbischen Literatur die aus dem Lateinischen stammenden Monatsnamen – z. B. *maj* für den Mai – bevorzugt werden. Man hatte zur Zeit des sozialistischen Jugoslawien in Kroatien jedoch durchaus die lateinischen Monatsnamen benutzt, vor allem bei internationalen Feiertagen wie dem 1. Mai, und auch bei dem 8. Mai. Die Bezeichnung *maj* ist aus Kroatien bisher nicht gänzlich verschwunden, so trägt beispielsweise die Werft in Rijeka im Nordwesten des Landes den Namen *3. maj*. Insgesamt allerdings vermeidet man in Kroatien heute die lateinischen Monatsnamen, da man die kroatische Sprache von der serbischen vom Anspruch her ‚sauber' trennen will. Offenbar wollten die Mitglieder der Kommission für die Benennung von Ortschaften, Straßen und Plätzen politisch überkorrekt sein und änderten den *maj* in *svibanj*. Vielen Zagrebern konnte das gleichwohl gar nicht auffallen. Zwar überqueren Tausende von Menschen täglich in Autos und Bussen die Save-Brücken über dem Ufer, das kleine Schild ist von oben jedoch nicht wahrnehmbar. Die wenigen Einwohner, die die Gelegenheit haben, den Schriftzug aus der Nähe zu sehen, sind Jogger. So existiert zwar die Adresse des Ufers des 8. Mai 1945, im Leben der Stadt tritt sie aber nahezu gar nicht in Erscheinung – eine ideale Lösung für den geschichtspolitischen Spagat zwischen Antifaschismus und nationalkroatischer Tradition mit gelegentlichen Aneignungen des Ustascha-Erbes.

Wird der 8. Mai 1945 also aus der Erinnerung der Zagreber in der kommenden Zeit ganz verschwinden? Im Jahr 2015 sah es nicht danach aus. Das 70. Jubiläum der Befreiung der Stadt wurde wie nie zuvor seit Beginn der 1990er Jahre gefeiert, mit Ausstellungen, Runden Tischen,

58 Ebd.

einem Stadtspaziergang zum „Weiblichen antifaschistischen Zagreb“, mit Feuern an der Stelle, wo die ersten Partisaneneinheiten die Save überquerten, einer „Antifa-Night“, Seminaren, einem Festival der Widerstandspoesie und nicht zuletzt einer Lesung des Dramas *Zagreb 1945* von Tilla Durieux. Unter den Organisatoren tat sich das Netz der Antifaschistinnen Zagrebs hervor. Diese im Wesentlichen von der Zivilgesellschaft organisierten Gedenkfeiern können allerdings nicht darüber hinwegtäuschen, dass die von Franjo Tuđman begründete Geschichtspolitik weiterhin Gültigkeit besitzt. Auf der einen Seite will man den antifaschistischen Befreiungskampf Jugoslawiens nicht völlig aus dem Bild der Hauptstadt verbannen, zählt doch der Antifaschismus zu den höchsten aller allgemein anerkannten Werte europäischer Demokratie. Auf der anderen Seite verbannt man Tito und viele seiner Weggefährten aus der kroatischen Erinnerung, weil sie für den Kommunismus stehen – und vor allem für eine antifaschistische Bewegung, die nie exklusiv kroatisch war, sondern auf der Solidarität und Zusammenarbeit mit den heute ungeliebten Nachbarn gründete. Während man diesen Nachbarn die Rolle der totalitären Unterdrücker zuweist, beansprucht man für die eigene nationale Gemeinschaft moralische Unfehlbarkeit. Diese projiziert man gern auch auf die Ustasche, indem man von ihren Verbrechen absieht und sie zu den Schöpfern eines eigenständigen kroatischen Staates stilisiert, den die Kroaten seit Jahrhunderten angestrebt hätten.

Widersprüche in dieser Politik sind vorprogrammiert. So hat Kolinda Grabar-Kitarović, seit Anfang 2015 kroatische Präsidentin aus den Reihen der HDZ, zu Beginn ihrer Amtszeit beschlossen, Titos Büste zu entfernen, die bis zu diesem Zeitpunkt das Amtszimmer ihrer Vorgänger zierte – mit der Begründung, Tito sei „ein Diktator“ gewesen.[59] Im Mai 2015 wurde Grabar-Kitarović Schutzherrin der Gedenkveranstaltung für die Opfer von Bleiburg. Im Juli 2015 sprach sie in Yad Vashem und verblüffte viele ihrer Anhänger. Der Grund: Sie rief das kroatische Volk auf, sich um der Zukunft willen seiner Vergangenheit zu stellen. Das Ustascha-Regime spiegele keine Bestrebungen der Kroaten nach einem unabhängigen Staat wider. Vielmehr habe dieses Regime die Kroaten manipuliert. „Ich bin all jenen dankbar, die uns auf die richtige Seite der Geschichte geführt haben“, sagte die Präsidentin und verwies

59 Grabar-Kitarović: Tito je bio diktator [Tito war ein Diktator]. http://balkans.aljazeera.net/vijesti/grabar-kitarovic-u-posjeti-berlinu-0 (Zugriff am 15.01.2016).

dabei auf den Beitrag ihrer eigenen Familie zum Antifaschismus. Wer sei nun die „wahre“ Kolinda Grabar-Kitarović, fragten sich die Kritiker spöttisch. Diejenige, welche Tito hinauswirft, oder diejenige, die ihn lobpreist, weil sich die Kroaten dank seiner Führung 1945 auf der richtigen Seite wiederfanden?[60]

Wie auch immer es um die wahren Absichten von Kolinda Grabar-Kitarović steht: Der Umstand, dass der Widerstand in Kroatien im Zweiten Weltkrieg, die Befreiung und der Wiederaufbau des Landes von serbischen und kroatischen Kommunisten gemeinschaftlich geleistet wurde, bleibt im Kroatien der Gegenwart eine äußerst unbequeme Tatsache.

60 Drago Pilsel: Je li Kolinda u Hrvatskoj slobodna [Ist Kolinda in Kroatien frei]. http://www.autograf.hr/je-li-kolinda-u-hrvatskoj-slobodna/(Zugriff 15.01.2016).

Zeit des Sieges

Der Mai 1945 in Warschau

Paweł Brudek

Lebensbedingungen in Warschau nach dem Ende der deutschen Besatzung am 17. Januar 1945

Am Ende des Zweiten Weltkriegs zählte Warschau zu den am stärksten von der Zerstörung durch die Deutschen betroffenen Städten. 71 % der vor dem Krieg vorhandenen Bebauung waren vollständig vernichtet.[1] Im Frühjahr 1945 war der Verwesungsgeruch überall wahrzunehmen. In dieser Stadt, die ihres elementaren Sicherheitsempfindens beraubt war, stellte die Polnische Armee den einzigen stabilisierenden Faktor dar. Sie bemühte sich darum, die Stadt wiederzubeleben. In Warschau war die sogenannte Unabhängige Sperrbrigade (Samodzielna Brygada Zaporowa) tätig, die dem Militärkommandanten der Stadt unterstellt war und zu deren Aufgaben auch die Abwehr von antikommunistischen Angriffen auf die Stadt aus dem polnischen Untergrund zählte. Obschon ein solches Szenario im damaligen Polen vielerorts eine reale Bedrohung darstellte, galt das für Warschau nicht. Dennoch spiegelt diese Anordnung das schwache Sicherheitsempfinden der Behörden

1 Jarosław Zieliński: Rozwój przestrzenny, architektura i budownictwo Warszawy w latach 1945–1970 [Raumentwicklung, Architektur und Bauwesen in Warschau in den Jahren 1945–1970]. In: Ders. et. al. (Hrsg.): *Korzenie Miasta* [Wurzeln der Stadt], Bd. 7: Warszawa 1945–1978. Warschau: Veda 2012, S. 10.

wider. In den Verantwortungsbereich der Unabhängigen Sperrbrigade fielen die Kontrolle der Sicherheitslage auf den Straßen sowie Festnahmen von Soldaten und Zivilisten mit gefälschten oder fehlenden Ausweispapieren.[2]

Bereits zwei Tage nach der Einnahme der Stadt durch polnische und sowjetische Soldaten, am 19. Januar 1945, legte die militärische Verwaltung eine Ausgangssperre zwischen 19.00 Uhr und 6.00 Uhr fest, also zu denselben Zeiten wie während der deutschen Besatzung. Sie sollte bis Ende des Jahres in Kraft bleiben. Im April 1945 kam es zu 177 Festnahmen von Personen, die sich während der Ausgangssperre in der Stadt aufhielten. Der Zivilbevölkerung war das eigenmächtige Überqueren vom rechts der Weichsel gelegenen Stadtteil Praga auf die linke Flussseite zu Fuß oder mit Fahrzeugen untersagt, da die Stadt durch die Deutschen vermint worden war und die Gefahr bestand, dass eine Epidemie ausbrach (in der Stadt befanden sich zu dem Zeitpunkt mehrere Zehntausende nicht bestattete Opfer der Niederschlagung des Warschauer Aufstands). Plünderungen wurden im Eiltempo durch Feldgerichte bestraft. Es kam zu Straßenschießereien zwischen Soldaten und bewaffneten, plündernden Banden. In einer solchen Auseinandersetzung verlor am 24. Mai 1945 ein polnischer Soldat sein Leben. Erst gegen Ende 1945 übernahm die zivile Verwaltung die Verantwortung für die Sicherheitslage in der Stadt.[3] Durch Minen starben noch zwischen Januar und Juni 1945 13 Soldaten. Zwischen Mitte Januar und Anfang März 1945 spürten polnische und sowjetische Pioniere in der Stadt 33 Minenfelder auf und beseitigten 10.231 Minen verschiedenen Typs. Ein Pionierbataillon allein beseitigte bis Ende Juni 49.775 Anti-Personen-Minen, 16.478 Transportminen, 24.019 Mörsergeschosse und 2.082 Fliegerbomben. Man fürchtete Bomben mit verzögerter Zündung, die die Deutschen möglicherweise zurückgelassen hatten. Gegen Ende Mai 1945 begann man damit, Blindgänger von den Sammelstellen im Warschauer Stadtgebiet aus der Stadt zu entfernen. Auf dem gesamten Gebiet Polens innerhalb seiner neuen Grenzen beseitigten Pioniere bis zum Jahr 1956 14 Millionen Minen.[4]

2 Andrzej Lechowski: *W służbie stolicy. Wojsko Polskie w odbudowie Warszawy 1945–1949* [Im Dienst der Hauptstadt. Die Polnische Armee und der Wiederaufbau Warschaus 1945–1949]. Warschau: Agencja Wydawnicza Egros 2002, S. 31.

3 Ebd., S. 21, 32, 34.

4 Ebd., S. 41, 74, 75, 77.

Wie erwähnt, waren die polnischen Soldaten in der Warschauer Bevölkerung hochgeschätzt. Man arbeitete gerne mit ihnen zusammen. Gleichzeitig entstand in der Presse jedoch ein ideologisches Bild dieser Streitkräfte als Verbündeter der Roten Armee. Die Autoren sollten dabei die polnisch-sowjetische Bruderschaft hervorheben, die sich im zweijährigen gemeinsamen Kampf an der Front bestätigt habe. Es entstanden neue militärische Traditionen im Zusammenhang mit der Geschichte der in der UdSSR berufenen polnischen Streitkräfte. Es wurde die symbolische Rolle der 1. Warschauer Infanteriedivision der polnischen Streitkräfte hervorgehoben, die nach Tadeusz Kościuszko benannt wurde, dem Patron der Armee des ‚Volkes', was besonders unter der polnischen Bauernschaft gut ankommen sollte. Schließlich hatte Tadeusz Kościuszko, der heldenhafte Anführer des Aufstands von 1794 gegen Russland und die Preußen, versucht, die Bauern aus der Leibeigenschaft zu befreien und sie für die nationale Sache zu gewinnen. Es wurden der polnische Mut, die hervorragende Ausbildung und Ausrüstung gerühmt. Die polnischen Offiziere waren unter Anleitung sowjetischer Offiziere, Spezialisten für den modernen Krieg, in der Schule in Rjasan ausgebildet worden. Stets wurde in der Presse betont, dass bei der Ausbildung die polnische Tradition geachtet würde.[5]

Als die deutsche Besatzung am 17. Januar vorüber war, hielten sich möglicherweise bis zu 20.000 Menschen zwischen den Trümmern versteckt. Man nannte sie ‚Robinsone' und verglich damit ihre Lebenssituation in der praktisch menschenleeren Stadt mit dem Überlebenskampf des berühmten Robinson Crusoe auf der einsamen Insel.[6] Nahezu unbewohnt war die Stadt infolge verschiedener Verbrechen der Nationalsozialisten. Zu den Opfern der deutschen Besatzung Warschaus gehörten Menschen, die von Angehörigen des SS- und Polizeiapparats bei den zahlreichen Hinrichtungen ermordet wurden, ebenso wie die während der Jahre 1940 bis 1943 zur Zwangsarbeit ins ‚Reich' Deportierten sowie die über 300.000 Zivilisten, die nach der Kapitulation des Warschauer Aufstands im Oktober 1944 in das ‚Durchgangslager 121' in Pruszków, süd-westlich von Warschau, verschleppt wurden. Die jüdische Bevölkerung war dem mörderischen Hunger und den Krankheiten

5 Od Oki nad Odrę. Z Historii I oficerskiej szkoły piechoty w Krakowie [Von der Oka an die Oder. Aus der Geschichte der 1. Offiziersschule der Infanterie in Krakau]. In: *Przekrój*, 16.04.1945, S. 1–16, hier S. 4.

6 Zieliński: Rozwój przestrzenny, S. 9.

im Warschauer Ghetto ausgesetzt, den Deportationen in die Vernichtungslager und anderen Terror-Maßnahmen. Insgesamt kamen während des Zweiten Weltkriegs über 50 % der Bevölkerung der Stadt ums Leben, das heißt ungefähr 685.000 Personen. Den weitaus größten Teil der Todesopfer stellten die 400.000 Juden des Warschauer Ghettos, die von den Deutschen im Vernichtungslager Treblinka unmittelbar nach ihrer Ankunft ermordet wurden.[7]

Das sozialistische Blatt *Robotnik* veröffentlichte am 9. Mai 1945 eine Rede des Stadtpräsidenten von Warschau, in dem er das gewaltige Ausmaß der Zerstörung in der Hauptstadt beschreibt, aber auch den einsetzenden Massenzustrom von Flüchtlingen. „Die Warschauer Bevölkerung zählt bereits 350.000 Menschen, 200.000 davon in Praga."[8] Tatsächlich waren es im Mai 1945 bereits 366.000 Einwohner.[9] Im *Robotnik* vom 9. Mai 1945 heißt es:

> In den letzten Tagen trafen in Krakau etwa 500 Personen aus Arbeitslagern bei Berlin und Wien [...] ein, ein erheblicher Anteil davon stammt aus der Warschauer Bevölkerung [...]. Für die Ankömmlinge wurden spezielle Küchen und Unterkünfte eingerichtet.[10]

Das war der Anfang eines großen Zustroms von Rückkehrern aus Deutschland. Ferner werden die Bemühungen zum Wiederaufbau Warschaus und die sowjetische Unterstützung beschrieben. Auch auf die Situation der Waisenkinder wird eingegangen:

7 Krzysztof Dunin-Wąsowicz: *Warszawa w latach 1939–1945* [Warschau in den Jahren 1939–1945]. Warschau: PWN 1984, S. 83, zit. n. Małgorzata Berezowska: Obraz demograficzny Warszawy czasu wojny i okupacji [Das demographische Bild Warschaus zur Zeit des Kriegs und der Besatzung]. In: Wojciech Fałkowski (Hrsg.): *Straty Warszawy 1939–1945. Raport* [Die Verluste Warschaus 1939–1945. Ein Bericht]. Warschau: Miasto Stołeczne Warszawa 2005, S. 301.

8 Odbudowa stolicy. Referat Prezydenta miasta stołecznego Warszawy obywatela Stanisława Tołwińskiego [Der Wiederaufbau der Hauptstadt, Referat des Präsidenten der Hauptstadt Warschau, des Bürgers Stanisław Tołwiński]. In: *Robotnik. Centralny Organ PPS*, 09.05.1945, S. 3, zit. n. Andrzej Henryk Zdanowski: *Dzień 8 maja 1945 roku w Europie, Polsce i w Ełku. Kilka uwag na temat „Dnia zwycięstwa"* [Der 8. Mai 1945 in Europa, Polen und in Ełk. Einige Anmerkungen zum „Tag des Sieges"]. http://zdanowski.elk.pl/pliki/publikacje/o_historii/dzien_8_maja_1945_roku.php (Zugriff am 30.06.2015).

9 Zieliński: Rozwój przestrzenny, S. 13.

10 Powrót z obozów [Rückkehr aus den Lagern]. In: *Robotnik Centralny Organ PPS*, 09.05.1945, S. 2, zit. n. Zdanowski: *Dzień 8 maja 1945 roku*.

> In Polen gibt es 615.000 elternlose Kinder. Diese Zahl [...] geht zurück, da sich die Eltern melden [...]. Dennoch muss man von einer Zahl von 300.000 Waisenkindern ausgehen. Die Zahl der Waisenhäuser [...] beträgt derzeit 690 [...].[11]

Die Wochenzeitschrift *Przekrój* aus Krakau zeigte ihren Lesern die Fotografie eines der ersten „finnischen Holzhäuschen" in Warschau; diese Häuser gingen im Rahmen der finnischen Kriegsreparationen an die UdSSR und wurden daraufhin Polen von der sowjetischen Regierung geschenkt.[12] Das im Januar 1945 von den Deutschen verlassene Warschau änderte sich mit einer Dynamik, die einer Wiedergeburt der Stadt nahe kam. Aus diesem Blickwinkel rückte der fortdauernde Krieg in immer weitere Ferne. Die sich schnell ändernde Realität vor Ort verlangte die vollständige Aufmerksamkeit der Warschauer Bevölkerung. Bereits seit März war die von sowjetischen Pionieren errichtete Hochbrücke über die Weichsel in Benutzung, auch ein Radiosender war in Betrieb gegangen. Ab April gab es bereits Flugverbindungen von Warschau in vier polnische Städte. Der Ujazdowski-Park und der Sächsische Garten wurden von Minen geräumt und in der Marszałkowska-Straße 56 wurde das erste Kino, Polonia, eröffnet. Ein wichtiges Ereignis im Mai war das Eintreffen der ersten UNRRA-Züge (Nothilfe- und Wiederaufbauverwaltung der Vereinten Nationen, United Nations Relief and Rehabilitation Administration) am Hauptbahnhof.[13] Im Juni verkündete die Regierung ein Dekret über den Wiederaufbau Warschaus. Gleichzeitig wurden die Filter in der Koszykowa-Straße in Betrieb genommen, um die Stadt mit Trinkwasser versorgen zu können. Im April war bereits der erste artesische Brunnen links der Weichsel in Betrieb genommen worden. Erst ab Juli 1946 wurde die gesamte Stadt mit Wasser versorgt. Die Leistungsfähigkeit des Wasserwerks wurde erst 1950 wieder auf Vorkriegsniveau gebracht. In Praga fuhren die ersten Straßenbahnen. Ab Juli 1945 waren in Warschau bereits der Hauptbahnhof sowie der Danziger Bahnhof in Betrieb.[14] Die Hilfe der UNRRA wurde erst am 14. September 1945 offiziell geregelt, nachdem die amerikanische Regierung ein Abkommen mit der Übergangsregierung der Nationalen Einheit geschlossen hatte. Insgesamt

11 Opieka nad dzieckiem opuszczonym [Fürsorge für elternlose Kinder]. In: *Robotnik. Centralny Organ PPS*, 09.05.1945, zit. n. Zdanowski: *Dzień 8 maja 1945 roku.*

12 *Przekrój*, 16.04.1945, S. 2.

13 Zieliński: Rozwój przestrzenny, S. 15.

14 Ebd., S. 16.

wurden Sachleistungen in Höhe von 478 Mio. Dollar nach Polen gesandt. Dies stellte eine immense Hilfeleistung dar, die unter anderem 9.000 Traktoren und 50.000 Pferde umfasste. Das Büro des UNRRA-Bevollmächtigten für die Woiwodschaft Warschau wurde in der damaligen Stalin-Allee 41 (heutige Ujazdowskie-Allee) eingerichtet. Die Funktion des Bevollmächtigten übernahm Major Zygmunt Netzer, ein ehemaliger Offizier der Polnischen Heimatarmee. Die Güter wurden größtenteils mit der Eisenbahn angeliefert.[15] Eine dauerhafte Überquerung der Weichsel, die Poniatowski-Brücke als Ersatz für die Hochbrücke, wurde erst am 22. Juli 1946 wiedereröffnet. Dafür brannten bereits am Tag der Arbeit, am 1. Mai 1945, in Warschau die ersten elektrischen Laternen, unter anderem in der Marszałkowska-Straße.[16]

In der kommunistischen Propaganda war das Bild der selbstlosen Hilfe der UdSSR für Warschau vorherrschend. Bereits im Februar 1945 soll Josef Stalin als Reaktion auf die Bitte der Delegation von Bolesław Bierut, dem Vorsitzenden des Landesnationalrats (Krajowa Rada Narodowa), und Edward Osóbka-Morawski, Ministerpräsident der Provisorischen Regierung, der Stadt Hilfe in immensem Umfang zugesagt haben. Nach Warschau sollten technische Experten entsandt werden, um bei der Ausarbeitung der Wiederaufbaupläne Unterstützung zu leisten. Laut eines im Regierungsorgan *Iswestija* veröffentlichten Beschlusses des Rates der Volkskommissare verpflichtete sich Stalin zur Übernahme von 50 % der im Plan zum Wiederaufbau der wichtigsten Stadtteile veranschlagten Kosten.[17] Bierut gab, zurück in Warschau, dieses Hilfsversprechen direkt bekannt. Bereits im März 1945 traf tatsächlich eine Gruppe sowjetischer Experten in Warschau ein. An ihrer Spitze stand Nikita Chruschtschow, der als ‚Erster Sekretär des Zentralkomitees der Ukraine' bezeichnet wurde. Die Aufgabe dieser Experten bestand darin, die polnischen Ingenieure zu beraten. Aus der UdSSR wurden 30 Trolleybusse und 500 provisorische finnische Häuser gesandt. Die Trolleybusse konnten die vom Schutt befreiten

15 Michał Zgłobica: Pozostały pordzewiałe puszki i ludzka wdzięczność… [Zurück blieben verrostete Dosen und menschliche Dankbarkeit…]. In: *Stolica* 6–7 (2014), S. 38–39; Tadeusz Żenczykowski: *Dramatyczny rok 1945* [Das dramatische Jahr 1945]. London: Polonia Book Fund 1981, S. 172.

16 Tomasz Markiewicz: Powroty 1945. A na obu brzegach Wisły znowu jest Warszawa [Rückkehr 1945. Warschau existiert wieder beidseits der Weichsel]. In: *Stolica*, 01.01.2013, S. 18–22, hier S. 21–22.

17 Żenczykowski: *Dramatyczny rok 1945*, S. 170.

Straßen jedoch erst im Januar 1946 befahren.[18] Außerdem wurden 200 Militärfahrzeuge sowie Lebensmittel nach Warschau geschickt. Das Versprechen der Sowjetunion, die Hälfte der Kosten für den Wiederaufbau der wichtigsten Stadtteile zu übernehmen, wurde letztlich nicht eingelöst.[19] Die tatsächlich geleistete Hilfe war angesichts des immensen Bedarfs völlig unzureichend. Zudem machte sich die sowjetische Armee gleichzeitig daran, die erhaltenen Einrichtungen der Eisenbahnwerkstätten Warschau-Praga sowie die bei Tczew im Nordosten Pommerns (dt. Dirschau, in Westpreußen) aufgefundenen Werkstätten, die dorthin von den Deutschen verbracht worden waren, zu demontieren. Zwischen dem 20. April und dem 20. Mai 1945 wurden mit der Eisenbahnlinie Krakau-Tarnów 26.830 Güterwaggons in die UdSSR geschafft. Davon enthielten 5.950 demontierte Maschinen aus Fabriken sowie polnische Kohle.[20]

Von der Besetzung der Stadt bis zur Kapitulation der Wehrmacht

In den letzten Kriegswochen erschienen in der Krakauer Zeitschrift *Przekrój* Texte, die die Atmosphäre am Ende des Kriegs gut wiedergaben. Sie brachten Gefühle der Hoffnung sowie den unermesslichen Überdruss gegenüber dem Krieg zum Ausdruck. Es wurden Bilder von Warschau[21] gezeigt, wo die ersten Exhumierungen und Bestattungen nach dem Krieg stattfanden. Dabei lag der Schwerpunkt jedoch auf im Warschauer Aufstand gefallenen Mitgliedern der Kommunistischen Volksarmee (Armia Ludowa, AL), denn man bereitete sich bereits auf die Kampagne gegen die Heimatarmee (Armia Krajowa, AK) vor. Es wurden zerstörte polnische Städte wie zum Beispiel Posen gezeigt. Diesen wurden jedoch zum Ausgleich optimistische Fotografien gegenübergestellt, die die ‚wiedergewonnenen' Städte Danzig und Gdynia sowie die polnische Flagge am Meer zeigten[22]. Auch die Niederlage Deutschlands wurde illustriert. Bilder zeigten beispielsweise Kassel, einmal blühend vor dem Krieg und danach in Ruinen, eingenommen

18 Zieliński: Rozwój przestrzenny, S. 14, 17.
19 Żenczykowski: *Dramatyczny rok 1945*, S. 171.
20 Ebd.
21 *Przekrój*, 16.04.1945, S. 2.
22 Ebd., S. 3.

von den Alliierten[23]. Die Niederlage Deutschlands war also überall sichtbar. In den letzten Wochen des Kriegs wurde die Bevölkerung zum Durchhalten bis zum letzten Tag aufgerufen. Damit wurde suggeriert, dass die polnische Bevölkerung nur durch die vollständige Mobilisierung all ihrer Kräfte zum Sieg beitragen könne. Es wurden häufig Metaphern aus dem Sport herangezogen. Polen wurde mit einem Läufer verglichen, der sich bereits dem Ziel nähere und deshalb nicht langsamer werde, sondern die letzten Kräfte aus sich herausholen solle.[24] Es wurde betont, dass eine maximale Anstrengung in diesem Moment Polen ermöglichen würde, eine bedeutsame Rolle im Nachkriegseuropa zu spielen. Gleichzeitig wurden Apathie und Gleichgültigkeit unter den Bewohnern derjenigen Gebiete angeprangert, in denen der Krieg bereits einige Monate zuvor zu Ende gegangen war – wie etwa in Warschau:

> Jetzt, da der Krieg wirklich schon schnell seinem Ende zugeht, finden wir nicht genügend Kräfte, um diese Tatsache vollständig zu begreifen. Vielmehr gibt es, insbesondere in Gegenden, an denen die Front schnell durchzog, Menschen, die der Ansicht sind, der Krieg sei bereits vorüber. [...] Es muss festgestellt werden, dass unser Volk noch immer nicht all seine Kräfte für den Krieg mobilisiert hat. Während der deutschen Besetzung war die gesamte Energie des Volks darauf ausgerichtet, nicht zuzulassen, dass die Deutschen uns in ihre Kriegsmaschinerie einspannen.[25]

Der 9. Mai 1945: Reaktionen in Warschau

Am 9. Mai 1945 brachte die Warschauer Bevölkerung auf dem Theaterplatz ihre Freude über die Nachricht von der am Vortag erfolgten Unterzeichnung der bedingungslosen Kapitulation durch das ‚Dritte Reich' zum Ausdruck.[26] Der Zweite Weltkrieg in Europa war zu Ende, wenn auch aus polnischer Perspektive schwierig festzulegen war, wer in dessen Folge zu den Verlierern und wer zu den Siegern zählte. Allein für die Überlebenden des Holocaust in Polen war die Situation eindeutig: Sie wurden durch die Rote Armee vor der Vernichtungspolitik der

23 *Przekrój*, 16.04.1945, S. 3.

24 Wincenty Bednarczuk: Na Finiszu [Auf der Zielgeraden]. In: *Przekrój*, 16.04.1945, S. 2–3.

25 Ebd., S. 6.

26 Krzysztof Jabłoński: *Warszawa. Portret miasta. Zdjęcia Kolorowe. Kronika: Stanisław Jankowski / Piotr Rafalski* [Warschau. Portrait einer Stadt. Farbbilder. Chronik: Stanisław Jankowski / Piotr Rafalski]. Warschau: Arkady 1984.

deutschen Besatzer, die darauf abzielte, alle Juden als Juden zu ermorden, gerettet.[27]

Ein untrennbar mit dem Nachkriegsbild Warschaus im Jahr 1945 verbundenes Element war das immer intensivere Leben auf den Straßen, in denen die Massen ungewöhnlich emotional auf jedes Anzeichen der Rückkehr zu einer stabilen ‚normalen' Realität reagierten. Zugereiste beobachteten eine schnelle Rückkehr des Straßenhandels, aber auch Anzeichen lebhafter Freude unter jenen, die ihr Hab und Gut in den Flammen verloren hatten und die nun in die in Ruinen liegende Stadt zurückkehrten. Überall sah man tanzende junge Menschen, es gab kleine Feiern, rauschende Feste, es herrschte geradezu eine Karnevalsatmosphäre. Man freute sich über Wasser aus der Leitung, und die erste Straßenbahn auf den von Trümmern befreiten Straßen wurde mit Applaus begrüßt. Der Mai 1945 war eine Zeit fortwährender Feiertage, kirchlicher wie staatlicher. Es wurden der 1. Mai als Tag der Arbeit, der 3. Mai als Tag der Verfassung sowie der 9.Mai spontan als Tag des Sieges begangen. Tausende Menschen sonnten sich am Strand und badeten in der Weichsel.[28]

Der Historiker Marcin Zaremba beschreibt diese Zeit jedoch als eine voller Gegensätzlichkeiten und erinnert daran, wie schnell die Zeit des Vergnügens in eine voller Angst umschlug. Er weist auch darauf hin, welche starke Apathie in einem großen Teil der Gesellschaft, die unter dem Eindruck traumatischer Erlebnisse stand, herrschte. Der Verlust der Angehörigen und der eigenen Wohnung führte zu einer Konzentration auf das tägliche Überleben, es kamen Unverständnis für und Gleichgültigkeit gegenüber öffentlichen Angelegenheiten zum Vorschein.[29]

Am 8. Mai 1945 unterzeichnete der Präsident des Landesnationalrats, Bolesław Bierut, ein Dekret zur Einrichtung des 9. Mai als „Nationalfeiertag des Sieges und der Freiheit zur ewigen Erinnerung an den Sieg

27 Auf die Situation der Juden nach dem Holocaust im Allgemeinen und in Warschau im Besonderen wird an dieser Stelle und im Folgenden nicht ausführlich eingegangen. Dies wäre ein Thema für einen eigenen Aufsatz.

28 Marcin Zaremba: *Wielka Trwoga. Polska 1944–1947. Ludowa reakcja na kryzys* [Große Angst. Polen 1944–1947. Die Reaktion des Volkes auf die Krise.] Krakau: Wydawnictwo Znak, Instytut Studiów Politycznych Polskiej Akademii Nauk 2012, S.13–14. Eine deutsche Übersetzung erschien 2016 unter dem Titel: *Die große Angst. Polen 1944–1947. Leben im Ausnahmezustand.* Paderborn: Schöningh 2016.

29 Ebd., S.420.

des polnischen Volkes und seiner großen Verbündeten über den germanischen Aggressor, der Demokratie über den Nationalsozialismus und Faschismus, der Freiheit und Gerechtigkeit über die Gefangenschaft und Gewalt."[30] In der Volksrepublik Polen war er bis 1950 ein arbeitsfreier Tag und einer der wichtigsten staatlichen Feiertage, der die Geschichte Polens mit der Geschichte der UdSSR verwob, da der 9. Mai zum neuen Feiertag der Roten Armee bestimmt wurde (und damit den 6. Februar ersetzte, in Erinnerung an den 6. Februar 1918, an dem der Rat der Volkskommissare die Rote Armee aufstellte). Stefan Korboński, der letzte Delegierte der Exilregierung in Polen, hielt sich in Warschau auf und telegrafierte nach London: „Kriegsende in Warschau gleichgültig aufgenommen. Bei uns ändert das nichts."[31] Doch die Reaktionen waren komplizierter. Für die meisten Einwohner Warschaus, die dazu gezwungen waren, in den Trümmern ihrer Stadt zu leben, dauerte das Trauma des Kriegs und der Okkupation fort. Der Krieg verschwand zwischen Januar und Mai zusehends aus Warschau, doch an den immer weiter entfernten Kampfhandlungen nahmen weiterhin polnische Soldaten teil. Die Siegessymbolik, die Einnahme Berlins, der Selbstmord Adolf Hitlers beeinflussten die Bevölkerung auch auf emotionaler Ebene, als gingen geheime Träume in Erfüllung. Der Nationalsozialismus verschwand von der Bildfläche, doch gleichzeitig suggerierten die neuen kommunistischen Machthaber, dass dessen Anhänger weiterhin mächtig seien, sich unter den Polen versteckten und zurückkehren könnten. In der unklaren und provisorischen Wirklichkeit des Mai 1945 wurde nach sicheren Tatsachen gesucht. Außer jener einzigen Gewissheit, den Sieg über Nazi-Deutschland, gab es keine Sicherheit. Es herrschte eine abwartende Haltung vor.[32] Der 14-jährige Jerzy Filipowicz erinnerte sich an den 9. Mai in Warschau als einen schockierend gewöhnlichen Tag, der gleichzeitig Zweifel provozierte:

30 *Dziennik Ustaw*, z 1945 r., Nr 21, poz. 116 [*Polnisches Staatsblatt*, Jahr 1945, Nr. 21, Absatz 116].

31 Zit. n. Krzysztof Kawęcki: *9 maja święto PRL i Armii Czerwonej* [Der 9. Mai als Feiertag für die Volksrepublik Polen und die Rote Armee]. http://wpolityce.pl/kultura/194858-9-maja-swieto-prl-i-armii-czerwonej (Zugriff am 30.06.2015).

32 Andrzej Paczkowski: *Polski maj 1945: między kapitulacją i oporem* [Mai 1945 in Polen: Zwischen Kapitulation und Widerstand]. http://tygodnik.onet.pl/historia/polski-maj-1945-miedzy-kapitulacja-i-oporem/hs140 (Zugriff am 30.06.2015).

> Ein gewöhnlicher Tag wie andere auch, ich kann diese „Normalität" nicht begreifen. Der Frieden kam still herbei, einfach und ohne Aufsehen. So einfach ist das also – sie hören auf zu schießen und das Kriegsende ist da, so einfach und so viele Jahre mussten vergehen, bis die Menschen auf diese Idee kamen! Der Übergang vom Chaos zur Ruhe bringt uns aus dem Gleichgewicht. Wir wenden die Pistolen in den Händen – werden wir sie wirklich nicht mehr brauchen?[33]

In Warschau soll die bekannte Schriftstellerin Zofia Nałkowska in Gegenwart des Journalisten Zbigniew Mitzner, den Blick auf die Jerozolimskie-Allee gerichtet, gesagt haben:

> Schaut! So sieht Warschau am Tag des Kriegsendes aus! Nichts Ungewöhnliches vor dem Fenster. Ruinen, die uns nur zu vertraut waren. Vereinzelte Passanten in dem noch leeren Warschau. Normale Gewöhnlichkeit.[34]

Nałkowska ging es um die Ruhe und die Alltäglichkeit, den Mangel irgendeines Gefühlsausdrucks in einem so gewaltigen, so sehnlich erwarteten Moment.

Marian Korejwo, ein Soldat der Heimatarmee, traf sich am 9. Mai im Restaurant Polonia mit einem Freund, wo beide voller Überraschung feststellten, dass der Krieg zu Ende war und an jenem Tag Speisen und Getränke umsonst waren. Nach dem Verlassen des Lokals trafen sie auf betrunkene sowjetische Offiziere, die sie umarmten und in das nächste Lokal hineinzogen, wo sie abwechselnd polnische und sowjetische Soldatenlieder sangen und sich bis zu Besinnungslosigkeit betranken. Der kommunistische Aktivist Jerzy Morawski lud an jenem Tag Freunde in seine Wohnung ein, um das Kriegsende zu feiern. In ganz Warschau wurden Salutschüsse abgegeben und plötzlich traf ein Querschläger seine Ehefrau in den Unterarm. Den ganzen Abend über suchte er in der Stadt ein geöffnetes Krankenhaus, in dem man ihr helfen würde. Die Suche war nicht leicht, da alle feierten.[35]

Nicht alle Polen konnten am 9. Mai feiern. Verhaftete Soldaten der Heimatarmee stiegen an jenem Tag in die Waggons des Innenministeriums

33 Jerzy Filipowicz: *Miałem wtedy 14 lat* [Ich war damals 14 Jahre alt]. Warschau: PAX 1972, zit. n. Michał Bronowicki / Sergiusz Kazimierczuk / Aleksander Szycht: Pobieda. 9 maja 1945 r. [Sieg. 9. Mai 1945]. In: *Karta* 44 (2005), S. 70–77, hier S. 70.

34 Zbigniew Mitzner: Wspominam Nałkowską [Meine Erinnerungen an Nałkowska]. In: *Spotkania. Wspomnienia, polemiki, korespondencja* [Begegnungen. Erinnerungen, Polemiken, Korrespondenz]. Warschau: Wydawnictwo Literackie, 1979, zit. n. ebd., S. 71.

35 Jerzy Morawski: Mój koniec wojny [Mein Kriegsende]. In: *Przegląd Tygodniowy* 17 (1995), o. P., zit. n. ebd., S. 72.

der UdSSR (NKVD) und wurden in Arbeitslager in die UdSSR deportiert, wo sie häufig in Brigaden mit ehemaligen SS- und Gestapo-Leuten arbeiten mussten. Für Polen, die bereits früher inhaftiert worden waren, war der einzige Anlass zur Freude, dass sie an diesem Tag nicht arbeiten mussten und eine zusätzliche Ration Zigaretten erhielten. In den sowjetischen Kolchosen tanzten die Menschen, aßen und tranken häufig die ganze Nacht hindurch. Andere erfuhren vom Kriegsende in Untersuchungshaft des NKVD in Moskau, weil sie nach dem Grund für die auf den Straßen abgegebenen Salven fragten.[36] Die vom NKVD inhaftierte Barbara Narębska-Dębska-Kozłowska erinnert sich:

> Jegorow [der Lagerkommandant] gab uns das Kriegsende bei einem Appell aus diesem Anlass bekannt. Wir brachten vorsichtig zum Ausdruck, dass wir, wenn die Dinge so stünden, wohl nach Hause zurückkehren könnten. Der Lagerkommandant reagierte darauf mit grenzenloser Verwunderung. Was denn das eine mit dem anderen zu tun habe? Der Krieg sei etwas anderes und die Lager seien eine normale Sache, die nichts mit dem Krieg zu tun habe. Er schloss kurz und knapp: „Das betrifft Euch nicht".[37]

Am 9. Mai 1945 wurde der Feiertag auf spontane Weise begangen. Offizielle, zentral organisierte Feierlichkeiten gab es erstmals am 9. Mai 1946 in Warschau. Auf dem Theaterplatz fand eine Kundgebung, an der die Zivilbevölkerung und Militärs teilnahmen, statt. In den folgenden Gedenkfeiern spiegelte sich die intensive Beziehung zwischen Staat und Kirche wider: die Weihe des Grabs des Unbekannten Soldaten durch den Generaldekan der Polnischen Streitkräfte, Priester Oberst Stanisław Warchałowski, sowie der Appell für die Gefallenen. Anschließend hielt der Präsident des Landesnationalrats, Bolesław Bierut, in Begleitung von Ministerpräsident Edward Osóbka-Morawski sowie des Verteidigungsministers Michał Żymierski, des Marschalls von Polen, eine Rede. Am Ende der Feierlichkeiten fand eine beeindruckende Militärparade statt und am Nachmittag eine Sportrevue im Stadion der Polnischen Armee. Der 9. Mai wurde in einem Befehl an alle Militäreinheiten durch Marschall Żymierski als „Tag des Soldaten"

36 Bibliografische Angaben siehe Bronowicki / Kazimierczuk / Szycht: Pobieda. 9 maja 1945 r., S. 74–75.

37 Barbara Narębska-Dębska-Kozłowska: *Łagier NKWD nr. 0321. Wspomnienia młodości, więzienia i zesłania* [Das NKWD-Lager 0321. Erinnerungen an Jugend, Gefängnis und Verbannung]. Bydgoszcz: Biblioteka Wileńskich Rozmaitości 2001, zit. n. ebd., S. 76–77.

ausgerufen. Anlässlich dieses Feiertags wurde auch eine Auszeichnung vergeben – die „Medaille für Sieg und Frieden 1945"[38].

Wessen Sieg, wessen Niederlage?

Die alliierten Staatsoberhäupter hielten Ansprachen zum Ende des Kriegs in Europa am 9. Mai 1945 in Warschau, doch nur Winston Churchill erwähnte dabei, dass der Krieg durch den Überfall Deutschlands auf Polen seinen Ausgang genommen hatte. Für Stalin war es vor allem ein Sieg der Roten Armee, für den frisch gewählten Präsidenten der USA, Harry Truman, war das Kriegsende gleichbedeutend mit dem Triumph einer nicht genauer definierten „Freiheit"[39]. Auf polnischem Gebiet gehörte der Sieg allein der Sowjetarmee und ihren Anhängern, die bereits im Mai 1945 über effektive Instrumente zur Festigung ihrer Macht verfügte. Die Abteilungen der politischen Polizei (Urząd Bezpieczeństwa, UB) umfassten zu diesem Zeitpunkt bereits 23.000 Funktionäre (im Juli 1944 waren es gerade einmal 3.000) und 50.000 Milizionäre.

In den polnischen Gebieten, die als Basis für die gewaltigen sowjetischen Besatzungstruppen in Deutschland dienten, galten damals Kriegsregelungen, die vom für die ‚Sicherheit' in diesen Gebieten zuständigen NKVD festgelegt wurden. Laut dieser Sicherheitsvorschriften galt beispielsweise der Besitz eines Radioempfangsgeräts als Verbrechen. Die Einheiten des NKVD führten im Rahmen der Aktion „Smersch – Tod den Spionen!" Exekutionen von Mitgliedern konspirativer Organisationen des polnischen Untergrundstaats aus.[40] In Moskau fanden sich von der sowjetischen militärischen Spionageabwehr entführte politische Führungspersonen des polnischen Untergrunds wieder, die dort auf ihren Prozess warteten. Es gelang Stalin, ihre Beteiligung an einer künftigen polnischen Regierung zu verhindern, die auf ihrer ersten Stufe eine demokratische, pluralistische Staatsform abbilden sollte. Für die Propagandisten war der Krieg nicht vorbei, denn trotz des deutschen Truppenrückzugs blieben in Polen angeblich Unterstützer

38 Zit. n. Krzysztof Kawęcki: *9 maja święto PRL i Armii Czerwonej* [9. Mai, Feiertag der PRL und der Roten Armee]. http://wpolityce.pl/kultura/194858-9-maja-swieto-prl-i-armii-czerwonej (Zugriff am 30.06.2015).

39 Zdanowski: *Dzień 8 maja 1945 roku.*

40 Żenczykowski, *Dramatyczny rok 1945*, S. 170.

des ‚Dritten Reichs' zurück. Das Soldatenblatt *Do boju* schrieb am 7. Mai 1945 ohne Umschweife von „den Banditen der AK und der NSZ [Narodowe Siły Zbrojne, dt. Nationale Streitkräfte], sie sind der Beweis für die Zusammenarbeit der einheimischen polnischen Reaktion mit dem im Sterben liegenden Nationalsozialismus."[41] Die Bezeichnung „Banditen" wurde unterschiedslos für alle Gegner der kommunistischen Machthaber verwendet, unabhängig davon, welche Verbrechen von Teilen dieser Organisationen tatsächlich begangen worden waren. Der Autor kam zu folgendem Schluss: „Unsere Aufgabe besteht in dem rücksichtslosen Kampf gegen die Verräter des polnischen Volks, mit den Knechten Hitlers unter dem Zeichen der AK und der NSZ."[42] Der Minister für Öffentliche Sicherheit, Stanisław Radkiewicz, sagte auf der Sitzung des Landesnationalrats am 9. Mai 1945:

> Von dieser Tribüne aus wurden zahlreiche kritische Kommentare gegenüber dem öffentlichen Sicherheitsapparat vorgebracht. Ein gewisser Teil dieser Kommentare trifft zu und wir nehmen sie auf [...]. Ein Teil der Kommentare ist meiner Ansicht nach jedoch unzutreffend. Insbesondere möchte ich dem Parlament versichern, dass die hier erwähnten Fakten des Schlagens von Inhaftierten und andere missbräuchlichen Handlungen genauestens untersucht werden und die Schuldigen zur Verantwortung gezogen werden. Ich möchte gleichzeitig betonen, dass die Anschuldigungen gegenüber dem Sicherheitsapparat, wir würden Inhaftierte an die Rote Armee übergeben, unbegründet sind [...]. Sollten wir uns etwa der Festnahme von polnischen Bürgern entgegenstellen, die Soldaten und Offiziere unserer Befreierin, der Roten Armee, in den Rücken schießen [...]? Meiner Ansicht nach müssen diese Faschisten [...] unschädlich gemacht werden.[43]

Die Befreiung Polens erwies sich also als ein wesentlich längerer und schwierigerer Prozess als zunächst angenommen. Das Ende der äußeren Okkupation bedeutete nicht das Ende des Kriegs im Innern. Die Kritik an den „einheimischen Faschisten" wurde zu einem festen Bestandteil in den Propagandareden prominenter Kommunisten, die dabei auch eingestanden, dass der Polizeiapparat des jungen Staats noch häufig unerfahren sowie anfällig für Korruption und Ungehorsam sei. Es war kein schnelles Ende des Krieges im Innern abzusehen.

41 S. L.: Wzmocnić czujność [Wachsamkeit stärken]. In: *Do boju. Tygodnik żołnierski* 26, 07.05.1945, S. 1, zit. n. Zdanowski: *Dzień 8 maja 1945 roku*.

42 I. L.: Witajcie rekruci [Willkommen, Rekruten]. In: *Do boju. Tygodnik żołnierski* 26, 07.05.1945, S. 1., zit. n. ebd.

43 Sitzung des Landesnationalrats, Rede von Minister Radkiewicz. In: *Robotnik. Centralny Organ PPS*, 09.05.1945, S. 3, zit. n. ebd.

Im Kampf mit dem Untergrund starben polnische Funktionäre der polizeilich-militärischen Abteilung Korps für innere Sicherheit (Korpus Bezpieczeństwa Wewnętrznego, KBW). Dies wurde als Zeichen für die Ernsthaftigkeit der inneren Bedrohung gewertet und als Anlass, der die Regierung zwang, neue Armeeformationen zu schaffen. Neben militärischen Maßnahmen gab es auch auf der Ebene der Propaganda Bestrebungen, die an der Sowjetunion orientierte Politik der neuen kommunistischen Regierung zu festigen. In Warschau wurden Ausgaben der Moskauer *Prawda* nachgedruckt, in denen es hieß:

> Die Polen wissen, wem sie ihre Freiheit verdanken, denn sie sehen in ihrem Land die Gräber der sowjetischen Brüder [...]. Wir möchten niemanden unterdrücken [...]. Heute denken wir an einen Menschen [...] und daher ist der Name Stalin nicht nur bei uns, sondern auch auf der ganzen Welt Synonym für das Ende der Dunkelheit und der Beginn der Geburt eines neuen Glücks.[44]

Während in Moskau das Siegesdefilee stattfand, kämpften in Polen 30.000 Menschen gegen den Machtapparat der kommunistischen Regierung. Aus eingenommenen Gefängnissen in Rembertów bei Warschau und Białystok in Nordosten Polens befreite die AK Hunderte von Gefangenen des UB und des NKVD. In den Wäldern fanden schwere Gefechte unter Beteiligung der Sowjets statt, der NKVD tötete polnische Bauern, die den Partisanen als wohlgesinnt galten, ihre Dörfer wurden in Brand gesteckt.[45] Für einen kleineren Teil der polnischen Gesellschaft ging also der Krieg im Mai 1945 weiter. Die Mehrheit jedoch richtete ihre Aufmerksamkeit auf die nahe Zukunft, die absolut instabil und unvorhersehbar erschien. Die Machthaber versuchten, Optimismus zu wecken, doch auf längere Sicht hatten auch sie keine Gewissheit über die politische Situation, weder in internationaler noch in nationaler Hinsicht. Nach einem euphorischen und kurzen Freudentaumel angesichts des Kriegsendes warteten die Menschen irgendeine Entscheidung der eigenen Regierung, des Westens oder UdSSR ab. Als Signal für ein solches Ereignis wurde die Ankunft des ehemaligen Ministerpräsidenten der Polnischen Exilregierung in London, Stanisław Mikołajczyk, aus Moskau in Polen gedeutet, der

44 Ilja Erenburg: Nasza droga do zwycięstwa [Unser Weg zum Sieg], Nachdruck aus der Moskauer Prawda. In: *Do boju. Tygodnik żołnierski*, 25.05.1945, S. 4, zit. n. ebd.

45 Andrzej Paczkowski: *Polski maj 1945: Między kapitulacją i oporem* [Mai 1945 in Polen: Zwischen Kapitulation und Widerstand]. http://tygodnik.onet.pl/historia/polski-maj-1945-miedzy-kapitulacja-i-oporem/hs140 (Zugriff am 30.6.2015).

nun Mitglied der Übergangsregierung werden sollte. Mikołajczyk symbolisierte die Verbindung Polens mit dem Westen und verkörperte die Hoffnung auf ein Polen, das nicht sowjetisch sein würde.[46]

Im Frühling 1945 war Oberst Jan Rzepecki, der Delegationsleiter der Streitkräfte der Heimatarmee, in Sorge darüber, dass es zu einem polnisch-sowjetischen Krieg kommen könnte, dessen Ausbruch er noch im Jahr 1945 vermutete.[47] Die Deportation von Bürgern in die UdSSR und die Überzeugung, dass Polen teilweise Gebiete von den Sowjets weggenommen wurden, förderten nach Ansicht des stellvertretenden Ministerpräsidenten, Władysław Gomułka, die völlige Isolierung der kommunistischen Regierung, die als Sowjetagentur wahrgenommen wurde.[48] Gomułka kritisierte die Methoden der Regierung und jene Situation, die die Stabilisierung des Landes unmöglich mache und den Widerstand verlängere.

Im Mai 1945 waren auf polnischem Gebiet 300 sowjetische Militärkommandoeinrichtungen tätig, die der polnischen Verwaltung nicht unterstanden. Auf der Potsdamer Konferenz, die vom 17. Juli bis zum 2. August stattfand, forderten Präsident Truman und Ernest Bevin von Stalin den Rückzug der sowjetischen Truppen aus Polen. Stalin gab seine Zustimmung unter dem Vorbehalt, Schutztruppen an strategischen Eisenbahnlinien zu belassen, die die Besatzungszone in Deutschland mit der UdSSR verbanden. Dieser Beschluss wurde nicht umgesetzt – so schätzte der Militärattaché der Britischen Botschaft in Warschau die Zahl der sowjetischen Divisionen im befriedeten Polen am 28. November 1945 auf über 20.[49] Die militärische Führung des polnischen Untergrundstaats, der in eine Phase der Selbstauflösung eintrat, begriff ebenfalls, dass der polnische Krieg im Innern eine Angelegenheit war, auf die sie letztlich einen immer geringeren Einfluss hatte.

46 Zaremba: *Wielka trwoga*, S. 421–422.

47 Jan Rzepecki: *1945 – Dokumenty, wspomnienia* [1945 – Dokumente, Erinnerungen]. Warschau: In Corpore 1983, zit. n. Krystyna Kersten: *Narodziny systemu władzy. Polska 1943–1948* [Geburt eines Machtsystems. Polen 1943–1948]. Warschau: Wydawnictwo Most 1987, S. 114.

48 Referat von Władysław Gomułka, vorgetragen auf der Plenarsitzung des Zentralkomitees der Polnischen Arbeiterpartei in Warschau am 20. Mai 1945. In: *Archiwum Ruchu Robotniczego* 7 (1981), o. P., hier S. 36, zit. n. ebd., S. 115.

49 Żenczykowski: *Dramatyczny rok 1945*, S. 172–175.

Der Abwurf der Atombomben auf Hiroshima und Nagasaki im August 1945 durch die Amerikaner löste in Polen eine Welle der Angst vor einem Dritten Weltkrieg aus. Andererseits jedoch verbreitete sich die Genugtuung, dass der Westen mit einer solchen Waffe Stalin Einhalt gebieten könne.[50] Die Kommunisten bemühten sich lautstark darum, ihre Maßnahmen zur Stärkung Polens zu manifestieren und eine neue Epoche einzuläuten. Gleichzeitig wurde aus taktischen Gründen die Wirtschaft nicht verstaatlicht und offiziell eine Fortsetzung des kapitalistischen Systems verkündet. Es wurde eine Landwirtschaftsreform durchgeführt und revolutionäre Veränderungen im Bildungsbereich angekündigt, bei denen endlich die Mehrheit der Gesellschaft, also die Bauern, berücksichtigt werden sollte.[51]

Eine Utopie für das zukünftige Polen

Als Ausdruck der Sehnsucht nach Modernität im Gegensatz zum Rückschritt des Kriegs kann die kurze, fantastische Erzählung *Schron na Placu Zamkowym* (dt. *Der Schutzraum auf dem Schlossplatz*)[52] aus dem Jahr 1947 gelten, deren Handlung während des Warschauer Aufstands ihren Anfang nimmt. Verfasst wurde sie vom Diplomaten und Journalisten Andrzej Ziemięcki (1881–1963). Protagonist der Erzählung ist der Ingenieur Jerzy Walewski, der sich in einem Luftschutzbunker versteckt und diesen mit dem von ihm erfundenen Material Asbelit verstärkt, um sein Leben sowie seine Sammlung von Kunstwerken zu retten. Aus unerfindlichen Gründen fällt er in einen Schlaf, aus dem er erst 35 Jahre später wieder erwacht. Er verlässt den Bunker im Jahr 1980 und erblickt um sich herum eine hochmoderne Metropole voller futuristischer Erfindungen. Die Republik Polen hat in dieser Zukunftsfiktion eine genossenschaftliche Staatsform. Der literarische Text kann als Ausdruck eines utopischen Sozialismus der polnischen Intelligenz

50 Zaremba: *Wielka Trwoga*, S. 434.

51 Bednarczuk: Na Finiszu, S. 3.

52 Andrzej Ziemięcki: *Schron na Placu Zamkowym. Powieść o Warszawie z 1980 Roku*. Warschau 1947; ders.: Schron na Placu Zamkowym [Der Schutzraum auf dem Schlossplatz. Der Roman über Warschau im Jahr 1980]. In: *Kurier Codzienny* 1947; Paweł Dunin-Wąsowicz: *Warszawa fantastyczna* [Fiktives Warschau]. Warschau: Raster 2010, S. 46–51; Andrzej Niewiadowski / Antoni Smuszkiewicz: *Leksykon polskiej literatury fantastycznonaukowej* [Lexikon der polnischen Science-Fiction-Literatur]. Poznań: Wydawnictwo poznańskie 1990, S. 232–233.

gelten, die jedoch der Idee des Syndikalismus näher stand als dem Kommunismus nach sowjetischer Prägung. Die Erzählung wurde in Folgen in dem der Polnischen Sozialistischen Partei (PPS) nahestehenden *Kurier Codzienny* veröffentlicht. Ziemięckis Vision prophezeit die allgemeine und kostengünstige Verfügbarkeit von Atomenergie mittels auswechselbarer Batterien. Möglicherweise wurde Ziemięcki hier von dem 1914 erschienenen Roman *The World Set Free* von Herbert George Wells[53] inspiriert, in dem von ähnlichen Ereignissen erzählt wird. Die Kommunikation zwischen den Menschen findet mithilfe von persönlichen Kommunikatoren statt, die an Mobiltelefone erinnern. Das Privateigentum ist aufgehoben, stattdessen gilt eine Verpflichtung zu 99-jähriger Pacht. Geld wird im Prinzip nicht mehr verwendet, denn alles Eigentum ist an die Gesellschaft übergegangen.

Die Kriegsveteranen des Zweiten Weltkriegs beziehen in der Welt Ziemięckis eine Rente oberhalb des Durchschnittseinkommens. Über die Möglichkeit, sich mit Lufttaxis fortzubewegen, entscheidet die sogenannte Verkehrszuteilung. Ziemięcki sah eine gemeinsame Währung für ganz Europa voraus, in dem auch Tickets für Kinos und Theater landesübergreifend gelten sollten. Kultur stellte er sich als allgemein zugänglich und günstig vor. Wer nicht freiwillig arbeitet, wird allerdings in Ziemięckis Welt zur Arbeit gezwungen. Der Staat hatte ein Medikament gegen Alkoholismus gefunden und sich auch dem Problem der Prostitution gewidmet, indem er dafür sorgt, dass Frauen in diesem Beruf angemessene ärztliche Versorgung erhalten. Der Verkehr im von Hochhäusern dominierten Warschau fließt auf mehreren Ebenen: Die ebenerdigen Fahrbahnen sind für Straßenfahrzeuge vorgesehen, auf einer unteren Ebene bewegen sich die Fußgänger und auf der untersten Ebene die U-Bahn. Städtebaulich herrscht eine Monumentalarchitektur vor. Einen beeindruckenden Hauptsitz hat in dieser Zukunft unter anderem die Warschauer Gartengenossenschaft, die riesige Obst- und Gemüseplantagen im Westen der 4-Millionenstadt verwaltet. Ein beliebtes Ziel für Hochzeitsreisen ist der Planet Mars, auf den man bequem mit einer Rakete vom Flughafen Okęcie aus gelangen kann. Trotz des vorherrschenden Sozialismus gibt es in Warschau

53 Herbert George Wells: *The World Set Free. A Story of Mankind*. London: Macmillan 1914.

weiterhin volle Kirchen. Im Park Pole Mokotowskie steht eine riesige neue Kirche – der Tempel der Göttlichen Vorsehung.[54]
Andrzej Ziemięcki ist ein einzigartiges Beispiel eines im 19. Jahrhundert geborenen Menschen, der nach dem Zweitem Weltkrieg mit voller Hoffnung in die Zukunft schaute und den Beginn des 21. Jahrhunderts mit Ungeduld erwartete.

Aus dem Polnischen von Simon von Kleist;
redaktionelle Überarbeitung von Katrin Stoll / Annika Wienert

54 Ziemięcki: *Schron na Placu Zamkowym.*

Kriegsfolgen in Kubikmetern gemessen

Enttrümmerung als Entnazifizierung

Annika Wienert

Niederlage, Befreiung, Kapitulation, Stunde Null, Neuanfang oder Kontinuität – so umstritten diese Begriffe und die mit ihnen verbundenen Deutungen und Konsequenzen in Bezug auf das Ende der nationalsozialistischen Herrschaft in Deutschland waren und sind, so sicher hat sich der Begriff ‚Trümmer' als empirische und metaphorische Beschreibung der unmittelbaren Nachkriegszeit durchgesetzt. Anne Hoormann urteilt in ihrer Dissertation zur Bedeutung der Materialien in Werken der *Land Art* deutscher Künstler seit den 1970er Jahren: Der Trümmerschutt wurde „zur Metapher einer Nation, die sich als eine von Opfern darstellt."[1] Der Begriff dient als Präfix für nahezu alle Bereiche und Phänomene der Lebenswelt nach 1945. Die Komposita entstanden dabei teilweise zeitgenössisch, teilweise handelt es sich um interpretierende Neologismen *ex post*. In der von mir gelesenen Forschungsliteratur finden sich Trümmerfrauen, Trümmerfilme, Trümmerbriefe, Trümmerzeit, Trümmerintermezzo, Trümmerleben, Trümmerjahre, Trümmeralltag, Trümmer-Charivari, Trümmermünchen, Trümmermode, Trümmerauto, Trümmerfeste, Trümmerwüste, Trümmerlandschaften,

1 Anne Hoormann: *Land Art. Kunstprojekte zwischen Landschaft und öffentlichem Raum*. Berlin: Reimer 1996, S. 68.

Trümmergrundstücke, Trümmerland, Trümmerberge, Trümmerschutt, Enttrümmerung, Trümmerbeseitigung, Trümmerabtransport, Trümmerfeld, Trümmeraufbereitungsanlagen, Trümmerverwertungsanlagen, Trümmerzerkleinerungsanlagen, Trümmersammelstellen, Trümmerhaufen, Trümmerflora, Trümmermaterial, Trümmerziegel, Trümmerschuttverarbeitung, Trümmerverwertung, Trümmerendlager, Trümmermassen, Trümmeraufnahmen, Trümmerfotografie, Trümmerbilder, Trümmerbahn, Trümmerdeponien, Trümmerhaldenbegrünung, Trümmerbergaufschüttung, Kriegstrümmer. Die Liste ließe sich höchstwahrscheinlich bei weiterer Lektüre verlängern.

Wie lässt sich der Erfolg dieses Begriffs erklären? Die Trümmer der kriegszerstörten deutschen Städte waren die augenfälligste materielle Folge des Nationalsozialismus als Herrschafts- und Gesellschaftsform, wenn auch die Wahrnehmung sich zumeist auf die Kriegshandlungen der Alliierten als Ursache verengte. Trümmer ließen sich in die Selbstwahrnehmung der Deutschen als Opfer integrieren – und zwar als Opfer fremder Mächte, eines anderen Außens, zu dem nicht nur die alliierten Kriegsgegner, sondern bald auch ‚die Nazis' erklärt wurden. Als Metapher wurden die Trümmer unterschiedlich in Dienst genommen, zum Beispiel als Strafe Gottes oder als Ausdruck der gesellschaftlichen Verfassung. Als materielle Gegebenheit stellte die Beseitigung der Trümmer eine der vordringlichsten Aufgaben nach Kriegsende dar. Die in diesem Zusammenhang aufgeschütteten Trümmer- oder Schuttberge prägen viele Stadtlandschaften bis heute und sind insofern fortdauernde Zeugnisse des Kriegsgeschehens und der unmittelbaren Nachkriegszeit. Sie sind ein in der Regel als natürlich wahrgenommener Bestandteil städtischer Topografie geworden und verfügen so über eine eigentümliche sichtbare Unsichtbarkeit.

Mein Beitrag verfolgt anhand ausgewählter Beispiele unterschiedliche Strategien im Umgang mit den Trümmern nach dem 8. Mai 1945 und fragt nach den Symbolisierungen in Bezug auf das Kriegsende und das Ende der nationalsozialistischen Herrschaft. Dafür stelle ich zunächst die bis heute etablierte visuelle Repräsentation der Trümmerzeit mittels zeitgenössisch entstandener Schwarz-Weiß-Fotografien vor und gehe dabei besonders auf die Figur der Trümmerfrau ein, an deren Konstruktion die Auswahl, Neu-Kontextualisierung und iterierende Reproduktion bestimmter Fotografien einen wichtigen Anteil hatte. Im Anschluss daran beschäftige ich mich mit Mythen, die sich an Trümmer einzelner NS-Bauten knüpfen, und mit den verschiedenen Ansätzen der baulichen Entnazifizierung erhaltener, beschädigter oder zerstörten NS-Architektur. Im letzten Teil meines Aufsatzes geht es um die aus Trümmerschutt aufgeschütteten Erhebungen, die zum Beispiel auf dem Münchner Olympiaparkgelände wesentlich das Stadtbild des ‚neuen' Münchens prägen.

Fotografische und metaphorische Trümmerbilder

Die Trümmer der zerstörten Bauten sind in den Städten zwar bis heute sichtbarer Bestandteil der Topografie, werden aber in aller Regel nicht als solche wahrgenommen. Die Vorstellung der zerstörten deutschen Städte bei Kriegsende wird in erster Linie durch historische Fotografien tradiert. Diese Fotografien der unmittelbaren Nachkriegszeit sind in der deutschen Medienlandschaft bereits früh und anhaltend bis heute präsent.[2] Die Mehrzahl der Bilder stammt von deutschen Berufsfotograf_innen. Sie entstanden teilweise aus privatem Interesse, aber auch im Auftrag von Illustrierten und vor allem von städtischen und anderen lokalen Behörden.

Formal lassen sich die Bilder als zeittypisch charakterisieren: Sie folgen einem dokumentarischen Stil, bemühen sich um einen dramatischen Ausschnitt, verfügen über eine hohe Schärfe und gute Ausleuchtung.[3] Jens Jäger hat in seiner Untersuchung der Kanonisierung bestimmter Fotografien aus der Zeit des Kriegsendes und der unmittelbaren Nachkriegszeit festgestellt, dass Bilder mit nationalsozialistischen Durchhalteparolen bald aus dem Repertoire verschwanden. Neben den Trümmerbildern dominierten Bilder von Flüchtlingen, gefangenen deutschen Soldaten, ehemaligen NS-Funktionsträgern, Fotografien der befreiten Konzentrationslager sowie ihrer Toten und Überlebenden. Die Bilder der zerstörten Städte und des Alltagslebens in den Trümmern etablierten sich im Laufe der Zeit als paradigmatisch für das Kriegsende.[4] Anschließend an Jäger kann davon ausgegangen werden, dass ihrer Kanonisierung zwei Aspekte zugrunde liegen. Zum einen

2 Jens Jäger: Fotografie – Erinnerung – Identität. Die Trümmeraufnahmen aus deutschen Städten 1945. In: Jörg Hillmann / John Zimmermann (Hrsg.): *Kriegsende 1945 in Deutschland*. Berlin: de Gruyter 2002, S. 287–300, hier S. 287.

3 Vgl. ebd., S. 292.

4 Vgl. ebd., S. 288.

werden sie als Dokumente der Zerstörung und der historischen Phase der unmittelbaren Nachkriegszeit verstanden. Zum anderen fungierten sie mit zunehmender zeitlicher Distanz immer stärker als Gegenbild zum im Alltag präsenten erfolgreichen Wiederaufbau der Städte. So verstanden changieren die Trümmerfotos in einer Ambivalenz zwischen anhaltender Mahnung, also einer in die Gegenwart reichenden Bedeutung, und einer endgültigen Historisierung im Sinne eines Schlussstrichs und Neuanfangs, da die abgebildeten, metonymisch aufgeladenen Folgen des Nationalsozialismus beseitigt scheinen.

Für die Phase des Kriegsendes kann von einer motivischen Aufteilung zwischen Alliierten und Deutschen in der Fotografie gesprochen werden. Die Alliierten erstellten Luftaufnahmen der zerstörten Städte, fotografierten die befreiten Lager und die verhafteten Kriegs- und NS-Verbrecher.[5] Deutsche Fotograf_innen hatten bereits seit 1943 mit offizieller Erlaubnis Kriegsschäden am Baubestand deutscher Städte fotografieren und publizieren können. Bis Kriegsende durften jedoch keine Todesopfer, Verletzte oder Leiderfahrungen abgebildet werden,[6] danach wurden gerade auch diese Aspekte des Kriegs ins Bild genommen. Zugespitzt stellt Jäger fest: „Bildlich gesprochen war der Frieden also grausamer als es der Krieg gewesen war."[7]

Zu den Bildern aus dem Alltag in den zerstörten Städten gehört die Dokumentation der Trümmerbeseitigung, die sich schnell als geschlechtsspezifische Heldinnentat etablierte. Die Trümmerfrau ist das zentrale Symbol der Nachkriegszeit und zur Bezeichnung für eine ganze Generation geworden. Bereits seit den 1950er Jahren entstanden Denkmäler für Trümmerfrauen sowohl in der BRD als auch in der DDR.[8] Die Figur der Trümmerfrau ist ein nachträglich konstruiertes (Selbst-)Bild, für das es nahezu keine ereignisgeschichtliche Grundlage

5 Vgl. Jäger: Fotografie – Erinnerung – Identität, S. 293.

6 Zur Kontrolle der (Bild-)berichterstattung durch das Reichsministerium für Volksaufklärung und Propaganda vgl. Miriam Y. Arani: Die Fotografien der Propagandakompanien der deutschen Wehrmacht als Quellen zu den Ereignissen im besetzten Polen 1939–1945. In: *Zeitschrift für Ostmitteleuropa-Forschung* 60 (2011), S. 1–49.

7 Vgl. Jäger: Fotografie, S. 292.

8 Eine Auflistung findet sich bei Marita Krauss: Trümmerfrauen. Visuelles Konstrukt und Realität. In: Gerhard Paul (Hrsg.): *Das Jahrhundert der Bilder*, Bd. 1: 1900 bis 1949. Bonn: Vandenhoeck & Ruprecht 2009, S. 738–746, hier S. 744. Die Autorin merkt an: „Nur in München verweigerte Oberbürgermeister Christian Ude die Aufstellung eines Trümmerfrauen-Denkmals mit der richtigen Begründung, die Schutträumerinnnen seien häufig NS-Parteigenossinnen gewesen."

gibt. Die Diskrepanz zwischen historischer Empirie und kollektiver Erinnerung hat zuletzt Leonie Treber umfassend dargestellt.[9] Zunächst ist zu konstatieren, dass die Trümmerbeseitigung vor der bedingungslosen Kapitulation Deutschlands vielerorts von KZ-Insass_innen, Kriegsgefangenen und Zwangsarbeiter_innen geleistet werden musste, die keinen Zugang zu Luftschutzbunkern erhielten. Sie wurden mit Kriegsende von dieser lebensgefährlichen Aufgabe entbunden.

Jedoch war der Einsatz von deutschen Frauen bei der Trümmerbeseitigung auch schon vor Kriegsende „im Rahmen des sogenannten Ehrendienstes am Wochenende"[10] üblich. In diesem Zusammenhang entstanden bereits Fotografien, so ein Bild aus Hamburg vom September 1944 von Hugo Schmidt-Luchs, das gut gelaunte junge Frauen zeigt, die in zu dieser Arbeit eher ungeeigneter Kleidung und mit bloßen Händen in einer Kette Ziegelsteine durchreichen.[11] Schmidt-Luchs war amtlicher Fotograf im offiziellen Auftrag und fotografierte auch KZ-Gefangene bei der Trümmerräumung. Nach Kriegsende legte er einen Bildband mit dem Titel *Hamburg. Phönix aus der Asche* vor.[12] Marita Krauss zieht in ihrer Untersuchung zur Konstruktion der Trümmerfrau im Bild eine Kontinuität zur Bildsprache des Nationalsozialismus: „Fotografiert sind meist junge Frauen, mit fest geknoteten Kopftüchern und mit Schürzen, manchmal in Hosen; diese Frauen entsprechen dem Typus der ‚Kameradin' aus BDM und Arbeitsdienst."[13] Zumeist erscheinen sie gut gelaunt, jung und weiterhin oftmals ohne geeignete Arbeitskleidung, so zum Beispiel vielfach ohne Handschuhe beim Hantieren mit scharfkantigen Steinen, was auf eine manipulierte Inszenierung hindeutet. Die Mehrzahl der Fotografien entstand während der Sommermonate 1945 und 1946 in Berlin. Hier war die Situation insofern besonders, als dass von der amerikanischen Militärregierung Frauen als „Hilfsarbeiterinnen im Baugewerbe"[14] zu festen Stundenlöhnen plus Lebensmittelzulage dienstverpflichtet wurden. In den meisten westdeutschen Städten hingegen wurde die Trümmerräumung von Anfang

9 Leonie Treber: *Mythos Trümmerfrauen*. Essen: Klartext 2014.

10 Zum Folgenden vgl. Krauss: Trümmerfrauen, hier S. 741.

11 Vgl. Abbildung ebd.

12 Hugo und Werner Schmidt-Luchs: *Hamburg. Phönix aus der Asche*. Hamburg: Hofmann 1967.

13 Krauss: Trümmerfrauen, S. 740.

14 Ebd.

an professionellen Baufirmen übergeben, die in erster Linie Männer beschäftigten.[15] Zwangsverpflichtungen trafen zumeist deutsche Kriegsgefangene und ehemalige NSDAP-Mitglieder beiderlei Geschlechts. Außerdem gab es verpflichtende Einsätze für Studienbewerber_innen als Voraussetzung für die Zulassung an der Universität sowie vereinzelt Freiwilligen-Einsätze. In allen genannten Fällen arbeiteten Frauen und Männer allerdings gemeinsam, es gab keine gesonderten Frauenkommandos. Das Zerrbild der Trümmerfrauen hatte eine exkulpierende Funktion für den weiblichen Teil der deutschen Bevölkerung, wie Krauss ausführt: Frauen konnten leicht als unpolitisch und unbeteiligt imaginiert werden. In dieser Lesart konnten sie keine Verantwortung für die NS-Zeit tragen. Im Sinne eines behaupteten Neubeginns nach einer Stunde Null war es daher wünschenswert, Frauen als die maßgebliche Personengruppe bei der Gestaltung der post-nazistischen Gesellschaft auszuweisen. Visuell und semantisch ausgeblendet sind in den Trümmerbildern die Unterstützung durch Alliierte und schweres Gerät, die Zwangsarbeit vor Kriegsende sowie Zwangsverpflichtungen von deutschen Kriegsgefangenen und NS-Parteigenoss_innen. Somit fügt sich der Mythos der Trümmerfrau auch in die Vorstellung einer deutschen Wiedergeburt aus eigener Kraft ein.

Weiterhin spielten die Trümmer eine Rolle für die symbolische Entnazifizierung. In Bezug auf konkrete Gebäude wurde die Entfernung nationalsozialistischer Symbole und Hoheitszeichen von den Alliierten verordnet. Dabei wurde zum Teil weiterer Bauschutt produziert, so bei der Sprengung der Münchner Ehrentempel, dem Abriss des stark beschädigten ‚Braunen Hauses‘ und der Berliner Reichskanzlei. Von den Resten prominenter NS-Bauten scheint weiterhin eine die Fantasie und Mythenbildung anregende Faszination auszugehen: Der rote Marmor der Reichskanzlei sei an verschiedener Stelle von den Sowjets wiederverwendet worden, ist in unterschiedlichen Publikationen bis heute zu lesen.[16] Die Sockel der Münchner Ehrentempel seien unzerstörbar gewesen, raunten Alt- und Neonazis; unter dem

15 „Gut belegt ist dies beispielsweise für München“ (Krauss: Trümmerfrauen, S. 740).

16 Vgl. dazu kritisch Hans-Ernst Mittig: Marmor der Reichskanzlei. In: Dieter Bingen / Hans-Martin Hinz (Hrsg.): *Die Schleifung. Zerstörung und Wiederaufbau historischer Bauten in Deutschland und Polen*. Wiesbaden: Harrassowitz 2005, S. 174–187; Biagia Bongiorno: Architekturteile in Bewegung. Von echten und eingebildeten Spolien nach dem Zweiten Weltkrieg. In: Ulrich G. Großmann (Hrsg.): *The Challenge of the Object*. Nürnberg: Germanisches Nationalmuseum 2013, S. 691–695.

ehemaligen ‚Braunen Haus' befände sich ein kilometerlanges Netz unterirdischer Fluchtwege, ein geheimes Nazi-Netzwerk, das, genau wie angeblich die Verbrechen der Nationalsozialist_innen, den ‚normalen' Deutschen verborgen blieb. Diese urbane Untergrund-Legende schaffte es noch 2003 in eine Folge der ZDF-Krimiserie *Die Verbrechen des Professor Capellari.*[17]

Architektonische Entnazifizierung in München

Gavriel D. Rosenfeld stellt in seiner Studie *Munich and Memory* Maßnahmen und Umsetzung einer „architectural denazification"[18] durch die amerikanische Militärregierung und die lokalen deutschen Autoritäten vor. Auch wenn dem Münchner Stadtrat am 22. Juni 1945 auferlegt wurde, ausnahmslos alle Gebäude, Straßen und Orte mit nationalsozialistischer Namensgebung umzubenennen und alle NS-Symbole zu entfernen, wurde dieser Befehl in der Praxis bald weniger konsequent durchgesetzt als ursprünglich intendiert. So blieben am Haus der deutschen Kunst (heute: Haus der Kunst) beispielsweise die Hakenkreuzmosaike an der Decke des Portiko erhalten. Auch die Vergitterung an Fenstern des vormaligen Luftgaukommandos mit schmiedeeisernen Hakenkreuzen wurde nicht demontiert. In anderen Fällen wurde die Symboldekoration nur teilweise entfernt, indem zum Beispiel lediglich das Hakenkreuz in einem Komposit-Emblem unkenntlich gemacht wurde. Noch im April 1947 erließ die Militärregierung ein explizites Verbot der Praxis, von Hoheitszeichen lediglich das Hakenkreuz zu entfernen, was auf die Kontinuität und den quantitativen Umfang dieses Vorgehens hindeutet.[19]

Außerdem wurden in mehreren Fällen die während des Nationalsozialismus angebrachten Adlerreliefs oder -skulpturen in Innenräumen oder an Fassaden interpretatorisch entnazifiziert, indem sie von den deutschen Behörden zu demokratischen Symbolen, die die Weimarer

17 Folge 14: Mord und Musik, Erstausstrahlung 13.09.2003. Für diesen Hinweis danke ich Dr. Ulrike Grambitter, die im Rahmen von Führungen zur Architektur der Münchner Parteibauten die Erfahrung machte, dass die in der Folge behauptete unterirdische Verbindung von der Musikhochschule (ehemaliger Führerbau) bis zur Staatsoper vielfach für real gehalten wurde.

18 Vgl. Gavriel D. Rosenfeld: *Munich and Memory. Architecture, Monuments, and the Legacy of the Third Reich*. Berkeley / Los Angeles: University of California Press 2000, S. 79–106, hier S. 79.

19 Vgl. ebd., S. 80.

Republik repräsentierten, erklärt wurden. Dieses Argument wurde explizit in politischen Debatten im Landtag und gegenüber amerikanischen Behörden vorgebracht.[20] Solche Normalisierungsbestrebungen lassen sich auch für den Umgang mit der erhaltenen und der in unterschiedlichem Ausmaß zerstörten NS-Architektur in München feststellen. Für das Haus der deutschen Kunst benennt Rosenfeld die Strategie der botanischen Marginalisierung[21] durch die straßenseitige Anpflanzung von Bäumen. Eine Weiternutzung unbeschädigter Bauten aus der NS-Zeit ließe sich auch aus pragmatischen Überlegungen begründen; der Wiederaufbau beschädigter Architektur zeugt allerdings von einer Wahrnehmung dieser Gebäude als unpolitisch, unbelastet oder gestalterisch gelungen, weswegen ein Erhalt im städtischen Raum als unproblematisch oder sogar wünschenswert erachtet wurde.[22] Neben Normalisierung und Integration kam es aber auch zu Abrissen, für die nicht unbedingt die architektonische Gestalt, sondern die Nutzung im ‚Dritten Reich' entscheidend war, so im Fall des von der Gestapo genutzten Wittelsbacher Palais aus dem 19. Jahrhundert und des sogenannten Braunen Hauses.[23]

Der zwiespältige Umgang mit den baulichen Zeugnissen des Nationalsozialismus zeigt sich beispielhaft an der bis in das Jahr 2015 geführten Debatte über die sogenannten Ehrentempel am nördlichen Rand des Königsplatzes.[24] Die Auseinandersetzung um die zwei Optionen, Integration oder vollständige Beseitigung, lässt sich bis Juli 1945 zurückverfolgen, als von amerikanischer Seite auf Drängen von Dwight D. Eisenhower persönlich angeordnet wurde, die Tempel vollständig zu zerstören. Sofort meldeten sich allerdings Stimmen, die sich dagegen aussprachen. Für beide Positionen wurden unterschiedliche Argumente vorgebracht, die Lager lassen sich nicht eindeutig den Kategorien Verdrängung versus Aufarbeitung zuordnen. Verfechter einer Umnutzung und eines (moderaten) Umbaus favorisierten zum Teil eine inhaltliche Umdeutung in ein Mahnmal für Weltfrieden, eine Nutzung als Kunstmuseum oder als Kirche, wollten also gerade durch den Erhalt eine Diskontinuität zur Vergangenheit anzeigen.

20 Vgl. Rosenfeld: *Munich and Memory*, S. 81.

21 Vgl. ebd., S. 95.

22 Vgl. ebd., S. 100–104.

23 Vgl. ebd., S. 96–100.

24 Zur Debatte bis 1957 vgl. im Folgenden ebd., S. 88–92.

Für den kompletten Abbau wurde die Notwendigkeit eines vollständigen Bruchs mit dem NS angeführt, die mangelnde ästhetische Qualität der Bauten sowie die Vorzüge einer Auflockerung der Stadtstruktur durch Grünflächen an dieser Stelle. Letzteres schien der Gegenseite als unangebracht, da eine solche Bepflanzung erst zu einer Heraushebung eines Orts führe, was sich aus politischen Gründen verbieten würde. Der Direktor der Bayerischen Staatsgemäldesammlung, Eberhard Hanfstaengel, verstieg sich im Dezember 1946 zu der These, der vollständige Abbau würde den brutalen Nazimethoden gleichkommen und sei daher nicht denkbar. Der Münchner Künstlerbund hingegen vertrat die Ansicht, dass die Tempel erhalten werden müssten, um eine Erinnerung zu ermöglichen. Aus Eigeninitiative vorgelegte Entwürfe sowie ein Architekturwettbewerb 1947 führten zu keinem Ergebnis, auch wenn der bayerische Ministerrat im Mai 1947 beschloss, auf die Fundamente Ausstellungsräume zu bauen. Der ausgewählte Entwurf von Karl Hocheder geriet jedoch bald in die Kritik, formal den NS-Bauten zu nahe zu stehen. Man rückte daher wieder von ihm ab und verfügte, dass neue Entwürfe „einfach und schlicht" zu sein sowie eine „kubische Silhouette" zu vermeiden hätten.[25] Während für den Abbruch zu sprechen schien, dass nur die vollständige Entfernung aller Hinweise auf den Nationalsozialismus „den Fluch" aufheben könne, „der auf uns" laste, wie im November 1947 in der *Süddeutschen Zeitung* zu lesen war,[26] brachte ein Politiker die Einschätzung vor, dass die Deutschen bei diesem „wichtigsten Ort des gesamten Entnazifizierungsprogramms"[27] dem Ausland beweisen sollten, dass sie nicht nur zur Zerstörung fähig seien.

25 Ebd., S. 89. Insofern kann es als eine Art Treppenwitz der Geschichte angesehen werden, dass bei dem 2015 eingeweihten NS-Dokumentationszentrum gerade die kubische Form des Gebäudes, das in seiner Höhe die angrenzenden erhaltenen NSDAP-Bauten leicht überragt, als historisch neutral, wenn nicht gar als oppositionell gedeutet wird: „Der schlichte weiße Kubus im Bauhaus-Stil will sich nicht selbst inszenieren, sondern soll einen bewussten Kontrapunkt zu den klobigen Bauten aus der NS-Zeit in der Nachbarschaft bilden", schrieb beispielsweise Ernst Eisenbichler anlässlich der Eröffnung für den Bayerischen Rundfunk. (Ernst Eisenbichler: NS-Dokuzentrum eröffnet. Großer Andrang am ersten Publikumstag. http://www.br.de/nachrichten/ns-dokumentationszentrum-muenchen-eroeffnung-100.html (Zugriff am 12.01.2016).)

26 Bernhard Pollak: Nazismus auf Abbruch. In: *Süddeutsche Zeitung*, 16.11.1946, S. 4, zit. n. Rosenfeld: *Munich and Memory*, S. 89.

27 Ebd.

Der Architekt Hans Döllgast, der für die sogenannte schöpferische Wiederherstellung der Alten Pinakothek unter Verwendung von Ziegeln, die aus dem Schutt der nahegelegenen Türkenkaserne geborgen wurden,[28] verantwortlich war, schlug für die Ehrentempel vor, Stützen und Architrav zu erhalten und auszumauern sowie in dem lokaltypischen ockerfarbigen Anstrich zu fassen, um darin ein Café unterzubringen.[29] Auch diese Idee wurde nicht umgesetzt. Im Januar 1947 wurden schließlich die Tempel aus Kostengründen und aus Sicherheitsbedenken lediglich bis auf die zwei Meter hohen Podien niedergelegt, unter denen sich außerdem noch vier Meter tiefe Bunker befinden. Nachdem 1948 immer noch kein mehrheitsfähiger Entwurf für einen Umbau vorlag, wurden die Tempelsockel mit einem zwei Meter hohen Bretterzaun zum Verschwinden gebracht. Im Laufe der Zeit setzten Witterung und Flora den Ensembles zu, sodass 1955 erneut vorgeschlagen wurde, die Überreste abzuräumen und die Grundstücke zu bepflanzen. Aus Kostengründen wurde die Bepflanzung dann allerdings in den erhaltenen Fundamenten vorgenommen, auch wenn das Kultusministerium die Ansicht vertrat, dass die Überreste der Tempel „aus politischen Gründen“[30] nicht in der Öffentlichkeit sichtbar sein dürften. Die schließlich 1956/57 vorgenommenen Bauarbeiten umfassten neben der Bepflanzung auch die Entfernung der Stufen, die zu den Podien hinauf führten.

Zusammengefasst lässt sich die Debatte so deuten, dass (Hoch-)Kultur in Form der Umnutzung als Museum oder Natur in Form einer Grünfläche bzw. einer Bepflanzung der Überreste am besten geeignet schienen, die nationalsozialistische ‚Volksgemeinschaft‘ nach außen sichtbar zu überwinden. Diesbezüglich ist die Münchner Diskussion kein Einzelfall. Für die Entnazifizierung im Sinne einer nachträglichen Selbst-Befreiung der Deutschen vom Nationalsozialismus wurde auch an anderen Orten einerseits Kunst und Kultur und andererseits Natur in Dienst genommen. Diese Doppelstrategie zeigte sich bereits bei der ersten *documenta* von 1955, die in Kassel parallel zur Bundesgartenschau stattfand, für welche Hermann Mattern ein Gelände unter

28 Vgl. Erich Altenhöfer: Hans Döllgast und die Alte Pinakothek. Entwürfe, Planungen, Wiederaufbau 1946–1973. In: TU München / Bund Deutscher Architekten (Hrsg.): *Hans Döllgast 1891–1974*. München: Kastner & Callwey 1987, S. 45–91, hier S. 52.

29 Vgl. Franz Kießling: Dg. In: Ebd., S. 24–44, hier S. 37.

30 So die nebulöse Formulierung des Kultusministeriums, zit. n. Rosenfeld: *Munich and Memory*, S. 91.

Verwendung von Trümmerschutt gestaltet hatte. Mattern war bereits 1939 für die Reichsgartenschau in Stuttgart verantwortlich gewesen sowie 1950 für die Deutsche Gartenschau auf demselben Gelände in Stuttgart.[31] Die *documenta* 1955 interpretierte die Entwicklung der modernen Kunst in Deutschland als unterbrochen und suspendiert durch den Nationalsozialismus. Die Ausstellung sollte an die Vorkriegszeit anknüpfen und deutsche Kunst im internationalen Kontext verorten.[32]

Ging es in Kassel auch um die Rehabilitierung der zuvor verfemten Kunst der Moderne, scheint eine Auseinandersetzung mit den deutschen Verbrechen in der Münchner Debatte keine wesentliche Rolle gespielt zu haben. Die zunächst als anti-nationalsozialistisch intendierte Geste der Überlassung des Orts an eine Vegetation wurde in den folgenden Jahrzehnten oftmals als buchstäbliche Umsetzung der Redewendung „Gras über die Sache wachsen lassen" mithin als Verdrängung bewertet. Die ursprüngliche Anpflanzung wurde im Laufe der Jahre nicht weiter gärtnerisch gepflegt. Zur Eröffnung des NS-Dokumentationszentrums am 30. April 2015, dem 70. Jahrestag des Einmarschs der US-Armee in München, ließ der Architekturhistoriker Winfried Nerdinger als Leiter des Zentrums den Bewuchs auf dem nördlichen Tempelsockel weitgehend zurückschneiden. Der südliche hingegen war mittlerweile als Biotop in die Liste geschützter Grünanlagen aufgenommen worden.[33] Der Eingriff wurde von Nerdinger gegenüber der Presse erläutert: „Da soll kein Gras mehr drüber wachsen";[34] das

31 Vgl. Vroni Heinrich: *Hermann Mattern. Gärten – Landschaften – Bauten – Lehre. Leben und Werk*. 2., überarb. Aufl. Berlin: Universitätsverlag TU Berlin 2013. http://dx.doi.org/10.14279/depositonce-4820 (Zugriff am 12.01.2016). Außerdem war er als „Landschaftsanwalt" am Bau der Reichsautobahnen beteiligt. Vgl. Charlotte Reitsam: *Reichsautobahn im Spannungsfeld von Natur und Technik*. Habilitationsschrift Technische Universität München, Fakultät für Architektur 2004. http://mediatum2.ub.tum.de/doc/635732/document.pdf (Zugriff am 11.01.2016).

32 Vgl. Kai-Uwe Hemken: Kuratorische Steuerung kultureller Diskurse. In: Ralf Bohn / Heiner Wilham (Hrsg.): *Inszenierung und Politik. Szenografie im sozialen Feld*. Bielefeld: Transcript 2015, S. 145–186; Ruth Heftrig: Narrowed Modernism. On the Rehabilitation of „Degenerate Art" in Postwar Germany. In: Olaf Peters (Hrsg.): *Degenerate Art. The Attack on Modern Art in Nazi Germany, 1937*. München / London / New York: Prestel 2014, S. 258–281.

33 Vgl. Hubertus Adam: Störenfried. In: *Bauwelt* 16 (2015), S. 14–19, hier S. 17.

34 Patrick Guytion: 70 Jahre nach Kriegsende eröffnet das NS-Dokumentationszentrum. In: *Badische Zeitung*, 29.04.2015. http://www.badische-zeitung.de/deutschland-1/70-jahre-nach-kriegsende-eroeffnet-das-ns-dokumentationszentrum--104084474.html (Zugriff am 31.12.2015).

Fundament sei „bewusst freigeschnitten" worden, nun seien „70 Jahre Verdrängung" zu sehen.[35] Erst durch den Rückschnitt sei „die Ruine [...] wieder als bauliches Relikt der NS-Zeit wahrnehmbar", äußerte die Pressesprecherin des Dokumentationszentrums.[36] Diese Argumentation vermag nicht zu überzeugen, waren die Fundamente doch vorher auch sichtbar und stellten einen deutlichen Bruch mit der umgebenden Bebauung dar. Dass es sich um Überreste einer NS-Architektur handelt, war zwar nicht ohne Vorwissen ersichtlich. Dies hat sich allerdings auch nicht mit dem Pflanzenrückschnitt geändert, da keine zusätzlichen Informationen *in situ* angeboten werden. Seit 1996 befand sich dort auf beharrliche Initiative der Architekten Piero Steinle und Julian Rosefeldt eine Informationstafel zu den Ehrentempeln und den Parteibauten.[37] Sie wurde im Zuge der Bauarbeiten für das Dokumentationszentrum entfernt.

Demokratische Spiele vor den Trümmern des Nationalsozialismus: Olympia 1972 als Gegenbild zum nationalsozialistischen Deutschland

In vielen deutschen Städten wurden die Gebäudereste, die sich nicht zur Wiederverwendung als Baumaterial eigneten, in sogenannten Schuttbergen deponiert.[38] In München wurden etwa sieben Millionen Kubikmeter Schutt aufgetürmt, die drei bekanntesten Berge befinden

35 NS-Dokumentationszentrum. In: *Abendzeitung München*, 24.04.2015. http://www.abendzeitung-muenchen.de/inhalt.zeichen-gegen-das-vergessen-ns-dokumentationszentrum-blick-hinter-die-fassade.4b4c69c9-11bc-4afa-bfb7-ba36f54bea5b.html (Zugriff am 31.12.2015).

36 Martin Bernstein: NS-Dokuzentrum legt Sockel von Nazi-Tempel frei. In: *Süddeutsche Zeitung*, 19.12.2014. http://www.sueddeutsche.de/muenchen/koenigsplatz-ns-dokuzentrum-legt-sockel-von-nazi-tempel-frei-1.2275736 (Zugriff am 31.12.2015).

37 Zur Entstehung der Infotafel vgl. Klaus Bäumler: Materialien zum NS-Dokumentationszentrum Königsplatz. http://www.maxvorstadt.net/index.php/publikationen/historische-spuren/18-materialien-zum-ns-dokumentationszentrum-koenigsplatz?start=2 (Zugriff am 28.01.2016). Bäumler war bis 2008 Leiter des Bezirksausschusses Maxvorstadt. Das NS-Dokumentationszentrum zeigt ein Foto der Tafel auf seiner Website zur Vorgeschichte der Institution. Laut telefonischer Auskunft der Pressesprecherin gibt es allerdings keine Pläne, ein neues Informationsangebot im öffentlichen Raum zu errichten, sie verwies diesbezüglich auf die Zuständigkeit der Stadt (Telefonat mit Dr. Kristin Frieden am 28.01.2016).

38 Die Schuttberge sind bis heute nahezu unerforscht, lediglich zu den in Berlin errichteten liegt eine Monografie vor, die aus einer Diplomarbeit im Studiengang Landschaftsplanung an der TU Berlin resultierte (Ulrike Forßbohm: *Kriegs-End-Moränen. Zum Denkmalwert der Trümmerberge in Berlin*. Berlin: Universitätsverlag der TU Berlin 2011).

sich auf dem Oberwiesenfeld (heute Olympiapark), im Luitpoldpark und in Neuhofen.[39] Die flache Topografie Münchens erfuhr so eine deutliche Veränderung durch die Hügel, die an den Rändern der Innenstadt angelegt wurden. Auf dem Oberwiesenfeld nördlich des Zentrums entstand der größte Schuttberg, dessen Gipfel bis heute den topografisch höchsten Punkt der Stadt bildet. Das Gelände war seit dem 18. Jahrhundert in militärischer Nutzung gewesen; 1940 befanden sich dort ein Exerzierplatz sowie eine Flak-Stellung, die der Verteidigung des Flughafens dienen sollte.[40]

Erstmalig mit einem Gedenkzeichen markiert wurde der Gipfel des Schuttbergs 1960 anlässlich des Eucharistischen Weltkongresses in München. Eine Bundeswehreinheit errichtete ein fünf Meter hohes Stahlkreuz, das Frieden, Versöhnung und internationale Zusammenarbeit symbolisieren sollte.[41] Während auf dem Schwabinger Schuttberg bereits 1949 ein Kreuz zum Gedenken an alle „unter den Bergen von Trümmern Verstorbenen" errichtet wurde[42] und allgemein festzuhalten ist, dass in den Jahren nach Kriegsende bis 1975 die meisten Münchner Denkmäler deutschen Opfern gewidmet waren,[43] wurde auf dem Oberwiesenfeld erst im Zusammenhang mit einer internationalen christlichen Zusammenkunft die Initiative ergriffen, den Berg zum Ort des Gedenkens zu machen. In diesem Fall symbolisierte das Kreuz in erster Linie die supranational organisierte christliche Religion und nicht individuelle oder kollektive Todesopfer. In diesen weitgefassten Deutungshorizont ließen sich daher so allgemeine wie unkonkrete Gedenkinhalte wie Frieden und Versöhnung aufnehmen. 1966 forderten die SPD und der örtliche Verband des DGB die Errichtung eines Hiroshima-Denkmals auf dem Gipfel des Schuttbergs.[44] Damit wäre dieser Ort, der eine direkte materielle Folge des vom nationalsozialistischen Deutschland begonnenen Zweiten Weltkriegs darstellt, zum Ort des Gedenkens an Opfer einer US-amerikanischen Bombardierung, die gemeinhin als Kriegsverbrechen wahrgenommen

39 Vgl. ebd., S. 133.

40 Vgl. Bildunterschrift zu einer privaten Fotografie von Hans Schürer, abgedruckt in Eva Berthold / Norbert Matern: *München im Bombenkrieg*. Düsseldorf: Droste 1983, S. 19.

41 Vgl. Rosenfeld: *Munich*, S. 219.

42 Zur Entstehung dieses Denkmals vgl. ebd., S. 133–135.

43 Vgl. ebd., S. 223.

44 Vgl. ebd., S. 219.

wird, geworden. Als solches wurde und wird in Deutschland, nicht nur im rechtsextremen politischen Spektrum, vielfach auch die US-amerikanische Bombardierung deutscher Städte bezeichnet.[45] Die Forderung nach einem Hiroshima-Denkmal wurde allerdings wieder fallengelassen. Stattdessen setzte sich der DGB 1968 dafür ein, das Vorhaben der Stadt, ein Werk des Bildhauers Rudolf Belling zu erwerben, in ihre Denkmalspläne zu integrieren. Belling wurde schließlich beauftragt, einen Entwurf für eine abstrahierend-organische Metallskulptur auszuführen, die er als *Schuttblume* bezeichnete und als eine Metapher für den Frieden als pflegebedürftiges Gewächs ansah. Im Gegensatz zu anderen Schuttbergen im Münchner Stadtgebiet gab es für den Hügel auf dem Oberwiesenfeld keine Bestrebungen, ihn mittels Erinnerungszeichen in einen direkten Kontext mit dem Zweiten Weltkrieg zu stellen. Stattdessen verlegte man sich auf einen allgemeinen Friedensappell, der durch eine abstrahierende Bronzeplastik ausgedrückt werden sollte. Auf Widerstand stieß die Aufstellung der Skulptur 1970 bei der Olympia-Baugesellschaft, da das Planungsteam um Günter Behnisch die Plastik als ungeeigneten und störenden Eingriff in seinen Gesamtplan für das zukünftige Olympiagelände ansah. Als Kompromiss wurde sie schließlich 1972 nicht auf dem höchsten Punkt, sondern innerhalb einer tiefergelegenen Baumgruppe eingeweiht.[46] Eine Bronzetafel am Boden ist mit folgendem Text in Versalien beschriftet:

> „Blütenmotiv als Friedenssymbol" / Dieses Mahnmal des Bildhauers / Rudolf Belling / wurde gestiftet vom / Deutschen Gewerkschaftsbund und / der Landeshauptstadt München / errichtet im Olympiajahr 1972 / auf einem der Hügel, / die aus den Trümmern Münchens / nach dem Zweiten Weltkrieg / aufgeschüttet wurden.

Die Olympischen Spiele in München wurden von den Planern ausdrücklich als Gegenmodell zur Berliner Olympiade von 1936 verstanden.[47] Der verantwortliche Landschaftsarchitekt Günther Grzimek resümierte die Intention 1973 folgendermaßen: „Der Olympiapark München 1972 ist in seiner Zielsetzung Kontrast gegen Geist und Architektur der Olympiaanlagen, die in Berlin für die Olympischen

45 Vgl. zur Bombardierung Dresdens: Autor_innenkollektiv Distanz (Hrsg.): *Gedenken abschaffen. Kritik am Diskurs zur Bombardierung Dresdens.* Berlin: Verbrecher 2013; Gunnar Schubert: *Die kollektive Unschuld. Wie der Dresden-Schwindel zum nationalen Opfermythos wurde.* Hamburg: konkret 2009.

46 Vgl. Rosenfeld: *Munich*, S. 220.

47 Zur Olympiade in München vgl. grundlegend Kay Schiller / Christopher Young: *Olympische Spiele im Zeichen des modernen Deutschland.* Göttingen: Wallstein 2012.

Spiele 1936 in der Ära Hitler geschaffen wurden. Er sollte ein anderes Deutschland repräsentieren, ein tolerantes, freiheitliches Land."[48] Der Präsident des Nationalen Olympischen Komitees Deutschland und des Deutschen Sportbundes, Willi Daume, äußerte 1972 die Hoffnung, „that the Munich games will expunge impressions which have been prejudicial to Germany's good name ever since 1936."[49] In dieser Aussage erscheint die Münchner Olympiade als Möglichkeit, die nationalsozialistische Vergangenheit und Verbrechen zu überschreiben und somit zu neutralisieren.[50] Diedrich Diederichsen hat darauf hingewiesen, dass das Moment der Wiederholung gerade dasjenige heraufbeschwört, dass nach Daumes Wunsch auszulöschen sei: „Warum sollte dieser deutsche Wiedereintritt in die Weltkultur ausgerechnet dasselbe PR-Mittel wählen, das auch schon die Nazis gewählt hatten: Die Ausrichtung der Olympischen Spiele?"[51]

Als Überschreibung kann auch die Gestaltung des Olympiageländes bezeichnet werden, hier allerdings nicht im Sinne einer korrigierenden Wiederholung sondern einer Überformung und Neu-Kontextualisierung. Der Schuttberg auf dem Oberwiesenfeld wurde als landschaftsarchitektonisches Element in die Planung des Olympiageländes einbezogen. Beim Bau der Olympiaanlagen anfallender Aushub ließ die Hügel noch einmal anwachsen. Eine den Bau begleitende Publikation von 1970 unterstrich gerade den künstlichen Charakter des Schuttbergs: „[E]r ist als künstliches Objekt inmitten der flachen Ebene des Münchner Stadtgebietes deutlich erkennbar. Diese Künstlichkeit wird durch Bepflanzung und Ausmodellierung der Großform bewußt unterstrichen."[52] Fachleuten und lokalen Zeitgenoss_innen mag dieser Aspekt bewusst gewesen sein, fraglich erscheint, ob die erwähnte Künstlichkeit der Anlage einem auswärtigen Publikum evident war bzw. ob das Parkgelände heute, zumal im Kontrast zur nicht nur in München

48 Günther Grzimek: *Gedanken zur Stadt- und Landschaftsarchitektur seit Friedrich Ludwig v. Sckell.* München: Callwey 1973, S. 14.

49 Zit. n. Natalie Heger: *Das Olympische Dorf in München.* Berlin: Reimer 2014, S. 35.

50 Außerdem verwundert, dass demnach Deutschlands guter Name in der Welt durch Taten vor oder nach 1936 unbeschadet blieb, so durch den Ersten Weltkrieg, den Zweiten Weltkrieg und den Holocaust.

51 Diedrich Diederichsen: 1972. Gebrauchswert und Metonymie. In: Matthias Mühling (Hrsg.): *Sarah Morris. 1972.* Köln: König 2008, S. 14.

52 Heinz Krehl: *Olympische Bauten. Bestandsaufnahme Herbst 1970.* Stuttgart: Krämer 1970, S. 36.

weiter fortgeschrittenen Verdichtung und Verstädterung, nicht eher als natürliches Element in einer oftmals als ‚Betonwüste' negativ wahrgenommenen Stadtlandschaft erscheint.
Unabhängig von der Diskussion um die *Schuttblume* wurde von der Olympia-Baugesellschaft ein Kunst-am-Bau-Wettbewerb veranstaltet, zu dem 30 nationale und internationale Künstler_innen eingeladen wurden. Der Münchner Galerist Heiner Friedrich ermutigte außerdem die US-amerikanischen Künstler Walter De Maria, Carl Andre, Dan Flavin und Michael Heizer eigene Beiträge einzureichen.[53] Ausgewählt wurden schließlich neben eher traditionellen Skulpturen zur Aufstellung im Olympischen Dorf Projekte der deutschen Künstler Heinz Mack, Adolf Luther und Otto Piene.[54] Bezeichnenderweise gehörten diese Künstler der Gruppe Zero an, deren Namensgebung auf den Wunsch nach einer *tabula rasa*, einem unbelasteten Neuanfang verweist. Walter De Marias *Olympic Mountain Project* von 1970/71 sah vor, einen 2,80 m breiten Schacht 122 m tief in den Schuttberg des Olympiaparks zu graben. An der Oberfläche sollte er lediglich durch eine ebenerdige Abdeckung mit einer kreisrunden Bronzeplatte im Durchmesser von 3,65 m markiert sein.[55] Der Schuttberg hatte mit dem Aushub für die Stadionbauten rund 10 Meter an Höhe gewonnen. Walter De Maria hätte diesen nun knapp 61 Meter hohen menschengemachten Hügel komplett durchbohrt, um den Schacht dann noch einmal um dieselbe Länge ins Erdreich zu verlängern. Dietrich Erben bezeichnet dieses in seinen Ausmaßen monumentale, visuell aber äußerst zurückhaltende Projekt als „Kommentar zur Geschichte", da durch den Schacht „die Überreste sowohl geschichtlicher Katastrophen als auch der Relikte des Neubeginns [...] mit der erdgeschichtlichen Substanz unseres Planeten verbunden werden [sollten], Geschichte und Naturgeschichte sollten

53 Vgl. Julienne Lorz: The Case of Munich, 1968–1972. In: Philipp Kaiser / Miwon Kwon (Hrsg.): *Ends of the Earth. Land Art to 1974*. München / London / New York: Prestel 2013, S. 161–171, hier S. 168.

54 Vgl. ebd., S. 170.

55 Vgl. Dietrich Erben: Mediale Inszenierungen der Olympischen Sommerspiele in München 1972. Architektur – Park – Benutzer. In: Stefanie Hennecke / Regine Keller / Juliane Schneegans (Hrsg.): *Demokratisches Grün – Olympiapark München*. Berlin: Jovis 2013, S. 16–36. Anne Hoormann gibt die geplanten Maße mit 120 m Tiefe, 3 m Durchmesser des Schachts und 8 m Durchmesser der Bronzescheibe bei 30 cm Dicke an (Hoormann: *Land Art*, S. 53).

vielleicht versöhnt werden."[56] Das Projekt mit dem Titel *Major Earth Work* wurde zwar vom Büro Behnisch und Partner sowie von zahlreichen internationalen Kunstexpert_innen unterstützt, die Friedrich für eine Pressekampagne als Fürsprecher_innen des Projekts gewinnen konnte, trotzdem lehnte der Bauausschuss die Arbeit im November 1970 ab.[57]

Das Motiv der Versöhnung von Kultur und Natur ist dem der Ruine eingeschrieben. Die Ruine im klassischen Sinne, wie sie in Kunst und Literatur seit dem 18. Jahrhundert verstanden wird, entsteht durch Entropie, das heißt durch allmählichen Verfall, indem sie durch die Natur überformt wird.[58] Sie versöhnt sich dabei mit der gewalttätigen Verformung, die ihr durch die architektonische Setzung zugefügt wurde. Die Überreste der von Bomben und Geschützen zerstörten Bauten in den deutschen Städten nach Ende des Zweiten Weltkriegs sind somit keine Ruinen in diesem ursprünglichen Sinne. Die Trümmer sind kein Ergebnis der Rückeroberung durch die Natur, sondern menschlichen Handelns. Erst die Überwucherung und Naturwerdung der Trümmer in den Schuttbergen und den Fundamenten der vormaligen Ehrentempel stellen eine solche Entropie dar. Wäre ein solches Versöhnungsangebot nicht auch im Sinne der deutschen Normalisierungsbestrebungen gewesen, gewendet als eine Versöhnung der Deutschen mit sich selbst? Worin sind die Gründe für die Ablehnung zu sehen? Sei es, dass eine Thematisierung des Nationalsozialismus, wie indirekt sie auch erscheinen mag, bewusst verhindert werden sollte,[59] dass München noch nicht bereit für die Kunst der internationalen Nachkriegs-Avantgarde war,[60] oder dass es letztlich doch die hohen Kosten oder die technischen Unwägbarkeiten waren, die zur Ablehnung führten: Während der Planungen zur Münchner ‚Gegen-Olympiade' konnte der Bezug auf den Nationalsozialismus nur ein negierender, neutralisierender sein. Die deutsche Wortschöpfung ‚Vergangenheitsbewältigung' hatte

56 Erben: Mediale Inszenierungen, S. 18.

57 Vgl. Hoormann: *Land Art*, S. 53.

58 Vgl. Norbert Bolz: Einleitung. In: Ders. / Willem van Reijen (Hrsg.): *Ruinen des Denkens, Denken in Ruinen*. Frankfurt am Main: Suhrkamp 1996, S. 7–23. Grundlegend dazu Georg Simmel: Die Ruine. In: Ders.: *Jenseits der Schönheit – Schriften zur Ästhetik und Kunstphilosophie*, ausgew. u. mit einem Nachw. v. Ingo Meyer. Frankfurt am Main: Suhrkamp 2008, S. 34–41.

59 Vgl. Hoormann: *Land Art*, S. 58.

60 Vgl. Erben: Mediale Inszenierungen, S. 18.

ihre internationale Karriere noch nicht angetreten, der Bezug auf die NS-Geschichte war noch nicht als positive nationale Identitätsstiftung denkbar.[61]

Walter De Marias Projekt eröffnet auch unverwirklicht einen Denkraum, um über das Verhältnis von Geschichte und Material, von Erinnerung und Sichtbarkeit nachzudenken. Auf dem höchsten Punkt des Schuttbergs fiele der Blick wie der des Engels der Geschichte allein auf „Trümmer und Trümmer", aufeinandergehäuft und vor die Füße geschleudert von der Geschichte „als eine[r] einzige[n] Katastrophe".[62] Bei diesem Blick ist die Reflexion auf den konkreten Ort von entscheidender Bedeutung: Thematisiert wird die Katastrophe des Nationalsozialismus, dem nur gewaltsam militärisch von außen ein Ende gesetzt werden konnte. Auch wenn Walter De Maria seinen Entwurf als Denkmal für den Frieden bezeichnet, ist es durch seine konkrete Verortung und Materialität spezifisch an die Geschichte des Zweiten Weltkriegs gebunden. Der Hügel ist ein menschengemachter, der nicht aus Gestein, sondern aus Schutt und Erde besteht und so vergleichsweise einfach in seiner gesamten Höhe an einem Punkt ausgeschachtet werden könnte. Diese Evokation archäologischer Praxis führte jedoch nicht zu einer Ausgrabung und Offenlegung. Die räumliche Verbindung zur Vergangenheit bliebe verschlossen, unsichtbar und unberührbar und in ihrer Aneignung so einer intellektuellen Anstrengung bedürftig. Die Versöhnung erschiene damit als Utopie, als uneingelöste Möglichkeit des Denkens.

61 Verwiesen sei allein auf den Wunsch des ehemaligen Bundeskanzlers Gerhard Schröder, das Holocaust-Mahnmal in Berlin möge ein Ort sein, „zu dem man gerne hingeht" (Claus Leggewie / Erik Meyer: *„Ein Ort, an den man gerne geht". Das Holocaust-Mahnmal und die deutsche Geschichtspolitik nach 1989*. München: Hanser 2005, S. 179), sowie die Behauptung des Historikers Eberhard Jäckel: „In anderen Ländern beneiden manche die Deutschen um dieses Mahnmal. Wir können wieder aufrecht gehen, weil wir aufrichtig bewahren. Das ist der Sinn des Denkmals, und das feiern wir." (Zit. n. Alex Feuerherdt: Befreiung von den Deutschen, 08.05.2015. https://www.fischundfleisch.com/alex-feuerherdt/befreiung-von-den-deutschen-6229 (Zugriff am 14.01.2016).)

62 Walter Benjamin: Über den Begriff der Geschichte. In: Ders.: *Gesammelte Schriften*, hrsg. v. Hermann Schweppenhäuser / Rolf Tiedemann, Bd. I.2. Frankfurt am Main: Suhrkamp 1991, S. 690–708, hier. S. 697.

Epilog

Seit dem 27. September 1995 befindet sich im Olympiapark außer Bellings *Schuttblume* noch ein zweites Denkmal. Fritz Koenigs Skulptur besteht im Wesentlichen aus einem zehn Meter langen, horizontalen Granitbalken und trägt die Namen der elf jüdisch-israelischen Sportler und des bayerischen Polizisten, die bei der Geiselnahme im Olympischen Dorf am 5. September 1972 von palästinensischen Terroristen erschossen wurden.[63] Um ein zweites Mal Walter Benjamin zu zitieren: „Es ist niemals ein Dokument der Kultur, ohne zugleich ein solches der Barbarei zu sein."[64] Das trifft nicht nur auf die Olympiade 1936 in Berlin zu, sondern auch auf die Münchner Olympiade 1972.

63 2014 wurde ein Wettbewerb für eine Gedenkstätte mit weiterführenden Informationen, die sich in räumlichen Bezug zum Tatort befinden soll, durchgeführt, aus dem das Büro Brückner und Brückner (Tischenreuth) als Sieger hervorging. Zunächst gestaltete sich die Standortsuche aufgrund massiver Proteste von Anwohner_innen schwierig. Vgl. Rudolf Stumberger: Die endlose Suche nach einem Ort des Gedenkens. In: *Die Welt*, 08.03.2015. http://www.welt.de/regionales/bayern/article138139635/Die-endlose-Suche-nach-einem-Ort-des-Gedenkens.html (Zugriff 12.01.2016). Die ursprünglich für Herbst 2016 geplante Einweihung der Gedenkstätte ist mittlerweile für das Frühjahr 2017 vorgesehen. Vgl. Bau des Erinnerungsortes hat begonnen. https://www.km.bayern.de/kunst-und-kultur/meldung/4559/bau-des-erinnerungsortes-hat-begonnen.html (Zugriff am 04.08.2016).

64 Benjamin: Über den Begriff der Geschichte, S. 696.

Abbildungsverzeichnis

Verzeichnis der Autorinnen und Autoren

Paweł Brudek studierte zwischen 1999 und 2004 Geschichte an der Universität Warschau. Seine Masterarbeit behandelte „Die Kampagne in Deutsch-Ostafrika, 1914–1918". 2009 promovierte er am Historischen Institut der Polnischen Akademie der Wissenschaften zum Thema „Russland und die Russen in der Deutschen Warschauer Zeitung 1915–1918". Von 2007 bis 2008 war er als wissenschaftlicher Assistent am Historischen Institut der Polnischen Akademie der Wissenschaften tätig. 2012 war er Stipendiat am Deutschen Historischen Institut Warschau. Er arbeitete am Projekt *1914–1918.online – Internet Enzyklopädie des Ersten Weltkrieges* mit.

Ksenija Cvetković-Sander studierte Germanistik und Vergleichende Literaturwissenschaft an der Universität Zagreb sowie Osteuropawissenschaften, Spanische Philologie und Politikwissenschaft an der Freien Universität Berlin. 2011 promovierte sie an der FU Berlin zum Thema „Sprachpolitik und nationale Identität im sozialistischen Jugoslawien (1945–1991). Serbokroatisch, Albanisch, Makedonisch und Slowenisch". Sie lebt als freie Publizistin und Übersetzerin in Berlin. Zu ihren Forschungsinteressen zählen: Nationsbildungsprozesse, Sprachentwicklung und Sprachpolitik in Südosteuropa, ethnische Konflikte, Erinnerungspolitik, Literatur und Politik.

Cordula Gdaniec ist Geografin und Stadtanthropologin mit einem Schwerpunkt auf postsowjetischen Städten, insbesondere Moskau. Sie arbeitete zwischen 2011 und 2015 als Projektmanagerin (Wanderausstellung „Juni 1941. Der tiefe Schnitt") und Kuratorin (Sonderausstellung „Der 9. Mai. Formen der Erinnerung an das Kriegsende 1945") am Deutsch-Russischen Museum Berlin-Karlshorst zum Thema Erinnerungskulturen und Zweiter Weltkrieg, und 2015 als Projektkoordinatorin des Forschungs- und Ausstellungsprojekts „Sieg, Befreiung, Besatzung. Kriegsdenkmäler und Gedenkfeiern zum 70. Jahrestag des Kriegsendes im postsozialistischen Europa" im Einstein Forum Potsdam. Daneben ist sie als Lehrbeauftragte am Osteuropa Institut der Freien Universität Berlin tätig und führt weitere Projekte in den Bereichen Wissenschaftsvermittlung und Bildung, Dokumentarfilm, Ausstellung und Fotografie durch.

Judith Kasper ist Wissenschaftliche Mitarbeiterin am Institut für Romanische Philologie der Ludwig-Maximilians-Universität München. Unter ihren wichtigsten Veröffentlichungen finden sich: *Sprachen des Vergessens. Proust, Perec und Barthes zwischen Verlust und Eingedenken* (Fink 2003), *Der traumatisierte Raum. Insistenz, Inschrift, Montage bei Freud, Levi, Kertész, Sebald und Dante* (de Gruyter 2016). Zu ihren Forschungsinteressen zählen: deutsche, französische und italienische Literatur des 19. und 20. Jahrhunderts, Holocaust Studies, Gedächtnis- und Traumaforschung sowie Psychoanalyse.

Alexandra Klei studierte Architektur an der Brandenburgischen Technischen Universität Cottbus und promovierte mit einer architekturtheoretischen Arbeit über die Beziehung von Architektur und Gedächtnis/Erinnerung am Beispiel der KZ-Gedenkstätten Buchenwald und Neuengamme. In ihrem letzten Forschungsprojekt untersuchte sie die Möglichkeiten und Bedingungen für jüdisches Bauen in der Nachkriegszeit am Beispiel des Architekten Hermann Zvi Guttmann (*Jüdisches Bauen in Nachkriegsdeutschland. Der Architekt Hermann Zvi Guttmann,* Neofelis 2016). Daneben ist sie u.a. Lehrbeauftragte am Kunstgeschichtlichen Institut der Ruhr Universität Bochum. Zu ihren weiteren Arbeitsschwerpunkten zählen: Architektur und Stadtplanung in Israel (mit einem Schwerpunkt auf der White City Tel Aviv), Nachkriegsmoderne (mit einem Schwerpunkt in der Architektur des Brutalismus), Fotografiegeschichte und -theorie sowie Denkmale und Erinnerungszeichen.

Judith Lyon-Caen ist Professorin für Geschichte an der Pariser L'École des hautes études en sciences sociales und Mitglied von GRIHL (Interdisziplinäre Forschungsgruppe zur Geschichte des Literarischen) am Centre de recherches historique. Ihre Forschung gilt der Historizität von Literatur: der Geschichte des Gebrauchs von Literatur im 19. und 20. Jahrhundert, der Darstellung der Vergangenheit und literarischer Geschichtsschreibung im französischen Roman des 19. und 20. Jahrhunderts, der Geschichte von Zeugenschaft in der Literatur sowie dem Verhältnis von Literatur und Zeugenschaft in der frühen Holocausthistoriografie.

Ljiljana Radonić studierte Politikwissenschaft, Philosophie und Übersetzung in Wien und promovierte zum Thema *Krieg um die Erinnerung. Kroatische Vergangenheitspolitik zwischen Revisionismus und europäischen Standards* (Campus 2010). Seit 2013 forscht sie für ihr Habilitationsprojekt über den Zweiten Weltkrieg in post-sozialistischen Gedenkmuseen am Institut für Kulturwissenschaften und Theatergeschichte der Österreichischen Akademie der Wissenschaften (APART-Stipendium). Seit 2004 ist sie als Lehrbeauftragte am Institut für Politikwissenschaft der Universität Wien tätig. 2015 hatte sie die Interdisziplinäre Gastprofessur für kritische Gesellschaftstheorie an der Justus-Liebig-Universität Gießen inne. Zu ihren Forschungsinteressen zählen (Ostmittel- und Südost-)Europäische Erinnerungskonflikte seit 1989, Gedächtnistheorie, Museum Studies, Antisemitismustheorie und Kritische Theorie.

Viola Rühse hat in Hamburg und Wien Kunstgeschichte sowie Germanistik studiert. Einer ihrer Aufsätze wurde 2012 mit dem Bazon-Brock-Essay-Preis ausgezeichnet. Sie ist Wissenschaftliche Mitarbeiterin und Studiengangsleiterin am Department für Bildwissenschaften der Donau-Universität Krems. Zu ihren Arbeitsschwerpunkten zählen: neben Fotogeschichte u. a. Filmtheorie, Kunst der Reformation und der Aufklärungszeit sowie die Kultur der Weimarer Republik.

Katrin Stoll studierte Geschichtswissenschaft und Anglistik an der Universität Bielefeld und der National University of Ireland, Maynooth. Anschließend promovierte sie an der Universität Bielefeld zum Thema „Die Herstellung der Wahrheit. Strafverfahren gegen ehemalige Angehörige der Sicherheitspolizei für den Bezirk Bialystok“. Zwischen Oktober 2010 und Januar 2013 war sie Langfristgastforscherin am Deutschen Historischen Institut (DHI) Warschau. Seit 2013 ist sie Dozentin am Institute for English Studies der SWPS, Warszawa und seit 2015 Wissenschaftliche Mitarbeiterin am DHI Warschau. Zu ihren Forschungsinteressen zählen: Holocaust Studies, Antisemitismustheorie, Geschichte der Juden in Polen nach dem Holocaust, Strafverfolgung von NS-Gewaltverbrechen in der Bundesrepublik Deutschland, Debatten um den Umgang mit den NS-Gewaltverbrechen und Theorie der Geschichtsschreibung.

Tatiana Timofeeva studierte an der Historischen Fakultät der Moskauer Staatlichen Lomonossow-Universität (MGU) Weltgeschichte. Sie promovierte zur „Sozialpolitik während der Novemberrevolution in Deutschland 1918/19“. Neben Studien- und Forschungsaufenthalten in Deutschland (u. a. an der Humboldt-Universität zu Berlin) arbeitete sie an diversen deutsch-russischen Forschungsprojekten mit. Zwischen 1991 und 2015 war sie Wissenschaftliche Mitarbeiterin und Dozentin an der historischen Fakultät der MGU. Sie ist Autorin diverser Artikel und Monografien zum Thema Alltagsgeschichte. Zu ihren Forschungsinteressen zählen: Nationalsozialismus, Alltagsgeschichte, Familiengeschichte, vergleichende Geschichte der totalitären Systeme und DDR-Geschichte.

Helen Whatmore absolvierte ein Bachelor-Studium in deutscher und französischer Sprach- und Literaturwissenschaft an der Exeter University sowie den Master-Studiengang *European Society* am University College London (UCL). Danach arbeitete sie für die französische Botschaft in London, bevor sie sich ihrer Dissertation widmete, die am UCL eingereicht wurde. Die Arbeit beschäftigt sich in vergleichender Perspektive mit *Bystanders* und Konzentrationslagern. Sie untersucht die Interaktion zwischen nationalsozialistischen Lagern und den lokalen Gemeinschaften in Westeuropa sowie die Art und Weise, in der die örtliche Bevölkerung in die Nachgeschichte der Lager involviert war. Besonderes Augenmerk gilt der Erinnerung (oder Verdrängung) der eigenen Rolle in der verbrecherischen Politik der Nationalsozialisten. Die Arbeit wurde 2013 mit dem Dissertationspreis des Deutschen Historischen Instituts London ausgezeichnet. Derzeit arbeitet Whatmore dort an einem Editionsprojekt mit dem Titel *British Envoys to the Kaiserreich 1871–1897.*

Annika Wienert studierte Kunstgeschichte, Geschichte und Philosophie in Bochum und Krakau. 2014 promovierte sie zum Thema *Das Lager vorstellen. Die Architektur der nationalsozialistischen Vernichtungslager in Bełżec, Sobibór und Treblinka* (Neofelis 2015). Die Arbeit wurde 2016 mit dem Theodor-Fischer-Preis für Architekturgeschichte des Zentralinstituts für Kunstgeschichte (München) sowie dem Marko Feingold Preis der Universität sowie Stadt und Land Salzburg ausgezeichnet. Seit Februar 2015 war sie Wissenschaftliche Mitarbeiterin am Lehrstuhl für Theorie und Geschichte von Architektur, Kunst und Design der Technischen Universität München, ab September 2016 am Deutschen Historischen Institut Warschau. Ihr Forschungsinteresse gilt der Kunst und Architektur des 20. und 21. Jahrhunderts.